「여헌학총서」는 〈사단법인 여헌학연구회〉가 구미시의 지원을 받아 출간하는 학술총서입니다.

여헌학총서 1
여헌학의 이해 – 여헌 장현광의 학문과 사상

지은이   사단법인 여헌학연구회
펴낸이   오정혜
펴낸곳   예문서원

편 집   김병훈
인 쇄   주)상지사 P&B
제 본   주)상지사 P&B

초판 1쇄   2015년 12월 22일

주   소   서울시 성북구 안암로 9길 13
출판등록   1993년 1월 7일 (제307-2010-51호)
전화번호   02-925-5913~4 / 팩시밀리 02-929-2285
Homepage   http://www.yemoon.com
E-mail   yemoonsw@empas.com

ISBN 978-89-7646-341-8 93150

YEMOONSEOWON 13, Anam-ro 9-gil, Seongbuk-Gu Seoul KOREA 136-074
Tel) 02-925-5913~4, Fax) 02-929-2285

값 30,000원

여헌학의 이해
여헌 장현광의 학문과 사상

여헌학총서 1

여헌학의 이해
여헌 장현광의 학문과 사상

여헌학연구회 지음

예문서원

【간행사】

'여헌학'의 지평 확대를 기대하며

17세기 조선유학을 선도한 여헌旅軒 장현광張顯光 선생은 퇴계退溪 및 율곡栗谷 선생과 더불어 한국유학의 수준을 한 단계 끌어올린 대표적인 성리학자입니다. 학문에 대한 지칠 줄 모르는 열정과 진지한 자세를 통해 일구어 낸 여헌 선생의 방대한 학문체계는 조선유학의 성대한 자산이며, 혼란한 시대 상황을 극복하기 위해 제시된 여헌 선생의 경세적 식견은 조선유학의 진면목을 보여 주는 귀중한 모범이라 할 것입니다. 특히 시대와 지역이라는 제한과 한계를 뛰어넘어 보편적인 차원에서 추구되고 제시된 여헌 선생의 사상적 지향은 분열과 갈등으로 치닫는 오늘날의 지성에게 뚜렷한 전형으로 다가온다고 하겠습니다.

주지하다시피, 여헌 선생이 이룩한 방대한 학문과 담대한 사상은 5백 년이라는 시간의 간극을 뛰어넘어 오늘의 우리에게 '여헌학旅軒學'으로 다시 살아오고 있습니다. 중국유학과 구분되는 한국유학의 특징적인 면모를 구축하였을 뿐만 아니라 그 사상적 영향력이 큰 것으로 평가받아 온 퇴계학 및 율곡학栗谷學과 더불어 이제 '여헌학'은 한국유학의 맥락을 이루는 중심 줄기로 평가받고 있습니다. '여헌학'에는 퇴계학이나 율곡학에서 쉽게 찾아볼 수 없는 역학易學을 기반으로 한 방대한 학문적 체계가 온축되어 있으며, 일상성에 기초하면서도 보편성을 담지한 사상적 지향성, 실용성에 기반한 풍부한 사상 내용과 함의는 한국유학의 내용과 정체整體를 보다 풍부하게 밝혀 줄 귀중한 자산입니다.

이러한 '여헌학'을 기반으로 사단법인 <여헌학연구회>는 지난 2003년, 한국유학의 중심 맥락에 위치하는 '여헌학'의 진흥과 '여헌학'을 포함한 한국학의 지속적인 성장을 도모하기 위해 출범하였습니다. 여헌 선생이 나고 자란 경북 구미를 중심으로 영남 여러 지역의 명망 있는 인사들이 주도하여 창립한 <여헌학연구회>는 회원 가입 대상을 여헌 선생이나 여헌 문인의 후손으로 한정하지 않고 지역의 전통문화에 관심이 있는 인사들에게 개방하여, 여헌 선생의 숭고한 뜻과 정신을 되살리고자 창립 이후부터 지속적으로 여헌 선생의 학문과 사상을 재조명하는 다양한 학술사업을 진행해 오고 있습니다. 20003년부터 고려대학교 민족문화연구원과 금오공과대학교 선주문화연구소가 각각 중심이 되어 동양철학회, 동양고전학회 등 관련 학회와 연계해서 개최하고 있는 「국내 여헌학 학술대회」 및 「국제 여헌학 학술대회」의 개최 지원을 위시하여, 여헌학 관련 학술 논저의 발간 지원, 여헌학 연구 자료의 간행 등 지난 10여 년간 사단법인 <여헌학연구회>가 진행한 학술지원사업은 '여헌학'의 진흥에 크게 이바지하였다는 내외의 평가를 받고 있습니다. 특히 다양한 학술지원과 이에 따른 성과는 '여헌학'의 기반을 보다 튼튼히 하는 데 기여하였을 뿐만 아니라 한국학 연구자들로부터 '여헌학'에 대한 학문적 관심을 이끌어 내는 데에도 어느 정도 기여하였다고 자평합니다.

이에 사단법인 <여헌학연구회>는 2014년 '여헌기념관' 준공을 계기로 보다 적극적인 '여헌학 진흥사업'을 추진하게 되었습니다. 그동안 진행해 온 학술지원사업을 간단없이 추진하는 한편, 여헌학에 대한 대중화 사업, 구미 지역을 중심으로 한 지역학의 개발사업 등을 포함한 '여헌학 진흥사업'을 의욕적으로 진행하여 '여헌학'의 지평을 확대하고자 하고 있습니다. 오늘 간행되는 이 책은 바로 <여헌학연구회>가 지난해부터 의욕적으로 추진 중인 '여헌학 진흥사업'의 일환인 「여헌학총서」의 첫 번째 결과물입니다.

오늘 선보이는 「여헌학총서」의 첫 결실은 사단법인 <여헌학연구회> 회원들의 정성 이외에 경상북도 구미시의 전폭적인 지원에 힘입었습니다. 구미 지역의 전통문화 자원에 관심이 많은 남유진 구미시장님의 아낌없는 관심과 지원이 <여헌학 대중화 사업>을 통한 '여헌학' 진흥의 밑거름이 되고 있음을 밝히며, 지면으로나마 여헌학연구회 회원 모두의 마음을 담아 감사의 뜻을 전합니다.

'여헌학'은 현재보다는 미래를 향해 있습니다. 그리고 <여헌학연구회>에서 추진하는 사업도 오늘보다는 미래를 위해 기획되고 추진되고 있습니다. 이러한 측면에서 오늘 처음 선보이는 <여헌학총서>의 첫 결실이 향후 '여헌학'의 미래를 여는 디딤돌이 되길 희망합니다. 그래서 '여헌학'의 지평이 지금보다 한 차원 높은 곳으로 나아가길 기대합니다. 이 책이 나오기까지 열과 성을 다해 주신 학계의 여러 교수님과 연구자들께 감사드리며, 여러분의 학문적 열정이 오늘보다 나은 '여헌학'의 미래를 열어 주기를 희망합니다.

감사합니다.

2015년 10월
사단법인 여헌학연구회 이사장
교육학 박사 장이권

'여헌학'의 학술성과 대중성을 지향하며

　　17세기 영남유학을 대표하는 산림학자인 여헌旅軒 장현광張顯光의 저술을 마주하면 우선 그 방대함에서부터 경이로움을 느낄 수밖에 없다. 원집 13권, 속집 10권으로 구성된 12책 분량의 『여헌집旅軒集』, 한국역학사韓國易學史의 가장 빛나는 성취 중 하나로 손꼽히는 9권 9책 분량의 『역학도설易學圖說』, 그리고 8권 6책의 『성리설性理說』 등 그가 집필한 방대한 저술 세계는 그 분량만으로도 보는 이를 압도하기에 충분하다. 이러한 저술의 방대함을 뒤로 하고 「연보年譜」와 「행장行狀」 등 그가 남긴 삶의 궤적을 확인할 수 있는 저술을 따라가다 보면, 80여 년이라는 당시로는 짧지 않은 세월을 살면서 여헌이 얼마나 학문에 몰두했고 그 학문을 얼마나 온전히 현실의 삶에 투영하고자 했는지를 확인하게 된다. 뿐만 아니라 개인의 삶에 한정하지 않고 동시대인들의 고통을 어루만지며 시대의 문제를 해결하기 위해 그가 얼마나 고민했는가를 어렵지 않게 발견하게 된다. 더구나 임진왜란의 피난록인 『용사일기龍蛇日記』을 마주하게 되면, 기나긴 절망의 터널 속에서도 희망의 빛을 놓지 않았던 불굴의 실천적 지성을 마주하게 된다. 그리고 이들을 통해 여헌의 다양한 모습을 확인하면서, 우리는 '여헌학旅軒學'이라는 문을 통해 지난 세월 동안 온축된 한국학의 새로운 경지를 발견하며 퇴계학이나 율곡학과는 다른 또 하나의 지평을 확인하게 된다.

한국학의 다채로움과 새로운 지평을 제공하고 있는 '여헌학'은 한국유학의 또 다른 지평임에 틀림없다. 여헌은 이미 10대의 나이에 자신의 학문적 지향을 '우주宇宙'라는 차원의 범주에서 설정하였고, 이를 기반으로 스스로 기약한 '우주사업宇宙事業'을 통해 이전 시기 유학자와는 다른 목표를 설정하였다. 여헌 이전은 물론, 이후의 유학자 어느 누구에게서도 쉽게 찾아볼 수 없는 학문적 지향의 웅혼함은 그의 학문이 단순히 계승적 범주에 놓여 있지 않음을 보여 준다. 그래서인지 그에 대한 학계의 평가 중 주목되는 하나는 '주자성리학의 편집 단계를 뛰어넘은 성리학자'라는 것과 더불어 퇴계 및 율곡과 구분되는 독자적인 학문 영역을 제시하였다는 것이다. 이러한 평가는 '여헌학'이 우리나라의 성리학 수용사에서 특기할 만한 역할을 담당하였을 뿐만 아니라 한국유학에서 독자적인 영역을 가지고 있음을 의미한다. 다시 말해 기존의 '퇴계학', '율곡학'과 마찬가지로 '여헌학'도 한국유학에서 '-학'이라는 이름붙이기에 충분함을 의미한다.

한국유학 연구를 통해 확인되는 여헌학의 독자성은 최근 20여 년간의 한국학 연구자들의 학문적 관심과 결실에 힘입은 것이다. 그리고 이러한 학문적 관심의 밑바탕에는 지속적인 연구지원사업을 전개해 온 사단법인 <여헌학연구회>의 지원이 자리하고 있다. 매년 개최해 오고 있는 여헌학 관련 국내 및 국제 학술대회, 여러 연구자들의 여헌학 학술 성과를 집적한 단행본의 발간, 그리고 여헌학 관련 연구 자료의 발간 등 사단법인 <여헌학연구회>의 후원에 힘입어 이룩된 성과는 여헌학에 대한 연구자들의 학술적 관심을 촉발하기에 충분했다. 그리고 이러한 과정 속에서 여헌학 중 철학사상에 편중되었던 연구자들의 학술적 관심이 문학을 비롯하여 역사학, 교육학, 건축학 등 다양한 분야로 확대되었다는 것은 여헌학이 어느 정도 체계화되어 가고 있음을 방증하는 결과라 할 수 있다.

　한국학 연구자들의 여헌학에 대한 관심의 증대와 이에 따른 연구 성과의 집적은 여헌학의 진흥이 어느 정도 자리를 잡아가는 징표라 평가할 수 있다. 하지만 주목해야 할 것은, 아직도 일반 시민들과 대중들은 여헌에 대해 충분히 인지하지 못하고 있으며, 여헌학의 탁월함을 인지했다고 하더라도 여헌학에 대한 접근 통로가 충분히 제공되고 있지 못하다는 사실이다. 다시 말해 전문가에게는 열린 여헌학의 문이 대중들에게는 아직 열려 있지 않다는 것이다. 물론 사단법인 <여헌학연

구회>의 지속적인 노력을 통해 2014년에 경북 구미에 <여헌기념관>이 건립되고, 그 주변에 여헌 선생의 사상을 기리는 시민공원인 '동락공원東洛公園' 조성사업이 진행되고 있지만, 여헌학에 대한 정신적·학술적 대중화 작업은 더디게 진행되고 있다.

본서는 바로 이러한 문제의식, 즉 여헌학으로 들어가는 가볍지만 알찬 문門를 만들고 대중들에게 그 문을 쉽게 열 수 있는 열쇠 하나를 제공하자는 취지에서 기획되었다. 이러한 기획 의도 저변에는 특정 분야가 아니라 여헌학을 구성하는 다양한 분야의 연구 성과들이 망라되어야 한다는 것이 자리 잡고 있다. 그래서 여헌학의 중심축인 철학사상을 필두로 역사학, 문학, 교육학 등 다양한 분야의 연구자들을 모아 필진을 구성하였으며, 대중을 위해 보다 쉽고 알차게 집필할 것을 스스로 다짐하였다. 보다 엄밀하게 제시한다면, 본서는 대학에서 한국학 내지 동양학과 관련된 교양 교육을 받은 사람이라면 누구나 부담 없이 읽고 이해할 수 있는 수준에서 집필하고자 하였다.

본서는 총 12편의 글로 구성되어 있다. 첫 부분에는 책의 전체 내용을 이끄는 도론導論의 역할을 하는, 여헌의 생애와 사상에 대한 총괄적인 글이 자리 잡고 있다. 이어 여헌의 성리사상·경학사상·예학사상·경세사상 등을 확인할 수 있는 독립적이면서 연속적인 글 11편이 이어지도록 구성하였다. 그리고 마지막에는 부록으로 여헌 선생의 「연보年譜」와 여헌학 연구 성과를 목록화한 「연구논저 목록」을 부가하였다. 이러한 구성을 통해 필진들은 이 책을 만나는 대중들이 여헌학에 대해 초보적이지만 개괄적인 이해를 하고, 나아가 체계적이며 방대한 여헌학이라는 거대한 보물창고로 진입할 수 있도록 배려하고자 하였다.

하지만 이러한 의도가 성공적이었는가에 대해서는 필진들 모두 낙관적이지는 않다. 무엇보다 여헌학에 대해 대중들이 보다 쉽고 알차게 접근할 수 있도록 집필하고자 하였지만, 대중성보다는 학술성이 부각되는 우를 범하기도 하였으며, 당초의 기획 의도와는 달리 전문성을 부각시킨 곳이 곳곳에서 노출되기도 하였다. 더구나 10명이 넘는 필진이 여헌학을 정리하다 보니 때로는 내용의 중복을 피하지 못하기도 하였음을 솔직히 고백하지 않을 수 없다. 그럼에도 불구하고 여헌학 대중화의 첫 걸음을 떼었다는 사실에 대해서는 필진들 모두 고무적이라는 생각에 동의하고 있다. 첫 술에 배부를 수는 없지만, '시작이 반'이라는 생각을 가지고 앞으로 지속적으로 대중화 작업을 진행하고자 하는 의욕에 넘쳐 있다.

아쉽지만 그래도 한 걸음을 뗀 여헌학 대중화 사업의 첫 결실은 앞서 밝힌 바와 같이 여헌학 진흥의 밑거름이 되어 온 사단법인 <여헌학연구회>와 여헌학의 진흥에 항상 관심을 기울여 온 경북 구미시의 지원에 힘입었다. 미진하나마 지면을 빌려 장이권 여헌학연구회 이사장님과 남유진 구미시장님 이하 관계자들께 깊은 감사를 드린다. 아울러 기획 의도에 따른 글쓰기의 까다로움과 어려움에도 불구하고 기꺼이 집필을 맡아 수고해 준 10분의 필자에게도 지면을 빌려 감사의 말을 전한다. 여헌학의 진흥을 위한 작은 몸짓이 훗날 여헌학은 물론 한국학 진흥의 발판이 되었음을 확인하는 날이 오길 기대한다.

2015년 10월

전체 필자를 대표하여

장숙필

【여헌의 생애와 사상】
거듭된 혼란 속에서 천하의 으뜸가는 사업 지향

장 숙 필

1. 여헌학 정립의 필요성

여헌旅軒 장현광張顯光(1554~1637)은 조선 중기의 대표적인 철학자이자 17세기 전반기 영남유학을 대표하는 산림처사로서 조선 최대의 성리학자 또는 조선 성리학 6대가의 한 사람으로 꼽힌다. 여헌은 17세기 조선유학을 선도한 인물로서 퇴계 이황, 율곡 이이와 더불어 한국유학의 수준을 한 단계 끌어올린 조선조의 대표적인 성리학자였다. 그러나 지금까지의 조선유학 연구에서 여헌에 대한 연구는 상대적으로 미흡하였다고 할 수 있다.

여헌의 학문과 사상에 대한 연구가 미흡했던 이유를 몇 가지로 들 수 있다. 첫째는, 조선유학에 대한 연구가 다카하시 도루(高橋亨)의 『조선유학대관』의 영향에서 벗어나지 못했기 때문이다. 다카하시 도루는 일제강점기의 대표적인 어용학자의 한 사람으로, 조선유학을 주리主理 · 주기主氣의 틀을 가지고 퇴계와 율곡을 중심으로 서술하고, 그것으로부터 한국유학의 타율성 즉 고착성과 종속성을 끌어내어 한국의 전통적인 가치관의 근거였던 조선유학을 왜곡 · 말살함으로써 식민통치를 합리화하려 하였다. 이런 영향으로 주리·주기의 어느 한쪽에 소속되기를 거부하고 유학 본래의 가치관 회복 위에 강한 실천성을 추구했던 여헌의 사상은 상대적으로 소외되었다.

둘째는, 퇴율 이후 나타난 학파 중심의 당파성이다. 여헌 이전의 영남의 학문은 다시 산천권의 남명학파와 안동권의 퇴계학파로 나누어져 있었으며, 이는 다시 율곡을 중심으로 한 기호학파와 퇴계를 중심으로 한 영남학파로 대분되어 정치적인 당색과 연결되며 분열상을 드러내고 있었다. 여기에서 일정한 학맥에 소속되지 않고 이론논쟁을 넘어서서 정주程朱와 요순공맹堯舜孔孟의 정신에 직접 나아가려는 여헌에 대한 연구는 그의 학문의 깊이와 넓이에도 불구하고 활발하게 전개되지 못했다.

그리고 여헌에 대한 연구가 미흡했던 또 하나의 이유는 방대하고도 심오한 그의 사상내용이다. 그의 이기심성설과 수양론, 경학사상, 예학사상, 경세론, 교육사상 등은 역학易學의 기초 위에서 그의 우주사업인 도덕사업과 일관되어 있다. 그가 남긴 방대한 학문체계는 조선유학의 성대한 자산이지만, 또한 이런 그의 학문의 방대함은 연구자로 하여금 쉽게 접근하기 어렵게 만드는 한계로 작용했던 것이다.

그러나 이미 여헌은 당대의 지식인들로부터 17세기 전반기 영남유학을 대표하는 산림처사이자 철학자로 인정받았으며, 진정으로 군자다운 사람, 아동我東의 공자孔子, 심지어 신인神人이나 성인聖人으로까지 칭송되었고, 사문斯文의 주석柱石, 사림의 의범儀範으로 인정받았다. 또한 혼란한 시대 상황을 극복하기 위해 제시된 그의 경세적 식견은 조선유학의 진면목을 보여 주는 귀중한 모범이라 할 수 있다. 그는 두 차례 지방관을 지내면서 유가적인 도덕정치, 즉 민생안정과 교화의 정치를 실현한 인물로 평가되었고, 인조반정 이후에는 산림독서인으로 유일하게 남은 인물이라는 찬사와 함께 영남을 대표하는 산림에 징수되었으며, 뒤이어 임금의 간절한 소명召命을 거듭 받게 됨으로써 당대의 사림을 대표하는 인물로 공인받았다.

여헌은 요순공맹의 가르침을 가장 올바른 것으로 여기는 전형적인 유학자로서, 그런 가르침을 정통으로 계승한 자가 바로 정주라고 여기는 조선의 성리학자였다. 유학의 핵심은 인간의 도덕성 확립과 그것의 실천을 통한 이상사회의 구현에 있다. 이 두 가지 측면에서 여헌은 모두 지대한 업적을 남기고 있다. 특히 여헌은 왜란과 호란이라는 두 차례의 큰 전란과 반정反正 등으로 혼란에 빠진 시대를 구하기 위해 도덕적인 선을 근본으로 하는 유가적인 가치관을 확립함으로써 그 시대의 문제를 근본적으로 해결하려던 인물이었다. 여기에서 그는 전통적인 유가의 도덕중심적이며 인륜중심적인 가치관의 근거를 밝히고 이를 실천하게 함으로써 당시의 시대적인 문제를 근원적으로 해결하려 하였던 것이다.

물론 유가적인 도덕가치의 확립을 통해 인간사회의 문제를 근원적으로 해결하려는 것은 유학자들이 가진 기본적인 입장이다. 그러므로 이를 여헌만의 독특한 특징이라 할 수는 없다. 그러나 여헌의 특징은 유가적인 가치관을 무조건 맹신하거나 단순히 교조적으로 계승하지 않고 이 세계의 궁극적인 근원과 법칙을 밝힘으로써 도덕가치의 근거를 제시하고, 이를 통해 인간이 지켜야 할 인간 당위의 정당성을 확보하려는 데 있다. 즉 그는 어느 학파나 어느 학자에 종속되기를 거부하고 선대 학자들의 업적과 학문을 계승하면서도 선대의 학자 및 정주의 학설을 넘어 요순공맹에 다다름으로써 인간의 도덕적 본질을 밝히고 유가적인 당위의 정당성을 확립하려 하였다.

여기에서 그는 퇴율의 이기설을 지양하고 이기경위설理氣經緯說이라는 새로운 일원론적 견해를 제시함으로써 유가 본래의 실천성을 담보하려 하였으며, 8권으로 이루어진 『성리설』과 9권이나 되는 『역학도설』을 통해 인간과 천지만물의 궁극적인 이치를 밝힘으로써 인간 당위의 근거를 밝히려 하였다.

그가 이해하는 공맹의 가르침의 핵심은, 일용평상에서 실현되는 인간의 도덕성으로 인해 인간은 만물의 영장과 삼재가 될 수 있다는 것이며, 이런 인간 자신에 대한 가치 부여가 인간의 삶을 올바르게 이끌어 줄 것이라고 믿는 현세중심적이며 도덕중심적인 가치관이다. 그는 그 시대의 가치관을 대표하는 산림으로 추앙되었던 인물로서 왜란과 호란 등의 외침 및 붕당과 반정으로 인한 정치적·사회적 혼란 속에서 이런 유가의 가치관을 옹호하고 이를 통해 당면한 시대적인 문제를 근원적으로 해결하려 하였다. 여기에서 그는 유가적인 도덕가치의 절대성을 강조함과 동시에 이를 실현하기 위한 인간 수양의 중요성을 역설하였으며, 당시의 왜곡된 유학의 모습을 비판하고 유가적인 도의 근거와 참모습을 밝힘으로써 인간의 당위와 그 실천 방법을 분명히 제시하려 하였던 것이다.

이에 그는 명리名利를 추구하는 당시의 풍토를 신랄하게 비판하고, 사람으로 하여금 인욕을 제거함으로써 천리를 밝혀 인간 본래의 도덕적 완전성을 실현할 것을 역설하였다. 이런 모습은 여헌이 보은현감에 부임하였을 때 보여 준 「유향소문諭鄕所文」에서도 잘 드러난다. 여기에서 그는, "우리는 삼대의 직도直道로써 살아가던 사람들이었는데 전란 이후 사람들이 항상된 본성을 잃고 마을에 옛 풍속이 없어져 이적금수의 상태에 빠져들었다"라고 당시의 상황을 진단하고, 덕행을 장려하고 윤리를 무너뜨리고 의를 해치는 자를 징계함으로써 풍속을 바꾸려 하였다. 그런데 이때 그가 제시한 덕행의 내용은 '부모를 잘 섬기고, 형제를 보호할 수 있으며, 남자는 의로운 일에 종사할 수 있고, 여자는 죽음으로써 절개를 지킬 수 있으며, 배가 고파도 뜻을 지킬 수 있고, 부유하면 남을 살릴 수 있다'는 것이었다.

즉 여헌에 따르면, 유가의 도는 일용평상의 것으로서 일상생활 속에서의 인륜질서일 뿐이다. 그러나 동시에 이 도는 천지와 그 크기가 같고 해와 달과 더불어 그 밝음을 함께하며 사시가 변함없이 갈마듦과 같이 항상된 것으로서, 천하만물이 이 도 가운데에 있지 않음이 없는 절대적인 것이다. 그러므로 그는 유가적인 평상의 도를 비근하게 여겨서 알고 행하기에 부족하다고 여기는 사람들을 비판하고, 또 유자임을 자부하면서 실제로는 명리에 치중하는 사람들을 비판함으로써 진유眞儒를 지향하였다.

특히 여헌은 사업이라는 말을 즐겨 씀으로써 그의 이론이 실천과 직결된 것임을 잘 드러내고 있다. 이런 입장은 18세 때의 우주사업으로부터 만년의 노인사업에 이르기까지 일관되고 있다. 그러므로 그의 삶의 모습은 그가 이해한 천리 및 사업과 무관하지 않을 것이다. 또한 그의 방대한 학문체계는 조선유학이 정체되고 주자학에 종속된 것이 아니라 우리의 필요에 따라 우리가 해석해 낸 것으로서 조선유학의 정체성을 확립하는 데 기여하였으며, 역학에 있어서는 철저하게 정주학에 근본하면서도 정주의 해석을 넘어서는 업적을 세웠고, 우주사업은 실천학으로서의 유학의 성격을 밝혔으며, 예설은 "회암晦庵의 유서遺書를 따르되 고례古禮를 서로 참조하여 말세의 풍속의 오류를 씻어 내었다"라는 평가를 받았다.

이런 여헌의 학문적 업적은 철학사적으로 볼 때 조선유학이 주리·주기로 대분되는 단편적인 것이 아니라 보다 입체적이고 다양한 모습을 갖춘 것이었음을 잘 확인시켜 준다. 또한 그의 우주사업은 조선유학의 도덕론이 단순한 공리공론이 아닌 실천적인 것이었음을 다시 한 번 잘 보여 주고 있다. 그리고 그의 노인사업을 비롯한 실천적 학문은 현대인들의 삶의 질을 높이는 것에도 큰 기여를 할 수 있을 것이라 사료된다.

여헌의 방대하고 심오한 학문체계는 중국유학과 구분되는 한국유학의 특징적인 면모를 잘 구축하였을 뿐만 아니라, 역학에 기초한 방대한 학문체계 위에서 일상성과 보편성 그리고 실용성에 이르기까지 풍부한 사상내용을 다 포함함으로써 퇴계나 율곡의 학문에서 쉽게 찾아볼 수 없는 또 다른 학문세계를 보여 주고 있다. 그러므로 이는 한국유학의 정체성을 밝혀 줄 또 하나의 귀중한 자산이라 할 수 있다.

본서 및 본서의 편찬을 주도한 사단법인 여헌학연구회 및 필자를 포함한 여헌 관련 연구자들이 주목하는 부분이 바로 이것이다. 여헌이 보여 준 학문세계는 여타의 학자에 비해 차별성이 두드러지며, 그 영역 또한 방대하다. 따라서 필자를 포함한 참여 연구자, 그리고 이를 기획한 사단법인 여헌학연구회는 위에서 언급한 바와 같이 여헌의 학문세계에 주목하면서, 동시에 여헌의 학문이 가지는 위상 및 영향력에 유의하여 '여헌학'이라는 영역을 한국학 내에 설정하여 연구를 진행하고자 한다.

여기에서 제시하는 '여헌학'은 17세기 영남유학을 대표하는 성리학자이자 영남 최초의 산림인 여헌 장현광의 학문세계가 한국학을 이루는 다른 학자들과 동일한 지평 내에서 포착될 수 있다는 동질성에 유의하면서도, 동시에 여헌의 학문 및 사상이 보여 주는 차별성에 보다 주목하고

자 하는 뜻을 담고 있다. 여헌 및 그의 문하에서 배출된 문인들의 학문
및 사상 영역, 그리고 이러한 학문적 세계와 직간접적으로 영향 관계에
놓여 있는 한국학 구성 요소를 포함하는 것으로 '여헌학'의 범위를
설정하고자 하는 뜻도 아울러 가지고 있음을 확인하고자 한다. '여헌학'
에 대한 이러한 설정은 여헌이라는 특정 개인에만 편중된 연구를 지양함
으로써 여헌학의 지평을 한국학과 맞닿을 수 있게 함과 동시에 여헌학의
차별성이 여헌 개인에게만 한정된 것이 아니라 시간적 흐름에 따라
유형적으로 대별될 수 있다는 전제 하에서 이루어진 것임을 밝히며,
이러한 설정이 향후 여헌학의 연구 지평을 한국학과 연계하여 보다
확장되기를 기대하는 마음도 담겨 있음을 숨기지 않고자 한다.

특히 '여헌학'이라는 한국학의 또 다른 학문 영역을 통해 우리는
시대와 지역 및 당파성을 떠나 인간의 본질과 가치의 실현을 위해
평생 진력하였던 여헌의 진면목을 밝히는 것이 오늘날 우리의 정체성을
확립하고 인간됨의 가치를 실현하는 데 크게 기여할 수 있을 것이라
기대한다. 이러한 기대를 안고 본고에서는 그가 맞이했던 시대와 그
시대에서 고민했던 여헌의 생각이 어떻게 구체화되었는지 간략히 정리
하고자 한다.

2. 분열과 혼란의 시대를 살다

여헌은 4대사화와 두 차례의 반정反正(1506년의 중종반정과 1623년의 인조반
정), 그리고 임란과 호란이라는 두 차례의 큰 전란의 소용돌이 속에서
조선유학의 핵심인 도학정신이 근본적으로 흔들리던 때를 살았던 인물

이다. 여헌은 39세에 임진왜란, 44세에 정유재란, 70세에 인조반정, 71세에 이괄의 난, 74세에 정묘호란, 그리고 83세에 병자호란을 겪었다.

그가 생존하고 활약했던 선조, 광해군, 인조 대는 정치적으로는 4대사화가 끝나고 사림정치가 시작되었다고 평가되지만 동시에 사림정치와 당쟁이 시작된 때이며, 또한 조선조 최대의 전쟁인 임란과 호란이라는 두 차례의 큰 외침과 인조반정, 이괄의 난 등 국내적인 혼란으로 기존의 가치체계인 도학정신이 근본적으로 흔들리던 때였다.

또한 학문적으로는, 영남 내 퇴계학파와 남명학파의 대립, 그리고 퇴계와 고봉, 율곡과 우계의 사칠논변 이후 야기된 이론논쟁으로 인한 학파의 분개가 정치적인 당색으로 연결되면서 학문 연구가 본질을 떠나 대립·분열하며 이론적인 천착으로 빠져들던 때였다. 그리고 7년 간에 걸친 왜란은 조선의 정치·경제·사회의 전 부분을 철저하게 파괴시킴으로써 정치적·경제적·사회적·학문적 분야의 변화가 불가피했던 때이기도 하였다. 그러므로 사회전반적인 변화의 근거가 되는 가치관의 확립이 중요한 과제로 대두되던 때이기도 하였다.

4대사화를 전후한 시기는 사회경제적으로 여러 가지 모순과 부패가 가시화되던 때였다. 조선 초기는 학문이나 과학기술 등이 크게 발달하여 각 방면에서 저술이나 발명 등이 이어졌으며, 사회제도의 측면에서도 전대의 많은 불합리한 제도들이 개선됨으로써 안정된 사회를 이루어냈다. 그러나 조선 중기에 이르러 오랜 안정 속에서 부패가 싹트기 시작하면서, 여러 가지 사회경제적인 모순과 부패로 인한 문제들이 드러났던 것이다. 즉 농촌은 전제田制의 문란과 가혹한 공세貢稅, 환곡제도還穀制度의 문란 등으로 피폐해지고, 군제軍制의 문란으로 군적軍籍은 공허해졌으며, 많은 농민들은 유민流民이 되어 농촌이 황폐해져 갔으며 각처

26

에 도적의 무리가 횡행하였다.

특히 연산군 때부터는 사림과 훈구세력의 갈등이 표면화되기 시작하여 무오사화(1498)가 일어났으며, 또한 왕의 사치와 향락에 따른 국가재정의 고갈이 원인이 되어서 나타난 왕과 훈구세력의 갈등이 갑자사화(1504)로 표면화되었다. 이후 중종이 반정으로 즉위하면서 다시 많은 사람들이 등용되는데, 특히 이때 발탁된 정암靜庵 조광조趙光祖가 지치至治를 표방하며 많은 개혁을 주장하지만 반정공신을 주축으로 한 훈구세력과의 갈등으로 인해 기묘사화(1519)에 희생됨으로써 개혁은 실패하고 만다. 그리고 중종 사후에는 외척들의 권력다툼으로 혼란이 더욱 가중되면서 명종 원년(1540)에 을사사화가 일어나게 되었던 것이다.

이 을사사화는 당시 사람들에 의해 그 이전의 어떤 사화보다 더 혹독했던 것으로 평가되며, 선비들의 현실참여 의지를 뿌리째 뒤흔드는 대사건이었다. 이것이 바로 여헌이 태어나기 14년 전에 있었던 일이다. 선조 즉위(1568) 이후 비록 정치적으로는 사림정치가 시작되었다고 평가되고 있지만, 사화의 후유증으로 인해 많은 선비들이 국사에 적극적으로 참여하기보다 산림 속에 은거자수하는 풍조가 성행하였으며, 대외적으로는 북방의 여진과 남쪽의 왜구의 발호가 끊임없이 계속되고 있었다.

당시를 율곡栗谷 이이李珥는 젊은 시절 방탕한 생활로 원기가 다 손상되어 버려 더 이상 지탱하기 어려운 노인에 비유하면서 시급한 경장을 주장하였다. 그러나 율곡과 같은 적극적인 경세가의 개혁책도 실제적으로 하나도 시행되지 못함으로써 이런 혼란은 해소되지 못하였고, 결국 선조 25년(1592) 전대미문의 처참한 전쟁이었던 왜란이 발생하게 되었던 것이다. 여헌은 임란 당시 인동 지역의 처참함에 대해 『용사일기』에서 아주 구체적으로 묘사하고 있다.

연기와 불꽃이 일어나지 않는 날이 없었고 일어나지 않는 곳이 없어 멀고 가까운 곳에 가득 퍼진 것이 온통 한 덩어리의 연기였으니, 산천은 그 형체를 잃어버리고 해와 달은 그 색이 바랬으며 사람들은 하늘을 보고 부르짖고 땅을 보고 울부짖었다. 이는 도대체 무슨 운수이기에 눈에 가득 찬 것이 모두 참담한 것뿐인가?

그러나 임란 이후 참혹한 전쟁의 상흔과 명청明淸교체라는 국제적 상황, 그리고 광해군 대의 반인륜적인 처사로 인해 민심이 규합되지 못하고 인조반정 이후에도 제대로 개혁이 이루어지지 못했던 국내의 정치적 상황으로 인해 40여 년 만에 다시 병자호란(1636, 인조14)이 일어나 왕이 항복하는 치욕을 겪게 되었던 것이다. 이 병자호란은 왜란처럼 참혹하지는 않았지만 조선의 자존심을 짓밟는 사건이었다는 점에서 큰 충격을 주었던 것이다.

여헌은 청병이 갑자기 한양을 침략하여 왕이 남한산성으로 피하였다는 소식을 듣자마자 열읍列邑에 두루 연락하여 의병을 일으키고 이어서 집안의 재물을 내어 먼저 본부의 의병을 도왔으나, 다음해 정월 30일 인조가 항복하고 하였다는 소식을 듣고는 영천 입암으로 들어가 은둔하는 것으로써 자신의 생을 마감하였다.

3. 여헌의 인물됨

여헌의 이름은 현광顯光이고 자는 덕회德晦이며 본관은 인동仁同이다. 여헌은 명종 9년(1554) 인동부仁同府 인의방仁義坊에서 인동장씨의 시조 금용金用의 20세손이며 남산파의 시조 우㥠의 5세손으로 태어났다. 그는 시대적으로도 불우한 시대를 살았지만 개인적으로도 불우한 인생을 살았다고 할 수 있다. 8세에 부친을 여의었고, 38세에 모친을 여읜후 39세에 임란이 일어나자 상주의 몸으로 신주를 등에 업고 피난을떠나 병마에 시달리며 15년간 이리저리 전전하며 살아야 했다.

또한 여헌은 위로 다섯 명의 누이가 있었는데, 왜란 중에 누이 한명과 자형 3명, 생질 6명의 죽음을 겪어야 했다. 그리고 왜란이 끝난이후에는 옛집이 불타고 돌아갈 곳이 없어서 가족을 이끌고 전전하다가,문인이자 종인宗人인 장경우의 주도로 여러 사람이 힘을 모아 옛터에조그만 집을 지어 주자 비로소 고향으로 돌아올 수 있었다. 그리고종손으로서 가문을 계승할 아들을 얻지 못해 52세가 되어서야 비로소사촌동생의 아들을 양자로 삼게 된다.

그러나 그는 일찍부터 학문적으로 성숙하여 이미 18세에 「우주요괄宇宙要括」을 지어 자신의 학문방향을 분명히 하였는데, 그 열 번째 '반궁첩反躬帖'에서 "천하에 제일가는 사업을 할 수 있어야 천하에 제일가는 인물이될 수 있다"라고 하여 그의 원대한 학문적 포부와 학문방향을 분명하게보여 주었다. 그의 삶은 이런 천하에 제일가는 사업인 우주사업, 즉인간의 도덕사업을 실천해 가는 과정이었다고 할 수 있다. 이런 모습은그가 「피대설皮俗說」에서 스스로를 회고하면서, 자신은 "먼저 삼재三才의이치를 끝까지 추구하려 했다"라고 말하는 것에서도 잘 드러난다.(『여헌선생문집』권7)

여헌의 도덕사업은, 집안에서는 지극한 효성과 우애의 실천으로드러났고, 사회적으로는 그 지역의 선현들에 대한 선양사업과 후진에대한 교육 및 예 규범의 확립을 통한 사회질서의 확립으로 나타났으며,학문적으로는 『역학도설』을 비롯한 그의 방대한 저술 작업으로 구현되었다. 이런 여헌의 도덕사업은 그 이전까지의 조선조 도학정신이 집대성된 것이라 할 수 있을 것이다.

여헌은 13세에 이미 집안에서 선조를 받드는 일을 한결같이 고례古禮에 따르자고 청하였고, 18세에는 집안사람들에게 건의하여 매월 삭망에 모두 종가에 모여서 사당에 참배하고 자제들을 모아 책을 읽고 제술製述하는 것을 매년 상례가 되게 하였으며, 48세에는 족계族稧를 정비하여 27조의 약조約條를 정하는 등 집안의 화목과 올바른 교육에 관심을 기울였다.

또한 그는 효성이 지극하여 8세의 어린 나이에 부친상을 당하였으나 삼년상을 치르는 동안 소찬만 먹었으며, 10세가 되자 이미 효경孝敬의 도를 다할 수 있었다고 한다. 그는 혼자된 어머니의 봉양에 정성을 다하여, 결혼 후에도 어머니의 시중을 아내에게 맡기지 않고 음식을 준비하고 이부자리를 펴드리는 것까지 직접 하였다. 그리고 안방의 기둥에다 "봉친奉親과 애경愛敬을 다 지극히 하며 아랫사람을 거느림에는 자애와 엄격함을 함께 베풀어야 한다"라고 써 놓고 스스로 돌아보며 반성하였다.

효성이 지극했던 여헌은 어려서 아버지를 여의어 제대로 상례조차 다하지 못한 것을 한스러워하였는데, 게다가 전란 중에 가난과 병마에 시달리면서 어머니의 상까지도 제대로 치르지 못한 것을 몹시 애통해하였다. 이를 「상제수록喪制手錄」에서는 이렇게 말하고 있다.

사람에게 이 몸이 있으니 이 몸은 어디로부터 얻은 것인가? 부모가 없었다면 어떻게 이 몸이 있을 수 있겠는가? 형체는 부자로 나뉘었지만 실은 한 몸이요, 몸은 상하로 나누어지지만 실은 일기一氣인 것이다. 사람은 한 터럭을 뽑거나 하나의 손가락을 다쳐도 오히려 그 아픔을 아는데, 하물며 그 어버이의 죽음을 어떻게 차마 견딜 수 있겠는가? 한 몸이면서 죽음은 어버이에게 있고 삶은 나에게 있으며, 일기一氣이면서 어버이에겐 그 기가 없고 나에게는 있으니, 죽어 기가 없어진 자는 무지무각無知無覺하고 살아서 기가 있는 자는 유지유각有知有覺한 것이다. 그렇다면 지각할 수 있는 몸으로써 지각이 없는 몸을 생각하는 것이니, 그 애통박절함이 마땅히 다시 어떠하겠는가?

또한 여헌은 고향에 은거하면서 그 지역의 선현들에 대한 선양사업에 깊은 관심을 기울였다. 그는 길재의 지조를 칭송하는 「야은죽부冶隱竹賦」를 지었고 사육신 가운데 한 사람인 하위지河緯地의 묘갈명을 지었으며, 선산 지역 향현鄕賢을 위한 묘전의식墓奠儀式과 오산서원吳山書院의 봉안의식奉安儀式을 정하고 금오서원의 사당과 재실 등에 이름을 지음으로써 선현들의 정신을 계승하고 선양하는 의지를 보였다.

그리고 여기에서 여헌은 조선조 사림파의 정신을 계승함과 동시에 이를 넘어서서 정주程朱에게로 나아가고, 정주를 넘어서서 요순공맹으로 나아감으로써 인간의 도덕적 본질을 밝히고자 하였다. 이에 여헌은 분열과 혼란에 빠지고 가치가 전도된 시대를 구하기 위해 도덕적인 선을 근본으로 하는 유가적인 가치관을 확립함으로써 그 시대의 문제점을 근본적으로 해결하려 하였는데, 그의 『역학도설』과 『성리설』을 비롯한 방대한 저술은 바로 이런 문제의식 위에서 집필된 것이었다.

인간의 당위를 도출하고 그 당위의 정당성을 확립함으로써 사람들로 하여금 그 당위를 실천하게 하려는 여헌의 입장은 그의 호를 여헌이라 짓게 된 이유를 밝힌 「여헌설」에서도 잘 나타난다. 여헌은 '여헌旅軒'이라는 아주 독특한 호를 가지고 있다. 일반적으로 유학자들의 호는 자신이 살고 있는 마을 이름이나 산과 계곡 등의 이름을 따 와서 겸손한 뜻을 표현하거나, 아니면 학문과 수양에 관계된 말들을 가지고 와서 자신의 공부를 위한 바탕으로 삼기도 한다. 그러나 여헌은 임란으로 인해 고향을 떠나 15년간을 여기저기 전전하면서 나그네로서의 삶을 살아가는 도중에 스스로 '여헌'이라는 호를 지었다. 그런데 「여헌설」에 따르면, 이것은 단순히 나그네 생활을 오래했다는 의미가 아니라 나그네 생활을 통해 터득한 인간의 본질에 대한 궁극적인 성찰을 보여 주는 것이다.

여헌에 따르면, 자신이 나그네가 된 것은 한 작은 나그네에 불과하지만 만약 천지를 가지고 관찰한다면 천지 사이에 붙어사는 모든 물건이 어느 것인들 나그네가 아닌 것이 없으며, 천지 사이에 붙어사는 모든 것이 다 나그네라면 일생 동안 나그네의 도리를 다할 것을 생각하여 천지간에 부끄럽지 않게 하는 것에 힘쓰지 않을 수 없다고 한다. 즉 인간의 도리는 나그네가 자신이 기식하고 있는 주인에게 부끄럽지 않게 행동해야 하는 것처럼 천지 사이에서 부끄럽지 않게 살아야 하는 것이며, 이것이 모든 인간에게 주어진 보편적인 당위라는 것이다. 그러므로 여헌이라는 호는 단순히 집이 없이 유랑생활을 했다는 의미가 아니라, 인간이란 애초에 천지의 나그네이며 인간은 마땅히 진정으로 나그네의 의리를 다하는 삶을 살아야 한다는 것을 밝힌 것이다.

더 나아가 여헌은 기존의 가치관을 단순히 교조적으로 계승하지 않고 그러한 가치관의 근거를 분명히 밝힘으로써 그 정당성을 확인하려는 성실하면서도 치열한 학자적인 태도를 견지한 인물이다. 여헌의 학문과 인품은 일찍부터 널리 알려져 당대의 사표師表로 인정받아서 영남 일대는 물론 서울 및 경기도, 심지어 평안도에 이르기까지 300명이 넘는 문인들이 분포되어 있었으며, 기호사림의 중심인물인 송시열, 송준길도 젊은 시절 여헌을 찾아뵌 적이 있었다. 이에 조준趙竴은 "여헌은 영남의 선비 가운데 현자로서 학문과 덕의德義가 성대하여 제유諸儒들이 바라보아 이를 수 있는 경지가 아니다"(趙翼, 『浦渚集』 권15, 「與鄭生員四震書」)라고 하였으며, 이식李植은 "퇴계와 남명의 문하에서 남명 문인 한강만이 오직 온전한 사람이 되었으며 여헌이 그의 고제高弟인데, 여헌이 몰歿한 후 그의 학문을 전술한 문인이 없어 영남의 학문이 여기에서 끊어졌다"(李植, 『澤堂集』 別集 권15, 「示兒代筆」)라고 하였던 것이다.

이런 여헌의 성실하면서도 치열한 학자적인 태도 및 인생과 세계를 바라보는 깊은 통찰력, 그리고 인간과 사회에 대한 끝없는 사랑을 토대로 현세적인 실천을 추구한 실천정신 등은 조선조 성리학에 대한 올바른 평가뿐만 아니라 오늘날의 인문학 연구자들에게도 시사하는 바가 매우 크다고 할 수 있을 것이다.

4. 여헌학의 확립과 여헌학의 특징

여헌은 퇴율의 이기심성설을 비판적으로 종합·극복하고 이기경위설이라는 독창적인 이론을 제기함으로써 조선성리학사에서 한 이채로운 인물로 평가되는 사람이다. 그러나 그는 단순히 이론적인 차원에서 새로운 이기설을 제창한 인물에 그치는 것이 아니라 당대의 대표적인 산림으로 인정받았던 인물로서 그 시대의 가치관을 주도하는 학자였다.

유가적인 도덕가치의 정립을 위한 그의 노력은 태극설, 경위설, 역학 등에서 잘 드러난다. 그는 유가적인 도덕가치를 확립함으로써 인간 당위의 근거를 보다 더 확고하게 하기 위해 경위설이라는 새로운 이기설을 제시하고, 이를 통해 인간의 도덕적 본질과 유가적인 당위의 정당성을 합리적으로 설명하려 하였다. 또한 그는 리를 소이연所以然, 소필연所必然, 소당연所當然, 소고연所固然, 소자연所自然의 다섯 측면으로 파악하여 이 리의 총체를 태극이라고 하면서, 이 태극으로부터 리—기—도가 전개되므로 도는 리와 똑같은 가치를 지니는 것이 된다고 주장하였다. 그가 이렇게 리의 개념을 소이연의 까닭과 소당연의 법칙에서부터 소필연 및 소자연, 더 나아가 소고연까지 확장한 것은 인간 당위의 근거를 보다 더 확고하게 하려는 것이었다.

만년에 여헌은 태극설을 저술하여 태극이 단순히 세계의 존재론적 근거에 그치는 것이 아니라 그것이 바로 우리 도덕의 근거임을 밝힘으로써 유가적인 윤리와 질서의 정당성을 확보하려 하였다. 여기에서 여헌은 태극은 곧 리라는 주자의 해석을 따름으로써 태극의 절대성을 강조하고, 거기에다 '태극은 도덕의 두로頭顱'라는 말을 첨가함으로써 유가적인 도덕가치의 근거를 확실하게 확립하려 하였다. 여헌은 태극을 '표덕表德'으로 해석하거나 '유형적인 옥극屋極'에 비유하는 것을 다 거부하고 태극이란 이 리를 높이고 찬미하는 휘호일 뿐이라고 주장함으로써 리의 절대성을 강조하고, 리의 특성, 리가 태극일 수밖에 없는 이유를 설명함으로써 태극이 인간 도덕의 원천이며 근거임을 역설하였다.

더 나아가 여헌은 무극에 대한 정확한 이해를 통해 태극이 현상세계의 궁극적인 존재 근거이며 동시에 인간 도덕질서의 근거임을 분명히 하려 하였다. 그는 주렴계가 태극 위에 무극을 덧붙인 것은 이 극이 유형의 극이 아님을 밝힌 것이라 단언하고, 극을 말함으로써 리理의 묘를 다하였고 태와 무를 말함으로써 극의 뜻을 다하였다고 하여 무극이 태극의 속성을 보여 주기 위해 반드시 필요한 요소임을 강조하였다. 그리고 리와 인간 도덕과의 관계를 명확하게 하기 위해 태극의 강령과 조목을 제시하여, 태극이란 하나의 사물이 아니라 천지인물의 궁극적이고 절대적인 근거이며 인간과 사물의 본성으로서 인간의 시비사정과 도덕 및 인륜질서의 근거가 됨을 강조하였다.

이와 같이 세계의 존재론적인 근거인 태극이란 곧 리이므로 그것은 그대로 우리의 도덕의 근거가 되며 더 나아가 그것이 단순히 몰가치적인 것에 그치는 것이 아니라 인간의 모든 도덕적인 근거가 됨을 역설함으로써 인간 도덕의 절대성을 강조하는 여헌의 태극설은, 유가적인 인륜도덕을 신뢰하고 그 도덕을 현실 속에서 실현함으로써 이상세계를 열어 가려는 강한 도덕지향의식을 보여 주는 것이다.

또한 그는 퇴계·율곡의 이기설을 지양하고 새로운 일원론적인 견해를 제시함으로써 인간의 도덕적 본질을 밝히고 유가적인 당위의 정당성을 확립하려 하였다. 그러나 성리설의 경우, 퇴율 이후의 당파성을 넘어서서 이기사칠설理氣四七說의 본질을 밝힘으로써 실천지학으로서의 유학 본연의 가치를 회복하기 위해 제시된 이기경위설理氣經緯說은, 그것이 퇴계의 호발설과 합치되지 않는다는 이유에서 영남의 퇴계학파 및 근기남인에 의해 비판되기도 하였다. 그러나 이런 여헌의 학문은 조선유학이 주리主理·주기主氣로 대분되는 단편적인 것이 아니라 보다 입체적이고 다양한 모습을 갖춘 것임을 확인시켜 주며, 또한 그의 우주사업과 노인사업은 조선유학의 도덕론이 단순한 공리공론이 아닌 실천적인 것임을 잘 보여 주고 있다.

특히 그는 역학에 관심과 조예가 깊어 9권이나 되는 방대한 양의 『역학도설』을 남기기도 하였다. 그의 역학 연구는 상수역과 의리역을 아우르는 것으로서 상당히 이채로운 것으로 평가되기도 하며, 또한 철저하게 정주학에 근본하면서도 정주의 해석을 넘어서는 업적을 세웠다고 평가된다. 그러나 그가 쓴 「역학도설서」를 보면, 『역』이란 결국 인간으로 하여금 인간의 당위를 알게 함으로써 이륜彝倫의 도가 펼쳐질 수 있게 하려는 것이다. 여헌은 역학과 성리설을 긴밀히 연결하여 논의함으로써 도덕실천의 근거를 밝힘과 동시에 그 구체적인 실천을 제시하려 하였는데, 이것이 여헌 역학이 가진 매우 특징적인 점이다.

그는 인간으로서 인간된 이치를 알지 못하고, 하늘을 우러러 보고 하늘이 되는 이치를 알지 못하며, 땅을 굽어보고도 땅이 되는 이치를 알지 못하고, 많은 무리 가운데에서 살고 있으면서도 만물의 이치를 알지 못하고 있다면 금수초목과 다를 바가 없다고 전제하고, 나아가 사람이 섬에 마땅히 그 설 곳을 알지 못하고 길을 감에 마땅히 가야 할 길을 알지 못한다면 삼재에 참여할 수 있는 도가 있을 수 없다고 주장하였다. 여기에서 여헌은 인간과 천지만물이 존재하는 이치와 그것에 근거한 인간 당위의 도출, 즉 우주 전체의 이해를 통해 우주 내 존재로서의 인간을 인식하고 그에 걸맞은 삶을 살 수 있게 해 줄 수 있는 것이 『역』의 근본적인 기능이라고 주장한다. 즉 『역』이란 인간으로 하여금 인간과 천지만물의 이치를 알게 하고 나아가 인간의 당위를 도출하려는 것이다. 그러므로 여헌 역학의 궁극적인 관심은 그의 우주사업인 인도人道를 확립하고 실천하게 하려는 데 있다. 다시 말하면 역학에 대한 그의 방대한 저술은 이론적인 천착이 아니라 그의 철저한 위기지학의 과정이었던 것이다.

그는 유가적인 도가 태극에 근본하였다는 것으로써 유가적인 가치를 절대시하고, 공자는 바로 이 도를 밝힘으로써 삼재의 도를 부식扶植하고 천명闡明하여 만세를 일일一日처럼 만들었다고 주장하였다. 그에 따르면, 공자가 밝힌 도는 바로 "아비는 아비답고 자식은 자식다우며 형은 형답고 동생은 동생다운" 일상 속에서의 인륜질서인 것이다. 그래서 그는 유가적인 평상의 도를 비근하다고 여겨 알고 행하기에 부족하다는 사람들을 비판하고, 또 유자임을 자부하면서 실제로는 명리名利에 치중하는 사람들을 비판하였다.

그에 따르면, 명리를 추구하는 사람은 자포자기하는 사람도 아니요, 이단도 아니며, 곡학아세曲學阿世하는 사람도 아니요, 그 이름을 물으면 유儒라 하고 배우는 내용을 물으면 유자儒者의 책을 읽는다고 하나 그 뜻한 바를 살펴보면 명리일 뿐이니 이런 사람은 일체의 사업이 진유眞儒와 반대인 것이다. 그러나 지금 세상에서 이른바 유자라는 사람들은 이러한 것을 유학이라 여기고 진유의 사업이 나의 성분 가운데 있다는 것을 알지 못한다. 그렇다면 진유가 일어나지 않고 정학正學이 밝혀지지 않는 이유는 이 명리가 구덩이가 되어 우리를 빠뜨린 것이니 명리야말로 우리 도를 가장 심하게 해치는 것이라 하였다.

여헌은 전통적인 성리학자의 입장을 계승하여 인욕人欲에 대해 매우 부정적인 시각을 갖고 있다. 그에 따르면, 욕망이란 형기에 근본하고 있으며, 나의 지각을 타고 나의 정의情意에 말미암으며, 나의 이목이 매개가 되어 마음이 이로 인하여 움직이고 외물에 감응하여 움직이며 끌어당기듯 몰아대듯 한다는 것이다. 더구나 유형적으로 위험한 곳은 조심하고 가까이 가지 않으면 화를 피할 수 있지만 이욕은 사람마다 가지고 있으므로 거기에 빠지지 않는 자가 드물다고 하여 인욕의 위험성을 역설하였다.(『旅軒集』續集 권1, 「世上無如人慾險」)

물론 명리를 비판하고 진유眞儒의 모습을 제시하는 것이 여헌만의 독특한 모습은 아니다. 율곡도 47세에 올린 「만언소」에서 당시 폐단의 첫 번째로 "교화가 행해지지 않아서 인심이 점차 경박해지고 예의염치가 없어짐으로써 선비마저도 이익을 앞세우고 의를 생각하지 않는 것이 풍속이 되어 버린 것"이라 하여 명리를 좇는 세태를 한탄하였다. 또 이런 측면에서 "이단이란 도불道佛뿐만 아니라 자기 한 사람만의 욕심을 따르는 것까지 다 해당된다'라고 하였으며, 벼슬에만 연연하는 사람들이 세상을 어지럽히는 것을 비판하면서, 현실 속에서 도달하려는 최고 표준으로서의 군자의 중요한 역할은 의리를 지켜 천지의 강상을 세우는 것이며 이런 도학지사가 바로 진유라 하였다. 그리고 이런 진유는 세상에 나아가면 일시에 도를 행하여 이 백성들로 하여금 밝게 빛나는 즐거움이 있게 하고 물러나면 만세에 가르침을 드리워 학자로 하여금 큰 잠에서 깨어날 수 있게 하는 자라고 하여, 세상에 나아가 도를 펴거나 물러나 은둔하는 것 모두에서 자신의 당위를 다하는 사람이 진유임을 강조하였던 것이다.

그러나 기존의 가치관이 근본적으로 흔들리던 시대를 살았던 여헌은 유가적인 도의 근거와 참모습을 다시 밝히고 이에 따른 인간 당위의 실천방법을 분명히 제시하려 하는 점이 특징적이다. 그에 따르면, 유가의 도는 천명에 원천을 두고 있는 본성에 근본한 것이어서 잠시라도 사람이 떠날 수도 어길 수도 없는 일용평상의 것이다. 이 도는 천지와 그 크기가 같고 해와 달과 더불어 그 밝음을 함께하며, 그것의 항상됨은 사시가 변함없이 갈마듦과 같아 천하 만물이 이 도 가운데 있지 않음이 없는 절대적인 것이다. 그러나 인간에게 이 도는 구체적으로는 아버지가 되어서는 자애롭고 자식이 되어서는 효성스러우며 임금이 되어서는 백성을 인애하고 신하가 되어서는 공경하는 등의 일상 속에서의 인륜질서인 것이다.

이러한 가치관의 정당성을 확보하기 위해 천도는 우리에게 어떻게 주어져 있으며 우리는 어떻게 이 천도를 제대로 알아 인도를 실현해 나갈 것인가 하는 문제가 제기된다. 그래서 여헌은 그의 『성리설』 마지막에 「답동문答童問」편을 두어, 유학의 궁극적인 귀결점은 나의 사욕을 극복하여 천리를 온전히 실현되게 할 수 있는 수양에 있음을 분명히 하였다. 그는 동자의 많은 질문들, 예를 들면 무한한 우주에 대해 어떻게 궁리할 수 있는가? 성인이 되면 천지의 바깥에 대해서도 알 수 있는가? 선천후천과 이 천지와의 관계는 어떠한가? 천지의 개벽이 되풀이된다는 것이 사실인가? 이 천지 외에 다른 천지가 또 있는가? 등등의 질문에 대해 다음과 같이 답하고 있다.

> 지금 천지우주의 무궁함을 궁구하고자 하여 시험 삼아 생각을 다한다면, 유有 밖에 또 유가 있고 큰 것 밖에 또 큰 것이 있으며 높은 것 위에 또 높은 것이 있고 깊은 것 아래 또 깊은 것이 있어 진실로 무궁하고 또 무궁할 것이니 어떻게 다 궁구할 수 있겠는가? 또 하필이면 징험도 없고 근거도 없는 곳으로 헛되이 망상妄想을 내달리게 하여 나의 정신을 피로하게 하고 허비하겠는가? 이것이 어찌 되돌려 나의 방촌 가운데에서 도를 구하는 것만 하겠는가? 저 무궁한 것도 태극 가운데에 둘러싸이지 않은 것이 없다. 그러므로 나의 방촌 가운데에서 태극이라는 것을 깨달을 수 있다. 그렇다면 지극히 넓고 지극히 크며 지극히 높고 지극히 깊은 것을 간직한 것 중에 어느 것이 나의 방촌만한 것이 있겠는가? 나의 방촌 가운데에 이와 같은 넓고 크고 높고 깊은 미묘함이 있으나 이것을 가리어 막아 버리고 골몰하여 어둡게 하는 것은 인욕이 아니겠는가? 만약 사람이 인욕을 깨끗이 다 없애고 천리를 다시 밝힌다면 곧 그대로 본연의 전체인 것이다. 동자가 적자赤子의 마음을 잃지 않을 수 있다면 그것을 얻을 수 있을 것이다.(『性理說』 권8, 「附答童問」)

이로 미루어 보면, 여헌의 학문에서 중점이 되는 문제의식은 어떻게 하면 인간으로 하여금 인욕을 제거함으로써 천리를 다시 밝혀 인간 본래의 완전성을 실현하게 할 수 있을 것인가에 있다. 그래서 여헌은 무궁한 천지우주의 이치에 관심을 가지면서도 지행은 합일되어야 한다는 이유를 내세워 지식의 범위를 우리의 이목이 미치는 천지 안으로 국한시킨다. 그리고 앎을 다하고 실천을 다하는 성스럽고 신묘한 사람(聖神之人)이라 할지라도 천지의 운행에 참여하여 천지의 화육을 돕는 도리와 공용功用은 반드시 천지의 안에 그칠 뿐이라고 주장함으로써 자신의 학문이 인도의 확립과 실천을 위한 것임을 다시 한 번 분명히 하였다.

5. 여헌학의 확립과 후세에 끼친 영향.

여헌은 18세에 「우주요괄」을 지어 자신의 학문적 지향점을 분명히한 이후로 역학과 이기경위설을 비롯한 성리설, 예학, 경학 및 수양론과 관계되는 많은 저술을 남겼다. 그의 저술 가운데 최초로 의미를 갖는 것은 18세에 지은 「우주요괄」이다. 이 우주요괄첩은 여헌이 임란으로 피난길에 올랐을 때에도 『역경』과 함께 항시 가지고 다니던 것으로서 그의 학문적 지향점이 어디에 있는가를 잘 확인시켜 준다.

장응일에 따르면, 여헌의 대표적인 저술은 시문집 외에 『역학도설』,『이기경위설』, 『태극설』, 『만학요회』, 『우주설』, 『평설』, 『답동문』, 『녹의사질錄疑竢質』, 『구설』, 『역괘총설』, 『도서발휘』 등이다. 이 중 『역학도설』은 55세부터 짓기 시작하여 만년에 이르기까지 계속 보완해 나간 것이며,『평설』은 41세, 『리기경위설』은 68세, 『만학요회』는 75세, 『역괘총설』과『구설』은 77세, 『우주설』과 『답동문』은 78세, 『태극설』은 79세, 『도서발휘』는 81세에 지은 것이니, 『평설』을 제외한 나머지 글들은 모두 만년의 학문적 온축을 보여 주는 것이다.

이 가운데 『녹의사질』은 『대학』과 『중용』에 대한 여헌의 주석으로서 여헌학의 면모를 잘 보여 줄 뿐만 아니라 경학사적으로도 매우 의미 있는 글로 평가되고 있다. 이 글에 대하여 조선 후기의 유학자 신익황申益愰(1672~1722)은 "선생께서 이 글을 지으신 것은 이유가 있어서이니 다른 저술에 비할 것이 아니다"라고 하면서『역학도설』,『성리설』과 더불어『녹의사질』을 여헌의 대표적 저술로 인정하고 있다.

또한 여헌은 18세에 학문의 방향을 확립한 이후 평생토록 그 길을 따라 매진한 인물이다. 이런 그의 모습을 보여 주는 글이 만년에 쓰인「노인사업」,「모령인사老齡人事」,「좌벽소제座壁所題」,「좌벽제성座壁題省」등이다. 이것들은 특히 고령화시대로 진입하는 지금 시대에 노인으로서 어떻게 살아가는 것이 가장 올바른 길인가를 제시해 주는 지혜가 담긴 글로 각광받기도 한다.

이런 여헌의 저술들은 그의 학자적인 깊이와 넓이가 얼마나 심원하고 방대한 것인지를 잘 보여 주는 동시에 여헌학이 포함하는 범위가 역학과 성리설뿐만 아니라 경학, 예학, 경세론, 사회사상, 인생론, 우주론, 실학적 풍모, 문학론, 교육사상 등 광범위한 것임을 확인시켜 준다. 또한 이런 여헌 사상은 임란과 호란이라는 두 차례의 큰 전란과 붕당 등으로 인해 평탄치 못했던 국가적 위기 상황 속에서 산림으로 추앙받았던 선비가 추구한 세계관과 인생관의 전형을 보여 준다. 즉 여헌은 사회적 불안과 혼란의 국면 속에서 시야를 우주적 차원으로 확장하여 인문정신을 실현해야 할 책임자로서의 유학자의 역할을 재인식함으로써 위기를 돌파하고자 하였다. 이는 곧 무너진 사회체제를 다시 회복시키고자 하는 학자의 책임의식과 실천의지의 발로라고 할 수 있을 것이다.

여기에서 여헌은 인간이야말로 우주론적 존재로서 도덕사업의 주체임을 역설하면서 인간으로서의 자존감과 삶의 가치를 회복하고 인간으로서의 존엄성을 회복할 것을 권면하였다. 그리고 학문의 목표를 우주의 원리에 대한 앎과 인간 도덕성에 대한 자각, 그리고 이를 바탕으로 한 인간의 능동적인 도덕실천임을 천명하고, 인간의 도덕실천을 근간으로 인간의 역할과 책임을 강조함으로써 현실 문제를 타개해 나가고자 하였던 것이다.

여헌은 지역적으로 좁게는 구미·선산지역의 사림파의 전통을 계승하였으며, 넓게는 영남학파의 전통 속에 놓여 있다. 그러나 여헌은 이러한 자신의 학문 목표의 실현을 위해 주자학을 받아들이되 주자학에 매몰되지 않았으며, 또한 당시 영남학파의 분열과 대립을 넘어서서 자신의 학문세계를 정립한 인물이다. 이런 모습은 그의 전 학문 분야에 걸쳐 특징적으로 나타난다. 또한 여헌은 역학과 성리학의 통일을 학문의 궁극적 목적으로 삼았던 인물이다. 그러므로 그의 역학은 그의 성리설의 근거였을 뿐만 아니라 그의 학문의 처음과 끝을 이루는 것이었으며, 이런 점에서 역학적 세계관으로 성리학의 학문체계를 통일하는 역일통易─統사상이 그의 학문체계의 특징을 대변할 수 있다고 평가된다.

그리고 여헌의 『역학도설』은 주희의 천인합일론에 내재해 있는 이본론理本論과 기화설氣化說 사이의 모순을 극복하기 위한 것이었다고 평가되기도 하며, 또 이기설의 경우, 여헌은 조선조 주자학의 기반을 다진 퇴계의 호발설을 따르지 않고 독자적인 이기경위설을 제기하여 기의 운동을 통해 이루어지는 현실의 끊임없는 변화 과정을 리의 자기성취 과정으로 파악함으로써, 리를 존재론적 본체로 상정하면서도 리와 기의 관계를 통일적으로 이해하려 했던 주희 이기설의 핵심을 적확하게 포착했다는 평가를 받는다.

경학의 경우에도, 여헌은 공공公共의 의리는 무궁하니 이것을 밝혀내는 것이야말로 학자의 임무라는 학자적 소신에 의거하여 상당히 자유롭게 기존의 경전 주석을 비판하고 독창적으로 경전을 해석하고 있다. 이러한 학문적 자세와 업적은 기존의 주자학을 답습하는 학자들이 쉽게 추종할 수 있는 것이 아니었으며 조선주자학의 터전인 영남의 학문적 기풍과도 괴리되는 것으로서, 이런 점이 근기남인인 허목으로 여헌의 학문이 이어져 가게 된 이유일 것이라는 평가를 받기도 한다.

뿐만 아니라 여헌은 18세에 「우주요괄」을 지을 때부터 만년의 노인사업에 이르기까지 우주사업 또는 사업이란 말을 즐겨 쓰면서 이 사업의 근본은 곧 사람의 마음에 있다고 하여, 이 사업이 곧 유가의 도덕사업임을 밝힘으로써 유학이 곧 실천지학임을 강조하였다. 이식李植은 여헌 사후 그의 학문을 전술한 문인이 없어 영남의 학문이 여기에서 끊어졌다고 하였지만, 그의 문하에서 훌륭한 이론가가 나오지 않은 이유가 그의 학문이 지닌 강한 현세적인 실천성 때문이었다고도 할 수 있을 것이다.

여헌은 일생을 향리인 인동을 비롯하여 인근 지역인 선산, 성주, 칠곡, 의성, 청송, 안동, 상주, 영천 등에서 활발한 강학활동을 통해 많은 문인을 길러 냈다. 그리고 그의 명성이 알려지면서 근기, 호서, 관서 지역에까지 문인들이 분포되어, 그의 문인록에 등재된 사람이 355명에 이른다. 그 가운데 대표적인 인물들은 여문십현旅門十賢 또는 여문십철旅門十哲로 불리는 수암修巖 류진柳袗, 학사鶴沙 김응조金應祖, 수암守庵 정사진鄭四震, 만회당晩悔堂 장경우張慶遇, 나재懶齋 신열도申悅道, 쌍봉雙峰 정극후鄭克後, 간송澗松 조임도趙任道, 귀암龜巖 김경장金慶長, 성재省齋 권봉權澂, 백암栢巖 안응창安應昌, 학가재學稼齋 이주李紬와 양송십오현樑頌十五賢으로 불리는 인물들이다.

이들을 중심으로 300명이 넘는 여헌의 문인들은 그의 학문을 계승, 실천함으로써 퇴율과 다른 또 다른 학풍을 성립시켰다.

여헌의 문인들은 그의 실천적 학풍을 계승하여 도덕적 실천을 통한 사회질서의 회복과 재건에 적극적으로 참여하였으며, 무너진 사회기강을 확립하여 향촌사회의 질서를 수립하려는 활발한 활동을 보여주었다. 그 한 예가 지지편찬의 업적이다. 즉 신열도, 안응창이 『문소지聞詔志』를 편찬하고 권응생, 정극후가 『동경지東京志』를 편찬한 것을 비롯하여 그 문인들이 『경산지京山志』, 『밀주지密州志』, 『오산지鰲山志』, 『일선지一善志』, 『천령지天嶺志』, 『선사지仙槎志』, 『양양지襄陽志』 등을 편찬함으로써 향촌의 도덕질서 수립과 지치의 실현이라는 목적을 수행해 갔던 것이다.

주자학에 대한 재해석 : 도덕사업의 주체 제시

김 경 호

1. 삶을 함축한 성리학적 사유

여헌旅軒 장현광張顯光(1554~1637)은 한국유학의 역사적 전개 과정에서 독창적인 성리사상을 제기했던 17세기 전반기의 대표적인 유학자이다. 여헌이 제안한 '경위經緯'에 기반한 성리설은 한국유학사에서 유래를 찾아볼 수 없는 새로운 것이었다. 그는 북송시대 유학 이후 새롭게 제기된 '성리性理'라고 하는 추상적이고 미묘한 개념을 '경위'라는 위상적이고 공간적인 개념으로 전환시켜 자신의 철학적 사유를 구성해 내고 있다. 이 경위의 틀에 성리 개념을 직조하여 여헌은 새로운 성리설을 제출한다.

학자로서의 명성과 달리 여헌의 일생은 순탄하지 않았다. 앞선 '생애' 부분에서 확인할 수 있듯이, 그는 84세의 생애 동안 한 차례의 반정과 두 차례의 전란을 겪었고, 고향을 떠나 타지를 떠돌아야 했다. 미수眉叟 허목許穆의 표현처럼 '위태롭고 불운한 시대'를 살았던 그는, 자신을 한낱 '좀벌레'(蠹)나 천지간을 떠돌아다니는 '나그네'(旅)와 다르지 않다고 자평한다. '세상을 떠도는 나그네'라는 의미의 '여헌旅軒'이란 호는 이러한 삶의 곡절을 담고 있다. 경위에 의해 직조되는 시간은 그래서 여헌의 인생역정을 구성하는 좌표점과 다르지 않다.

'여헌'이란 장현광의 호를 그의 성리사상을 개괄하는 글의 첫머리로 삼은 것은, 여기에 여헌의 삶과 성리학적 사유가 함축되어 있기 때문이다. '여헌'이란 두 글자는 평생 성리를 탐구했던 한 유학자가 떠돌다 잠시 머무는 곳을 자신의 거처로 삼아야 했던 쓸쓸함과 우수에 대한 반추이다. 동시에 이 두 글자에는 우주자연의 한갓 미미한 존재이지만 자신의 분수를 감당하려 했던 도학자로서의 겸허한 지향적 태도가 담겨 있다. 여헌은 스스로를 '좀벌레'나 '떠도는 나그네'로 규정하고 있지만, 그는 유교 지식인으로서 자기 자신에 대한 책무와 삶의 의미에 대해서 누구보다도 깊이 성찰한 인물이었다.

여헌은 분열되어 염치를 잃은 혼란의 시대에 인간으로서의 자존과 가치를 지키면서 우리들 각자가 우주적 존재로서 도덕사업의 주체가 되어야 함을 역설한다. 그는 전란의 후유증으로 인한 분열과 불안, 그리고 서로를 믿지 못하는 인심을 치유하고 통합할 수 있는 이론과 실천 방안을 모색하였다. 그것이 경위를 통해 리와 기, 사단과 칠정, 인심과 도심의 이원적인 대립적 구도를 해체하면서 도덕사업을 통한 윤리적 각성과 회복을 기획하는 여헌의 성리사상이다. 우리는 날줄과 씨줄이 교차하는 '경위'라는 개념에 입각한 성리학의 이해방식을 통해 우주적 생명성을 재발견하기 위한 여헌의 이채롭고 독창적인 학술사상을 만나게 된다.

사실 경위라는 용어는 여헌이 처음 사용한 것이 아니다. 여헌에 앞서 여러 성리학자들이 자신들의 성리 이론을 설명하면서 '경위'라는 용어를 사용한 바 있다. 경위는 쉽게 말하면 날줄(縱絲)과 씨줄(橫絲)이 교차된 형태인데, 베틀에서 베를 짜는 경험적 방식을 추상적 사유의 한 유형으로 포착한 용어이다. 공간을 가르는 수직의 기준선인 날줄이 경經이고, 수평으로 움직이는 씨줄이 위緯이다. 기준선인 날줄의 항상성과 운동하는 씨줄의 변화가 누적되어 옷감이 짜지듯이, 경위에 의해 사유가 구성된다. 성리학자들은 자연세계가 상보적인 원리에 따른다는 것을 기초적으로 설명하기 위해 이 경위라는 용어를 차용하였던 것이다. 그러나 여헌은 상식적인 용어에 불과하였던 '경위' 개념을 재발견하여 리기설과 심성설을 재구성해 냄으로써 인간과 세계에 대한 통합적 관점을 제안한다.

경위는 오늘날 우리가 시간선으로 설정한 경도經度와 기후선으로 설정한 위도緯度라는 가상의 선을 그려 지리상의 위치를 파악하는 방식에서 확인할 수 있다. 서양에서는 카이로스(Kairos)라고 하는 날줄의 시간과 크로노스(Chronos)라고 하는 씨줄의 시간을 설정하여 그것에 의해 만들어지는 인생을 설명하기도 한다.

이 글은 여헌의 「경위설經緯說」, 「인심도심설人心道心說」, 「학부명목회통지결學部名目會通旨訣」, 「사물론事物論」, 「심설心說」, 「도통설道統說」, 「평설平說」, 「구설究說」 등 리기심성에 관한 여헌의 성리설에 대한 기존의 연구 성과를 토대로 하여 그 내용과 의미를 개괄하는 것을 목적으로 한다. 그렇기 때문에 여헌 성리설의 세밀한 부분까지 소개하기에는 한계가 있다. 다만 이 글은 '경위'에 기초한 여헌의 상호 연쇄적이면서도 통합적인 성리사상의 대체와, 그러한 논의가 갖는 의미가 무엇인지를 알아보는 데 중점을 둔다. 이를 통해 여헌의 근본적인 철학적 문제의식과 지향의 일단을 살펴볼 수 있기를 기대한다.

2. 여헌의 성리학적 문제의식

그렇다면, 여헌은 어째서 '경위'라는 개념을 통해 자신의 성리사상을 전개하고 있는 것일까? 여헌이 갖고 있는 문제의식의 일단은 그가 68세에 완성한 것으로 알려진 「경위설」에서 찾아볼 수 있다. 「경위설」을 포함한 그의 『성리설』은 성리의 문제를 인간의 심성에 국한하지 않고 자연세계의 변화운동의 측면까지 포괄하면서, 나아가 역동적인 역의 세계 곧 우주적 차원으로까지 확장하고 있다. 흥미로운 것은 여헌이 성리 개념을 통해 인간으로부터 우주의 차원까지 모두 다루면서 일관된 방법론을 적용하고 있다는 점이다. 그의 이론을 하나로 엮어 내는 '경위'라고 하는 은유적 개념이 그것이다.

여헌은 직접적으로 '경위가 리기에 비유될 수 있다는 것을 논함'(論經緯可以喩理氣)이라는 소제목을 통해 '리기'를 '경위'라는 은유를 통해 논의한다는 점을 분명하게 밝히고 있다. 그는 어떤 이유에서 이전의 학자들이 자주 언급하지 않았던 '경위' 개념을 상상하게 되었을까? 그가 경위라는 은유를 통해 리기와 인간의 심성과 우주자연에 대해 논의하게 된 문제의식의 연원은 무엇일까?

여헌은 『성리설』의 「경위설」에서 자신이 경위설을 제안하는 분명한 이유를, "만약 리기를 분리하여 기와 리가 서로 속하지 않는다고 한다면 잘못이다. 이것이 내가 경위의 설을 만든 이유이다"라고 밝히고 있다. 표면적으로 여헌은 성리학의 가장 기본이 되는 개념이면서 동시에 핵심 개념이기도 한 리와 기 개념에 대한 이해를 문제 삼는다. 리기를 분별하는 이원적 관점을 경위 개념을 통해 교정하겠다는 의도이다.

그러나 이 문제는 생각보다 단순하지 않다. 왜냐하면 리기 개념에 대한 이해는 심성론과 수양론의 영역을 관통하기 때문이다. 게다가 여헌이 제기하는 문제의 연원을 소급해 보면, 그 시원은 선진유학으로부터 송대의 성리학에 연결되고, 가깝게는 조선 전기 삼봉 정도전과 양촌 권근, 화담 서경덕과 회재 이언적, 퇴계 이황과 고봉 기대승, 그리고 율곡 이이의 성리설과 접속한다.

여헌이 퇴계의 성리설에서 문제 삼고 있는 것은 리기에 대한 분리와 분별의 관점이다. 퇴계는 성리학적 사유의 핵심은 리에 대한 이해에서 출발한다고 본다. 그러기에 리기가 상호 분리될 수 없다는 것을 인정하면서도 그러한 조건 하에서 리의 독자성을 확보할 수 있어야 한다는 관점을 취한다. 즉 현실의 구체적인 사건과 사물의 현상에서 리와 기는 구성적 요소로 분별할 수 없음에도, 리의 측면을 부각해서 보아야 한다는 입장이다. 이것은 리와 기의 가치론적 우열을 전제한 인식인데, 퇴계는 가변적 현상을 추동하는 근원적 세계, 이를테면 흔들림 없는 내면의 근본적인 도덕성을 리의 영역으로 상정하고자 한다.

퇴계는 우리의 마음도 구조적으로 리와 기가 결합하여 작동되는 것이지만 리를 위주로 하는 경우와 기를 위주로 하는 경우로 구분될 수 있다고 본다. 그는 이 두 경우의 수를 각기 리발理發과 기발氣發이라는 개념으로 표현하고, 이것을 각각 사단과 칠정에 할당한다. 이러한 방식은 인심과 도심의 문제에서도 동일한 양상으로 나타난다. 여헌은 퇴계의 호발설이 사단과 리의 독자성을 확보하기 위한 논의라는 점에서는 긍정하지만, 이것이 마음에 두 개의 근본을 세우는 것과 다르지 않다고 비판한다. 호발설에 대한 여헌의 비판은 율곡의 관점을 지지하는 듯하다.

그러나 여헌은 비교적 일원적 관점을 보이고 있는 율곡에 대해서도 비판적이다. 율곡은 리기불상리의 관점에서 분별적 관점을 배격하는 자신의 이론을 전개한다. 여느 성리학자들처럼 율곡은 리가 만물의 근원이자 보편적 원리임을 인정한다. 그러나 그는 유형유위한 기에 의해 무형무위한 리가 실현된다고 이해한다. 그래서 기발리승일도만을 인정하고, 리발을 주장하는 퇴계의 이론에 대해서 비판적이다. 이러한 사고는 리에는 작위적인 운동성이 없으며, 기와 분리되어 실현되는 것이 아니라는 것을 보여 준다. 그렇기 때문에 마음의 작동 방식은 기발일도에 의한 것이며, 사단과 칠정은 하나의 정일 뿐이라는 것이 율곡의 관점이다.

율곡은 마음을 기의 작용에 의해 드러나는 것으로 보기 때문에 '심시기心是氣'라 하고, 리는 마음 속에 담겨 있는 성이라는 점에서 '성즉리性卽理'로 이해한다. 이러한 율곡의 입장은 차이를 전제로 한 심성의 위상에서 마음과 본성의 동일성을 확보하려는 시도라는 점에서 여헌은 긍정한다. 그러나 여헌은 율곡이 설정하고 있는 심시기와 성즉리에는 '성-정'과 '성-심'의 서로 다른 두 통로를 설정하는 한계가 있다고 비판한다.

성선론과 천인합일에 근거한 성리학적 가치질서와 규범체계를 합리적으로 설명하려는 성리학의 흐름은 조선성리학의 역사적 전개 과정을 통해서 지속적으로 변주된다. 여헌은 당시 제기된 성리학의 문제적 국면은 리와 기에 대한 위상 및 관계성에 대한 불명확성에 있다고 진단한다. 이 문제는 당연히 사단칠정과 인심도심의 문제와도 직결되고 있다. 따라서 여헌은 조선유학을 대표하는 퇴계와 율곡의 이론이 갖는 한계와 이론에 따른 갈등적 상황을 해소하기 위한 치유적이면서도 화해적인 통합 이론을 구상한다. 그것이 바로 경위에 입각한 성리설이다. 우리는 이 점에서 경위 개념을 제안하는 여헌의 기획이 유학적 맥락에서 어떤 의미를 갖고 있는가를 살펴볼 필요가 있다.

3. 성리설의 내용과 사상적 함의

1) 인승마 은유 비판과 경위설

여헌은 리기의 관계성에 대해 설명하기 위해 제안된 인승마人乘馬 은유는 잘못된 것이라 비판한다. 인승마의 은유는 주자가 추상적 개념인 '태극-리-기'를 설명하면서 채택한 것이었다. 후대의 성리학자들은 이 논의를 자신들의 이론을 강화하는 방식으로 전유하는데, 여기서 문제가 발생한다.

주자는 동정動靜이 '타는 바의 기틀'(所乘之機)이냐는 물음에 답하면서 태극-동정, 리-기의 관계를 일상에서 흔히 볼 수 있는 '말 타기'의 방식으로 설명한다. 『주자어류朱子語類』에는 주자의 다음과 같은 말이 있다.

> 태극은 리요, 움직임과 고요함은 기이다. 기가 유행하면 리도 역시 유행한다. 리와 기는 언제나 서로 의존하면서 분리되지 않는다. 비유하자면 태극은 사람과 같고 움직임과 고요함은 말과 같다. 말은 사람을 태우는 것이요, 사람은 말을 탄다. 말이 한 번씩 드나들면 사람도 역시 말과 함께 한 번씩 드나든다. 움직임과 고요함이 반복적으로 전개되면 태극의 오묘함은 언제나 거기에 있는 것이다.

주자는 어째서 말 타기를 추상적 개념인 태극-동정, 리-기와 연결하여 논의하는 것일까? 우리는 여기서 태극-동정, 리-기라고 하는 성리학의 추상적 개념이 명확히 무엇을 의미하는지 알 수 없다고 해도, 말

타기라는 보편적 모델을 통해서 그 의미를 즉각적으로 유추하게 된다. 즉 경험적으로 우리는 '기수'와 '말'의 개별적 관계로부터 기수와 말의 역할을 알고, 또 '말을 탄 사람'의 이미지를 통해 기수와 말이 결합된 '말 타기'의 통합적 상태를 이해한다.

우리가 경험적으로 인식하고 있는 말은 자발적으로 움직일 수 있는 힘을 지니고 있고 또 앞뒤로 움직이는 운동의 속성을 갖는다. 그러한 면에서 말은 동정─기 개념과 대응한다. 반면, 비록 사람이 운동 속성을 갖고 있기는 하지만 말 위에 탄 사람의 경우는 그 운동 여부가 불분명하다. 왜냐하면 말이 움직인다는 것을 전제로 하기 때문이다. 사람은 말과 다르지만 말과 분리되어 있지 않고, 움직이거나 움직일 수 있는 말을 타고서 말의 움직임을 제어한다. 이런 면에서 사람은 '태극─리' 개념과 조응한다.

주자는 리기가 상호 의존하면서 서로 분리되지 않는다는 점을 전제로 하여 '태극─리'로 은유된 사람이 '기'로 은유된 말의 운동에 따라 동정한다는 것을 경험적으로 보여 주려 했다. 그러나 이 인승마 은유는 결정적인 오류를 안고 있다. 사람과 말은 주자의 의도처럼 태극─리, 동정─기의 관계로 설정할 수 없다는 점에 있다. 즉 리기가 서로 떨어지지 않는다는 전제와 달리 사람과 말은 분리되어 각자 갈 수도 있고 그렇지 않을 수도 있기 때문이다. 여헌은 「경위설」에서 이 점을 분명하게 지적하고 있다.

선유들이 사람과 말로써 리기를 비유하였으니, 리를 사람에 비유하고 기를 말에 비유하여 리가 기를 타는 것은 사람이 말을 타는 것과 같다고 하였다. 리가 스스로 행할 수 없어서 기를 타고 가는 것이 마치 사람이 스스로 갈 수 없어서 말을 타고 가는 것과 같다는 것이다.…… 만약 사람과 말로써 하나를 리에, 하나를 기에 비유하면 주인과 심부름꾼의 나뉨이 제법 그럴듯하지만, 리기를 두 사물에 비유하면 아마도 사람들이 리기에 두 근본 있는 것처럼 의심하게 된다. 사람이 말을 타지만 혹 말 없이 가는 경우도 있으니, 리는 과연 기를 기다리지 않고 스스로 가는 경우가 있는가? 이렇기 때문에 참으로 사람과 말을 리와 기에 서로 비유하는 것은 마땅하지 않다.

여헌은 사람과 말처럼 구체적인 개별 사물로 리와 기를 은유할 수 없을 뿐더러, 사람과 말은 홀로 갈 수 있지만 리와 기는 그렇지 못하다는 점을 지적한다. 여헌이 우려하는 것은 리와 기의 관계를 사람과 말의 관계로 유비함으로써 사람과 말이 확연히 구분되는 것처럼 리와 기가 달리 구분될 수 있다는 점이었고, 그래서 그 가능성을 차단하고자 한다. 여헌은 '리기지이본理氣之二本'의 가능성을 경계하는 것이다. 리와 기를 각기 사물에 비유하는 것은 리기에 두 근본이 있다는 오해를 불러일으킨다는 것이 핵심이다.

퇴계의 경우 주자의 인승마 은유를 수용하여 자신의 호발설을 정당화하는 근거로 삼지만, 율곡은 이 도식을 거부하고 해체하려는 경향을 보인다는 점에서 여헌과 입장을 같이한다. 여헌은 리기가 근본이 하나임을 논증하기 위해서 '경위' 개념을 채택한다. 인마人馬가 아닌 경위의 개념을 통하여 리기가 짝하고, 분리될 수 없다는 것을 이론화한다. 이렇듯 성리학의 학술사적 흐름에서 논란이 되었던 인승마 은유에 대해서 여헌은 반대의 입장을 취하고 있다. 여기서 경위에 입각한 여헌의 리기론이 출현한다.

2) 경위적 리기론

경위설을 통해서 우리는 여헌이 리기를 나누어서 보는 분개分開의 관점보다는 통합統合의 입장에 있다는 것을 확인할 수 있다. 그것은 리기가 서로 뒤섞이지 않는다는 불상잡理氣不相雜의 관점보다는 불상리不相離의 관점에 있음을 의미한다. 여헌은 리와 기의 두 축에 의해서 도가 구성된다는 관점을 취하면서 리기 개념을 '경위'의 사유 방식을 통해 설명한다. 여헌은 「경위설」에서 이렇게 말한다.

> 리는 곧 도의 경이고 기는 곧 도의 위이다. 경이 되고 위가 되는 것은 비록 구별되지만 실이라는 점에서는 같으니, 그 근본을 둘로 나눌 수 있겠는가? 리가 되고 기가 되는 것은 비록 구분되지만 도라는 점에서는 같으니, 그 근원을 둘로 나눌 수 있겠는가? 그 항상된 것을 가리켜 리라고 하고 그 변화하는 것을 가리켜 기라고 하니, 리는 진실로 기에 대한 경이고 기는 본래 리에 대한 위이다. 리가 어찌 기에 관여하지 않겠으며, 기가 어찌 리에 근본하지 않겠는가? 오직 리는 변화 없이 일관되고 기는 변화하여 고르지 않기 때문에, 리는 그 자체로 리이고 기는 그 자체로 기라고 의심한다. 그러나 변화하지 않는 것은 변화하는 것의 체이고, 변화하는 것은 변화하지 않는 것의 용이다.…… 그러므로 용이 체를 이기고 말이 본을 어그러뜨린 연후에는 도가 그 항상성을 잃고 위와 경이 반대로 되니, 이에 비로소 리를 거스른 기가 있게 된다. 그 리를 거스른 기를 보고 곧 리 밖에 기가 있다고 여긴다면, 이것은 진실로 도를 모르는 것이다.

여헌이 제안하고 있는 경위의 사유구도는 일상적인 생활세계의 경험을 관념적으로 재구성한 방식이다. 우리는 경험적으로 베틀과 그 베틀의 작동을 통해서 직물을 짜는 방식을 알고 있다. 베를 짜는 것은 고정된 수직 방향의 날줄에 수평 방향의 씨줄을 넣고 움직이는 방식을 통해서 이루어진다. 이와 같은 물리적인 구조에 리, 기, 도와 같은 추상적 개념이 부가되면서 경위는 은유적인 사유로 전환된다. 우리가 리와 기 그리고 도의 추상적 개념을 이해할 수 있는 것은 여기에 바로 은유적인 사고방식이 적용되기 때문이다.

그렇다면, 여헌이 리와 기를 도의 차원에서 경과 위로 설정하면서, 어떻게 리는 도의 경이고 기는 도의 위가 된다고 하는 것일까? 이 의문은 성리학을 이해하는 가장 기초적이면서도 근본적인 개념 규정이 위상적인 도상성과 맞닿아 있음을 보여 준다. 경은 도상학에서는 수직을 의미하고, 위는 수직과 대비되는 수평을 의미한다. 그런데 흥미로운 것은, 공간을 분할하는 수직과 수평의 영상도식은 우리가 의식적으로 자각하지 않더라도 의미를 구성한다는 점이다. 즉 수직의 높고 낮음은 영속하는 불변적인 어떤 것을 사유하게 만들고, 수평은 변화하고 운동하여 진행하는 시간성에 대한 사유를 가능하게 한다. 그래서 여헌은 리의 항구적인 특성을 수직의 항상성에 연결하고, 기의 가변성을 수평의 변화가능성으로 조응하는 것이다.

그런데 여헌의 리기 개념에서 특별한 점은 그가 리와 기를 도의 관점에서 통합적으로 파악한다는 것이다. 리가 '도의 경'이 되고 기가 '도의 위'가 됨에 따라 리와 기는 차별적으로 구분될 수 있고, 게다가 리는 개념적으로 항상된 것(常一者)이고 기는 변화하는 것(變化者)이어서 양자는 명확하게 구분된다. 이러함에도 불구하고 여헌은 리와 기를 도의 차원에서 동질적인 것임을 천명한다. 왜 그럴까? 도는 경으로 은유되는 날실의 리와 위로 은유되는 씨실의 기에 의해 구성되기 때문이다. 경과 위, 리와 기는 '실'(絲)의 동질성처럼 도라고 하는 동일한 근원을 갖는다. 그래서 여헌은 리기가 각기 다른 두 개의 근본이 있는 것이 아니라는 점을 강조한다.

여헌은 어째서 리기는 마치 실로 연결되어 있는 것처럼 그 근원적 동일성이 도에 있다고 주장하는 것일까? 율곡은 퇴계의 리기론을 비판하면서 그가 지나치게 분별적인 관점에 있음을 지적하였다. 심지어 율곡은 퇴계의 리기에 대한 관점이 두 개의 근본, 곧 이본설二本說이라고 비판한다. 여헌은 바로 이러한 앞선 유학자들의 논란에 대한 대안적 이론을 리기의 경위론적 해석을 통해 제안하고 있는 셈이다.

그리고 또 한 가지 중요한 점은, 여헌은 실의 동질성을 통해서 경위를 연결하고 있듯이 도를 통해서 리기를 연결하고 있다는 사실이다. 여헌은 변화하는 것(有變者)과 변화하지 않는 것(無變者)이 개별적인 사태로 존재하는 것이 아니라 상호 연관되어 연동하고 있음을 체용의 관점에서 기술하고 있다. 이것을 달리 말하면, '변화하지 않는 리'는 '변화하는 기'의 체이고 '변화하는 기'는 '변화하지 않는 리'의 용이라는 것이다.

그렇기 때문에 여헌은 리와 기의 상관적 관계에 대해서 아예 도라고 하는 매개를 탈각하고 '리는 진실로 기에 대한 경'이고 '기는 본래 리에 대한 위'이라고 말한다. 그렇기에 '리가 어찌 기에 관여하지 않겠으며, 기가 어찌 리에 근본하지 않겠는가?'라고 반문하는 것이다. 리와 기의 상호관계성에 대한 여헌의 이와 같은 사고는 리와 기가 분리되어 있는 것이 아니라는 점을 보여 준다. 우리는 이러한 관점을 리기불상리理氣不相離라고 부른다.

3) 경위적 사단칠정론

여헌이 주장하는 사단칠정론의 핵심은 사단과 칠정이 모두 리발이라고 하는 점에 있다. 어째서 이런 주장을 펴는 것일까? 기존의 사단칠정에 대한 논점을 비판하면서 여헌은 자신의 관점을 제시한다. 여헌은 「경위설」에서 이렇게 말한다.

칠정 이외에 어찌 다른 정이 있으며, 사단이 어떻게 칠정에서 벗어나 발출하겠는가? 정도 역시 오상에서 나오는 것이다. 기쁨과 사랑은 인의 발현이고 성냄과 미움은 의의 발현이다. 사단은 칠정 바깥에 별도의 사단이 발출하는 경로가 있지 않다. 측은은 바로 칠정의 사랑과 슬픔이고, 수오는 바로 칠정의 성냄과 미움이다. 대개 정은 이미 발출하여 성취된 것의 이름이고, 단은 막 움직여 아직 성취되지 않은 것을 지칭한다. 이미 발출하여 성취된 것의 이름을 정이라고 하니, 혹 참되고 거짓된 것이 섞여 있다. 막 움직여 아직 성취되지 않은 것의 명칭을 단이라고 하니, 오로지 참되며 거짓됨이 없다.

사단칠정에 대한 리기론적 해석에는 몇 가지 논점이 상존한다. 첫째, 과연 사단과 칠정은 동질적인 것으로 볼 수 있는가, 아니면 별개의 것으로 봐야 하는가? 둘째, 만일 동질적인 것이라고 한다면 사단칠정과 리기는 어떻게 짝하는가, 반대로 사단칠정이 별개의 것이라고 한다면 리기는 어떻게 연결되는가?

여헌은 칠정을 정 전체로 보면서 정이 성(오상)에 근거하여 발출된다는 점을 논거로 하여, 사단과 칠정을 서로 별개의 것으로 보지 않는다. 이와 같은 관점은 칠정에 사단이 포함된다고 보는 것과 차이가 없다. 그러나 사단과 칠정은 시간적 선후 그리고 성취와 미성취의 측면에서 구분되며, 또한 내용적인 면에서도 차이를 보인다. 사단은 「경위설」에서 보듯이 '근본하는 바의 덕으로부터 곧바로 발출함으로써 사의가 야기되지 않아 부지불각하는 사이에 홀연히 이미 발현한 것'이고, 칠정은 '비록 성에서 근본하나 모두 형기가 사물과 접하여 관계하는 것'이다.

사단칠정에 대한 이러한 기본적인 이해를 토대로 여헌은, 사단과 칠정이 모두 기에 영역에 속한 것이지만 그것이 발출하는 근거를 따진다면 성에 있다고 본다. 따라서 사단 이외에 칠정조차도 성에 근거하기 때문에 모두 리발이라고 주장한다. 여헌은 「사단칠정분합」에서 다음과 같이 말한다.

> 사단도 역시 정이나 인의예지라는 사덕의 단서로 말하였기 때문에 주자는 이것을 리발이라고 하였다. 만약 칠정을 기발이라고 말한다면 후학이 그 사이에서 의심하지 않을 수 없다. 성이 발현한 것이 정이 되니, 사덕 이외에 다른 성은 없다. 칠정이 만약 사덕의 발현이 아니라면 어떤 성으로부터 발현하여 정이 되었다고 하겠는가? 정의 근본이 성의 리이고, 정의 발출이 기의 움직임이다. 성은 정의 본체이고, 정은 성의 용이다. 그러므로 그 근본되는 것을 가리키면 다만 리라고 할 수 있을 뿐 기라고 할 수는 없고, 그 발출한 것을 가리키면 단지 기라고 할 수 있을 뿐 리라고 할 수는 없다.

여헌은 리발이란 용어를 주자로부터 차용하여 사용하는데, 그가 사용하는 리발의 개념은 퇴계가 제기했던 리발과는 차이가 있다. 퇴계가 리발을 기발과 짝하는 개념으로 사용함에 비하여 여헌은 리발을 의미상 의 차원에 한정하여 사용하고 있다. 다시 말하면, 사단칠정은 실제적으로 발출하는 것이 기의 움직임에 따르는 것이기 때문에 리발이라고 할 수 없지만, 또한 사단칠정은 성에 근거하여 발출하는 것이기 때문에 그 근본을 따져 말한다면 리발이라 할 수도 있다는 입장이다.

그렇다면, 사단칠정이 발출하는 동력에 대해서는 기의 작용을 말하면서, 사단칠정이 모두 성에서 발하는 것임을 들어 의미상에서 리발을 긍정하는 여헌의 관점은 어떻게 이해해야 할까? 사단칠정에 대하여 퇴계는 호발을 주장함으로써 '사단—리발이기수지理發而氣隨之', '칠정—기발이리승지氣發而理乘之'라는 명제로 정식화한다. 이러한 퇴계의 입장에 대하여 여헌은 「사단칠정분합」편에서, "사단을 리발이라고 여기고 칠정을 기발이라고 여기는 것은, 근본한 것은 모두 리이고 발한 것은 모두 기라는 것과 그 뜻이 다르다. 이것이 의심되는 것이다"라고 비판한다. 퇴계가 사단과 칠정을 각기 리발과 기발로 분리하여 분속하는 방식은 여헌 자신이 제기하는 리발이나 기발의 개념과 전혀 다른 의미라는 것이다. 여헌은 사단과 칠정은 모두 기발이지만 그럼에도 불구하고 '성–사단–칠정'이 동일한 맥락에 있기에 리발을 주장하는 셈이다.

여헌은 호발론에 대한 율곡의 비판을 공유하면서도, 사단칠정을 작용의 한 측면에서만 파악하는 율곡의 주장도 치우쳤다고 판단한다. 율곡은 사단칠정이 모두 하나의 정이고 발출은 기의 작용에 의한 것이므로 '기발리승일도氣發理乘一途'를 주장한다. 율곡의 관점은 「답성호원答成浩原」(壬申)의 "발출하는 것은 기이고 발출하는 원리는 리이다. 기가 아니면 발출할 수 없고 리가 아니면 발현될 것이 없다"라는 말에 있다. 그는 이것이야말로 성인이 다시 나와도 바꿀 수 없는 정리라고 주장한다. 여기에는 퇴계의 호발론에 대한 강한 비판이 담겨 있다. 그렇지만 여헌은 율곡이 의미상의 지점을 간과하고 있다고 본다. 그래서 여헌은 퇴계와 동일한 리발의 용어를 사용하면서도 오히려 퇴계의 관점을 비판하고, 동시에 율곡의 기발일도에 대해서도 반대하는 입장을 보여 준다. 이처럼 여헌은 퇴계와 율곡이 제기한 화해할 수 없는 두 가지 논점을 작용과 의미상의 두 층위에서 합리적으로 조정하는 역할을 수행하고 있다.

4) 경위적 인심도심론

여헌이 인심과 도심의 문제를 파악하는 기본 전제는 일심과 일도, 즉 하나의 마음과 하나의 도라는 층위이다. 먼저 여헌의 인심과 도심에 대한 관점을 살펴보자. 여헌은 「경위설」에서 다음과 같이 말한다.

> 인심은 도의 위로써 말하는 것이니, 곧 마음에 있어서는 칠정의 정이 되고 오상의
> 용이 되는 것이 이것이다. 도심은 경으로써 말하는 것이니, 곧 마음에 있어서는
> 오상의 성이 되고 칠정의 주가 되는 것이 이것이다. 성정은 모두 심에 통섭되기
> 때문에 그것을 아울러 심이라고 하는 것이다. 심의 리가 경 되는 것이 도심이고
> 심의 기가 위 되는 것이 인심이다. 기는 리에서 나오고 정은 성에서 나오니,
> 원래 두 근본이 아니다.

마음을 인심과 도심으로 구분하는 방식은 주자에 의해 제안된 것인데,
그것은 혹원혹생이라는 논의를 통해서 도심이 혹원에, 인심이 혹생에
연결되는 도식이다. 그러나 이러한 구분법은 마음의 발출 상태를 혹원과
혹생이라는 두 가지 층위가 있는 것으로 오해할 가능성을 담고 있다.
이러한 점을 염두에 두고 있었기 때문에 여헌은 인심과 도심을 리와
기를 논의하던 방식과 마찬가지로 경위의 관점에서 파악한다.

그래서 여헌은 인심과 도심을 도의 차원과 심의 두 차원에서 각기
설명하는 방식을 취한다. 즉 도의 관점에서 본다면 인심은 도의 위로써
말하는 것이고 도심은 도의 경으로써 말하는 것이며, 심의 관점에서
본다면 인심은 심의 기가 위가 되는 것이고 도심은 심의 리가 경이
되는 것이다. 리기의 경위적 이해에서 보았듯이, 여헌은 경의 항상성을
도심과 연결하고 위의 가변성을 인심과 연결시키면서 도심과 인심이
하나의 근원에서 비롯한다는 점을 주장한다. 여기에서도 이본설二本說에
대한 그의 경계심을 확인할 수 있다.

두 개의 근본이 아닌 하나의 마음이란 온전한 마음 전체를 의미한다.
이 마음은 전일적이어서 애초에 인심과 도심의 구분이 있는 것이 아니다.
인심과 도심은 감정이 발출한 이후에 드러나는 마음의 현상이다. 감정으

로 분출되어 나타나는 마음의 양상이 공적인 것에 따르면 도심이 되고, 사적인 욕구에 따르면 인심이 된다. 따라서 여헌은 「사단칠정분합」에서 "인심과 도심이 구분되는 것은, 그것이 발현한 정과 판단이 공적인 것인가 사적인 것인가에 따라 나눈 것이지, 인심과 도심이 각기 본래부터 있었다는 말이 아니다"라고 말한다. 이렇게 본다면, 여헌의 인심도심론은 그것이 공적인 것을 따르는가 아니면 사적인 것을 따르는가에 따라 구분된다는 것을 알 수 있다.

그렇다면, 인심도심의 문제를 공사의 관점에서 파악하는 것은 어떠한 철학적 함의를 갖는가? 이것은 인심도심론이 단순히 마음의 공부에 한정되는 논의가 아니라 현실세계에서 요구되는 공공성의 확보 및 의리의 실천 문제와 결부된다고 하는 문제의식의 발견적 차원에서 주목된다. 공공성과 의리의 정당함은 학인인 동시에 잠재적 관료이기도 한 성리학적 지식인에게 요청되는 중요한 덕목 중의 하나이기 때문이다.

인심도심을 공사의 관점에서 접근하는 것은 실천적으로 의미 있는 것이지만, 적지 않은 문제점을 안고 있다. 여기에서는 공과 사를 어떻게 규정할 것이며, 이것은 어떠한 판단 기준에 의거할 것인가 하는 문제가 발생한다. 인간의 마음이 드러난 상태를 특정한 맥락에 따라 공과 사로 판단하는 것은 가변적일 수밖에 없다. 따라서 인심도심을 파악할 수 있는 진전된 관점이 요구된다. 여헌은 이 문제를 도심인심의 체용론으로 접근한다. 「경위설」에서는 이렇게 말하고 있다.

생각건대 도심은 이미 성이지만 또한 이발已發의 후에 대해 말하는 것도 가능하다. 이른바 이발이라는 것은 곧 이 성의 발현이지만 발하는 것은 모름지기 형기와 관계가 있으므로, 그것을 이름하여 인심이라고 한다. 그러나 인심 중의 천리가

실제로 그것의 주가 되면 천리가 곧 도심이므로, 도심은 이발의 후에도 통언할
수 있다.

여헌은 인심과 도심의 문제를 이발과 미발의 사유와 연계하여 논의한
다. 인심도심은 주자뿐만 아니라 조선의 퇴계, 율곡에게서조차 마음이
드러난 이후, 즉 이발己發 이후의 문제로 간주되었다. 그런데 여헌은
인심도심을 이발만이 아닌 미발의 차원까지 소급하여 새로운 논의를
펴는 것이다.

사실 인심도심을 이발미발의 문제와 연동한 선행 논의는 명대의
정암整庵 나흠순羅欽順에 의해 제기된 바 있었다. 정암은 기존의 미발이발
의 구도를 체용론적인 도심과 인심의 구도로 설정한다. 이 구도는 미발–
성–도심, 이발–정–인심의 두 축으로 나뉘게 된다. 정암은 도심이
가능한 근거를 미발의 성에서 찾고 있다. 여헌은 정암의 논의에서 진일보
하여 이발의 시기에서 도심의 가능성을 확보하려 한다. 즉 이발의 인심에
서 미발의 도심이 그 근거로 작동하고 있다는 것을 주장하려 한다.
그래서 여헌은 '천리로서의 도심은 이발 이후에도 통언할 수 있다'고
제안한다. 이와 같은 여헌의 관점은 리가 기의 근본이 되고 기는 리를
실현하는 것이라는 그의 리기론의 관점과 논리적으로 일관되어 있다.

4. 분합과 경위의 상관적 사유방식

여헌은 우주에 존재하는 모든 존재는 상호연쇄에 의해 연결되어
있음을 자신의 리기심성을 위주로 한 성리설을 통해 제기한다. 그는
비록 인간과 자연세계의 사물들이 존재의 위계를 가진다고 보아 그러한

존재의 위계에 따른 분分을 구별하고 있지만, 이 나눔은 각각의 존재가 갖는 역할과 직분이라는 점에서 '사업事業'으로 연결된다. 이 사업을 통해서 모든 존재는 자신의 존재 이유를 확인하고, 마땅히 이 세계를 구성하는 존재로서의 역할을 수행한다.

여헌은 소강절의 『황극경세서皇極經世書』 중의 「관물편觀物編」을 연상시키는 「관물부觀物賦」를 통해 이렇게 말한다.

이치를 어찌 알기 어렵겠는가 理豈難知
하나이면서 만 가지이고 만 가지이면서 하나인 것이다. 一而萬萬而一者
나누어 말하면 分而言
도와 물건이요 물건과 나이며, 道與物物與我也
합하여 말하면 合而言
나 또한 물건이요 물건 또한 도이다. 我亦物物亦道也

분합分合은 무수하게 구분되면서도 하나로 압축되는 대상의 이치를 탐구하기 위한 분류와 사유의 방식을 말한다. 우리는 대상을 분석할 때, 대상이 지닌 특성을 다양하게 분류하여 그 분류된 것을 항목지어서 범주적으로 이해한다. 이러한 이해 방식에서는 대상을 쪼개고 분별하여 나누어서 구별하는 관점이 제기될 수도 있고, 반대로 세세하게 분리하지 않고 합하거나 통합하는 관점이 제안될 수도 있다. 그래서 여헌은, 세상의 이치를 각기 나누어서 본다면 도와 사물과 나의 주관적 층위로 나누어 볼 수 있고, 통합적인 관점에서 본다면 나라고 하는 주체와 사물과 도가 일원적으로 파악될 수 있다고 한다.

이처럼 사물의 동일성과 차이성의 특징적인 면모를 분리와 합침, 혹은 분별과 통합의 두 측면에서 탐색하는 방식이 '분합론'이다. 분합론은 여헌만이 아니라 성리학자들이 일상적으로 사용하던 사유의 한 방식인데, 퇴계의 경우는 분별의 관점에 치중하고 율곡의 경우는 통합의 관점을 중시한다. 그런데 여헌은 분합의 방식을 통해 분별과 통합의 극단을 치유적으로 화해시키려는 입장을 보여 준다. 엄밀하게 말한다면, 통합의 지평에서 분별의 시각을 포섭하려는 관점이다.

경위의 방식은 여헌의 철학적 관심과 지향의 일단을 잘 보여 주는 사유방식이다. 경위는 경도와 위도라는 두 용어를 통해 알 수 있듯이 천체의 위상과 움직임과 관련된다. 이 논의는 성리학자들이 자연세계를 논의하면서 사용했던 개념이기도 하였다. 특히 우주자연의 운행과 천체의 움직임에 대한 관심은 농사와 직결되는 것이어서, 성리학자들의 주요한 관심 분야 중 하나가 자연학이었다.

이 자연학에 대한 논의는 성리학에서 주로 역학易學의 분야에서 수행된다. 여헌은 바로 역학을 통해 우주자연의 변화질서를 포착해 내고, 이것을 인간사의 다단한 성리의 문제에 적용하는 방식을 취하고 있다. 다시 말하면, 인간의 도덕사업을 우주론적인 차원으로 확장하여 우주사업으로 조망하려는 것이 여헌의 학술적 지향인데, 이것을 추동하는 핵심 방법론이 경위인 셈이다.

경위에 대한 사유는 사물세계의 구성 원리를 보여 주는 교직交織의 방식을 말한다. 경험적으로 발견 가능한 직물 짜는 방식을 사유의 방식으로 전환시킨 것이 경위에 대한 사유이다. 그런데 여헌은 이 사유에다 도, 리기, 인심도심, 사단칠정과 같은 유학의 추상적인 개념을 결합함으로써 새로운 개념적 이해를 시도한다. 곧 은유적 사유방식으로의 전환이다. 여헌이 설명하기 어려운 성리학의 개념들을 체계적으로 정리하여 이해 가능한 언술로 표현할 수 있었던 것은 그가 은유의 방식을 탁월하게 구사하였기 때문이다.

경위는 인간과 세상을 독해하는 여헌의 위상학적 사유방식이다. 그는 경위를 베틀의 기준을 잡고 있는 날실(수직줄)과 움직이는 씨실(수평줄)의 구도로 설정한다. 경위는 수직과 수평의 두 선분이 교차하는 양상이다. '경經-날실'을 수직축으로, '위緯-씨실'을 수평축으로 하여 변화하는 양상을 좌표의 위상성으로 가시화한 것이 경위론이다. 이와 같은 방식에서는 '경은 날실이다', '위는 씨실이다'와 같은 개념적 은유가 적용되기 때문에, 우리는 이것을 통해서 수직축과 수평축이 교직되는 그 지점에서 만들어지는 사건에 대해 이해할 수 있게 된다.

경위의 사유에서 중요한 점은 다양한 사물세계에서 발생하는 사건들이 연속된 계열에서 위상을 갖는 좌표로 구체화된다는 것이다. 우리는 그러한 위상을 통해 점으로 상징되는 사건의 구도를 분절적이면서도 연속적인 위계로 파악할 수 있게 된다. 또한 경위의 중요한 시사점은 인간과 우주자연의 변화 양상 가운데에 변화하지 않는 기준이 존재한다는 설정이다.

변화하지 않는 동질성과 연속성을 상징하는 것이 '경'이다. 변화하는 운동성과 다양성을 상징하는 것이 '위'이다. 수직의 속성이 갖는 '경'의 동질성과 연속성은 변화와 운동의 양상을 갖는 '위'에 따라 교직되면서 가시적으로 드러나게 된다. 변화하는 세계성 속에 변화하지 않는 기준이 담겨 있다고 하는 은폐된 사유 속에는 보이는 현상적 세계에서 보이지 않는 근본적인 것들의 가치를 발견하고자 하는 지향의식이 함축되어 있다.

이와 같은 존재의 상관적 관계의 연쇄를 개념화한 것이 여헌의 분합과 경위이다. 이러한 분합과 경위에서 우리는 온 존재가 연결되어 있다고 하는 상관적 사유(Correlative Thinking)의 특성을 발견한다.

5. 성리학 이론에 대한 통합적 사유의 결과

성리의 존재로서의 '인간은 무엇을 해야 하며, 어떻게 살아야 하는가?'를 고민했던, 성리학자이자 도학자였던 여헌은 전란과 반정의 후유증으로 인해 민심이 이반된 피폐한 조선의 현실을 목격한다. 비관적인 현실이지만, 낙관적 긍정론자였던 여헌은 현실을 딛고 일어설 수 있는 삶의 총체성을 모색하였다. 그것은 가변적인 세계를 굳건히 지탱할 수 있는 리의 일원성을 복원하는 것이었다. 그래서 여헌은 학술적으로 천리와 태극을 포함한 리기의 문제뿐만 아니라 성性·심心·정情·도道·덕德 등과 같은 성리에 대한 논의들을 통해 인간의 근거와 가치에 대한 정당성을 확보하고자 하였다. 리와 기와 심과 성을 경위설로 논의하면서 통합을 말하고, 우주와 인간의 소통 가능성을 타진한다.

윤리적 실천의 측면에서 여헌은 경위의 개념을 통해 주경치위主經治緯의 도덕적이고 우주적인 생명철학을 정초하려 하였다. 파국으로 치닫는 현실에서 내동댕이쳐진 삶의 가치를 회복하고 인간으로서의 존엄성을 지켜 내도록 고무하고 권면한다. 염치를 잃은 혼란의 시대를 사는 사람들에게 스스로가 우주적 존재이고 도덕사업의 주체임을 역설한다. 이것이 여헌의 성리설이 갖는 실천철학적 면모이다.

여헌은 모든 존재하는 것들이 차이가 있는 '차이의 존재임'을 인정한다. 존재하는 모든 것은 각자 타고난 역할이 있다고 보기 때문이다. 역할의 관점에서 '분'을 이해한다는 것은 개별자의 차이를 인정한다는 것을 의미한다. 그래서 사물의 다름을 분별할 수 있고, 이것과 저것을 분리할 수 있게 된다.

그러나 역할에 따른 차이를 인정한다는 것만이 전부는 아니다. 여헌은 우주자연을 구성하는 사물들은 차이가 있음으로 해서 연결될 수 있는 가능성을 예비하고 있다고 본다. 즉 여헌은 천지만물을 연쇄적인 관점에서 파악한다. 비록 사물은 분리되어 있고 분별되지만, 이것들은 통합적 관점에서 본다면 하나의 거대한 연쇄를 이룬다고 보는 것이다. 따라서 차이는 큰 틀에서 본다면 계기적 국면일 뿐이고, 모든 존재는 상호성을 전제로 한 유기적인 통합의 전체를 구성한다. 개별적 사물은 한낱 단독자로서만 존재하는 것이 아니기 때문에 상호연쇄라는 통합의 구조 속에서 그 존재 이유를 발견할 수 있다고 보는 것이다.

이러한 관점은 대체로 유학자들이 공유하였고, 특히 북송대 성리학자들에 의해 제기되었던 '천인합일'의 사고와 유사하다. 하지만 여헌은 상호연쇄의 관계성을 막연하게 '천인합일'의 당위적인 관점에서 주장하는 것이 아니다. 그는 모든 존재가 우주의 시공간에서 날줄과 씨줄의 격자에 위치한다고 이해한다. 경과 위가 만나는 계기적 지점이 존재의 지반이 되고, 이 격자의 지점이 모여서 만물을 이루게 된다는 것을 합리적으로 설명해 내고 있다. 여헌의 사유가 갖는 독자성은 바로 이 점에 있다.

이처럼 여헌의 경위 개념에 기반한 성리학에 대한 독창적인 사유는 그보다 앞서 진행되었던 성리학 이론에 대한 통합적 사유의 결과이다. 여헌의 성리사상은 한마디로 퇴율 이후의 사유 전통을 근거로 하여 자신의 시대에 재해석해 낸 새로운 유학이었던 셈이다.

여헌이 대립과 분열의 양상을 보이던 성리학 이론에 대해 경위 개념을 통해 치유적이면서도 통합적인 이론을 제안할 수 있었던 것은 그가 체험한 삶의 과정과 무관하지 않다. 불우했던 시대의 우울 속에서도 여헌은 학자적 자존감을 지켜 내면서 인간의 직분을 깊이 신뢰하였다.

그에게 인간은 우주사업의 실천적 존재였다. 우리가 오늘 여헌의 학술과 성리사상을 단순히 전승된 과거의 유산으로 보지 않고 시대를 비추는 거울로 반추하고 재조명할 수 있는 이유가 여기에 있다.

경문經文의 문리文理에 의거한 유연한 경전 이해 추구

이 영 호

1. 독창적이며 광대한 학문체계

여헌旅軒 장현광張顯光(1554~1637)은 조선 중기 영남학파를 대표하는 거유巨儒이다. 그는 처외숙인 한강寒岡 정구鄭逑(1543~1620)를 통해 퇴계退溪 와 남명南冥을 비롯한 영남 여러 학맥의 학문과 사상을 접하였을 뿐만 아니라 인동仁同과 선산善山을 비롯한 낙동강 중류지역을 중심으로 수많 은 문인을 배출하여 17세기 영남지역의 중심 학맥을 구축하였다.

그는 수개월 동안의 짧은 벼슬살이 생활을 제외하고는 거듭된 나라의 부름에도 불구하고 오로지 학문 연구과 강학講學에 전념하며 일생을 보낸 순수한 유학자였다. 인조반정(1623) 이후 기호학계를 대표하는 사계 沙溪 김장생金長生(1548~1631), 잠야潛冶 박지계朴知誡(1573~1635) 등과 더불어 대표적 산림으로 초치되어 그 영예가 극에 달하기도 하였지만, 그는 언제나 벼슬을 마다하고 학문을 통해 자기 삶의 완성을 이루는 데 치력하였다. 이러한 여헌의 면모는 평상시 그가 벽에 "내 마음을 우주에 노닐게 한다"(遊心宇宙)라는 표어를 붙여 놓고서 현실적 삶을 넘어서는 보편적 진리의 탐구에 매진하고자 한 것에서도 확인할 수 있다.

한편, 여헌은 이러한 보편적 진리의 탐구를 '우주 사이의 사업'이라 명명하고, 이를 추구하기 위해서는 신변과 목전의 일로 스스로를 제한해서는 안 되고 또 하루나 일 년이나 한 시대로 자신의 한계를 그어서도 안 된다고 주장하였다. 그는 오로지 진리 그 자체를 위해서 매진하는 삶을 살아가야 한다고 역설하면서, 실제 그 자신도 수많은 현실의 유혹을 뿌리치고 그렇게 살아갔다.

때문에 여헌의 학문은 기존의 지식체계를 답습하고자 하는 일부 유학자들의 학문과 그 궤를 달리하여, 상당히 독창적이면서도 매우 광대하다. 유명종 교수는 『한국유학연구』에서 여헌의 이러한 학문을 가리켜, "대부분의 조선 학인들이 정주설程朱說을 금과옥조로 삼았던 점과는 달리 정주학파의 어느 일설一說에 충실하려는 태도를 버리고 자주적인 입장에서 주체적으로 제설을 종합함으로써 독자적인 철학을 전개하였다"라고 평가하기도 하였다.

우리는 여헌의 이러한 학문적 특징을 그의 성리학과 경학 방면에서 잘 확인할 수 있다. 여헌의 장자인 장응일張應一(1599~1676)이 남긴 기록에 따르면, 여헌은 시문집 이외에도 『역학도설易學圖說』, 『성리설性理說』을 비롯하여 『녹의사질錄疑俟質』, 「리기경위설理氣經緯說」, 「태극설太極說」, 「만학요회晩學要會」, 「우주설宇宙說」, 「평설平說」, 「답동문答童問」, 「구설究說」, 「역괘총설易卦總說」, 「도서발휘圖書發揮」 등 수많은 전저專著를 남겼다고 한다. 이 가운데 '의심나는 부분을 기록하여 후세의 질정을 기다린다'는 의미의 제목인 『녹의사질錄疑俟質』은 『대학大學』과 『중용中庸』에 관한 여헌의 주석으로 구성되어 있는 책이다. 이 책은 체계적이면서도 독자적인 여헌학의 면모를 잘 보여 줄 뿐 아니라 경학사적으로도 매우 의미 있는 내용을 함유하고 있다.

이 책의 특징에 대하여 조선 후기의 유학자 신익황申益愰(1672~1722)은 "선생께서 이 책을 지어서 후세의 평가를 기다린 것은 이유가 있어서이니, 다른 저술에 비할 것이 아니다. 이 때문에 허문정공이 신도비명을 지으면서 선생이 지으신 저서를 거론하였는데, 이 책과『역학도설』, 그리고『성리설』을 아울러 거론하셨다"라고 하면서,『역학도설』과 더불어『녹의사질』을 여헌의 대표적 경학 저술로 인정하였다. 이렇게 여헌 이후 성리학자들의 평가에서 드러나듯이『녹의사질』은 여헌의 경학적 체계 및 내용을 이해하는 기본 저서라 할 수 있다.

여헌학 전반에 걸쳐『녹의사질』이 차지하는 의미에 유의하면서 본고에서는『녹의사질』의 분석을 통해 여헌의『대학』과『중용』에 대한 해석의 면모를 살펴보고, 나아가 여헌 경학이 차지하는 위상을 확인하고자 한다.

2. 여헌의『대학』해석

1) 역대『대학』개정과 비판

주자朱子의『대학』개정본인『대학장구大學章句』는 유학사(내지 경학사)에서 지대한 영향력을 드리운 경전 주석서이다.『대학장구』에는 주자학朱子學의 기본 이념이 투사되어 있기 때문에, 후일 주자학을 신봉하는 측이든 주자학을 비판하는 측이든 이 책의 영향에서 자유로울 수가 없었다. 주자학을 신봉하는 측에서는『대학장구』의 의미를 심화시켜 부연하였고, 주자학을 비판하는 측에서는 이 책에서 비판의 단서를 포착하고자 노력하였다. 유학사의 측면에서 주자학에 비견되는 또 다른 사상축을 형성한 양명학陽明學의 성립 기반이 바로 주자의『대학장구』에 대한 비판에서 성립되었다는 점을 상기할 때, 이러한 정황은 쉽게 포착된 다고 할 수 있다.

경학사적經學史的으로 살펴보면『대학장구』는 많은 지지와 그 지지만큼 의 비판을 받았다. 그리고 이러한 지지와 비판의 결과에 따라『대학』에 대한 세 종류의 판본이 성립하게 되었다. 그 첫째는 정현鄭玄, 왕양명王陽明 등이 지지한『고본대학古本大學』이고, 둘째는 이정자二程子의『대학』개정본 을 참조하여 주자가 새로이 저술한『대학장구』이며, 셋째는 주자의 개정본 에 반대한 동괴董槐(1187~1262), 왕백王柏(1197~1274), 차약수車若水(1209~1275), 오징吳澄(1249~1333), 채청蔡淸(1453~1508) 등과 같은 송대에서 명대까지의 중국의 유학자들이 독자적으로 펴낸『대학』개정본이다.

이 세 종류의『대학』판본을 중심에 놓고, 중국과 조선에서는 다양한 『대학』개정본들이 쏟아져 나왔다. 이러한 개정본 가운데 조선 경학자들 의『대학』개정의 유형을 분류하면 다음과 같다.

판본	조선 경학자	특징
고본대학	崔有海, 尹鑴, 鄭齊斗, 李秉休, 丁若鏞, 沈大允, 金澤榮	『예기』에 들어 있는 고본대학을 완전무결한 판본으로 보고, 이를 저본으로『대학』의 편장을 나누고 주석을 달아 놓았음
대학장구	조선의 대다수 주자학자	고본대학에 오자, 착간, 탈간이 있다고 보아, 글자를 고치고 편차를 바꾸며 새로운 경문을 만들어 넣은 주자의『대학』해석을 준용함
대학개정본	權近, 李彦迪, 高應陟, 朴世堂, 張顯光	오자는 인정하기도 하고 인정하지 않기도 함. 탈간은 인정하지 않고 착간만을 인정함

위의 표에서 확인되듯이, 여헌은 대다수의 조선유학자들이『대학장 구』를 준수한 것과는 달리 주자와 의견을 달리하는『대학』개정본을

저술하였다. 이는 조선의 『대학』 주석사에서 매우 이채로운 현상이라고 평가할 수 있는데, 그가 남긴 『녹의사질』을 보면 역대의 『대학』 개정본에 대한 여헌의 공부 역정歷程이 대단함을 알 수 있다.

나는 어릴 때부터 『대학』을 읽었는데, 다만 전문傳文 가운데 격물치지장의 전문全文이 빠진 것이 유감스러울 뿐만 아니라, 경문의 첫머리 삼강령三綱領 세 구句의 한 절 아래에 갑자기 '지지知止'와 '물유物有' 두 절을 이은 것이 적당한 차례가 아니어서 위아래의 글 뜻이 견강부회牽强附會함에 가까워 합당하지 못함이 있는 듯하였다. 이는 내가 억지로 뜻을 두어 찾아서 그러한 것이 아니요, 지각知覺이 미치는 바에 저절로 이와 같았던 것이다. 그러나 곧바로 다시 생각하기를, '고문古文의 원본이 이미 정해져 내려온다면 이는 반드시 후생後生이 어리석고 용렬하여 본의本義를 통달하지 못하였기 때문에 이러한 의심이 있는 것이다'라고 하고, 이에 감히 억지로 구설舊說을 지켜왔다. 그러나 말년에 이르러 아무리 반복해서 생각하여도 이것이 과연 합당한지 알 수가 없었으니, 의심이 여전히 풀리지 않았던 것이다.(『녹의사질』 '대학' 부분)

여헌은 조선의 여느 학자들처럼 젊은 시절부터 『대학』을 매우 열심히 읽었는데, 처음 읽을 때부터 격물치지장의 경문이 없고 삼강령三綱領을 언급한 경1장에 돌연 '지지知止'와 '물유物有' 두 구절이 이어서 나오는 것에 대하여 의심을 가졌다. 그런데 여기서 특기할 만한 점은, 여헌은 젊은 시절부터 주자의 『대학장구』보다는 오히려 『고본대학』을 공부의 근저로 삼아서 이러한 의심을 말년까지 지속하였다는 점이다. 이것은 곧 주자의 『대학장구』의 편차나 내용을 그다지 신뢰하지 않았음을 의미하는데, 조선조의 주자에 대한 절대적 존신을 감안한다면 매우 특이하다고 할 만하다.

여하간 여헌의 이러한 의심은 중국과 조선의 『대학』 개정본에 대한 깊이 있는 탐구를 가능케 한 원동력이 되었다. 다음 인용문에서 보이듯이 여헌이 파악한 『대학』 개정본은 세 부류이다.

'지지知止'와 '물유物有'의 두 절이 경문의 첫머리 삼강령의 아래에 있는 것이 원본이니, 정명도程明道와 정이천程伊川이 모두 이것을 따랐고 주자도 이것을 따랐다. '자왈子曰'의 한 절이 원본에는 '지어신止於信' 아래에 있었는데, 명도가 개정하여 위로 '시운첨피詩云瞻彼'와 '시운오호詩云於戱'의 두 절에 연결하여 평천하장平天下章의 '시운절피詩云節彼'의 절節 아래에 두었으며, 정이천은 이것을 개정하여 아래로 '차위지본此謂知本'과 '차위지지此謂知之'의 두 절을 연결하여 경문의 아래에 두었으며, 주자는 이것을 개정하여 본말本末을 해석한 것이라 하고 지지선장止至善章의 아래에 두었다. '차위지본此謂知本'과 '차위지지此謂知之'의 두 절은 원본에는 경문의 아래에 있었는데, 명도는 그대로 따랐으나 정이천은 위로 '자왈子曰'의 한 절을 연결하여 또한 경문의 아래에 두었으며, 주자는 개정하여 두 절을 '자왈子曰'의 절에 두어 본말장의 아래로 삼고는 위의 '차위此謂'는 연문衍文이고 아래의 '차위此謂'는 격물치지장格物致知章을 끝맺은 말이라 했고 또 격물·치지의 전문傳文은 전문全文이 빠졌다고 보아 정자의 뜻을 취해서 '간상間嘗'의 한 단락을 지어 그 빠진 부분을 보충하였다.

그 후에 문정공文靖公 동괴董槐와 승상丞相 섭몽정葉夢鼎, 문헌공文憲公 노재魯齋 왕백王柏이 모두 이르기를 "전문傳文이 일찍이 빠진 것이 없으므로, 마침내 경문의 '지지知止'와 '물유物有' 두 절을 '자왈子曰'의 절 위로 돌리고, 합하여 전傳4장을 만들어 격물·치지를 해석한 것이다" 하였다. 이렇게 되면 회암이 본말을 해석한 것이라 하여 제4장으로 개정한 것이 없어지고, 격물치지장이 이에 빠짐이 없게 되는 것이다.

허재虛齋 채청蔡淸이 또 이르기를 "여러 선생들이 바로잡은 것이 또한 온당치 못한 부분이 있으니, 마땅히 '소위치지재격물자所謂致知在格物者'의 여덟 글자를 '물유物有'절의 위에 더하여 장의 첫머리로 삼은 뒤에 '지지知止'의 절을 그 뒤에 놓고, 다음에 '자왈子曰'의 절을 놓고, 맨 끝에 '차위지지此謂知之'의 절을 두어야 한다" 하였다.

우리 동방에는 본조本朝의 유선儒先 중에 회재晦齋 이언적李彦迪의 소견이 대략 이와 부합하였다.…… 회재는 이에 '물유物有'의 한 절을 장의 첫머리로 삼고, "장의 첫머리에 '소위치지재격물자所謂致知在格物者'의 여덟 자가 있었을 듯한데 이제 없어졌다" 하였다. 그리하여 다음에는 '지지知止'의 절을 놓고, 다음에는 정자程子가 연문이라고 말씀한 '차위지본此謂知本'의 절을 놓고, 맨 끝에는 상문上文의 두 절을 맺은 뜻이라는 '차위지지此謂知之'의 절을 놓았으며, 또 '자왈子曰'의 한 절을 경문의 끝에 두고 "이천이 정한 것을 따랐다" 하였다. 이 또한 격물치지장이 빠지지 않았다는 의논인데, 별도로 본말장本末章을 세우지 않았으니 전문傳文은 다만 9장이 된다.(『녹의사질』 '대학' 부분)

위의 인용문에서 보다시피 여헌은 『대학』 개정본을 세 종류로 나누어 파악하고 있다. 첫째는 이정자와 주자의 『대학』 개정본으로, 그 특징은 『대학』 주석사에서 처음으로 착간錯簡과 탈간脫簡을 주장하면서 『대학』 을 재편집하고 또 경문을 새로 만들어 보충한 데 있다. 둘째는 주자 이후 동괴董槐, 섭몽정葉夢鼎(1200~1279), 왕백王柏, 채청蔡清 등 송명의 경학가 들이 『대학』의 착간만을 인정하면서 편차를 재조정하여 만든 『대학』 개정본이다. 셋째는 조선의 경학가인 회재晦齋 이언적李彦迪(1491~1553)이 새로이 편장을 조정하여 만든 『대학』 개정본이다.

여헌은 이 세 종류의 판본 중에서 채청과 이언적의 『대학』 개정본을 높이 평가하였고, 이 두 개정본의 영향 하에 자신의 독자적 개정본을 만들었다.

2) 여헌 『대학』 개정의 특징

『대학』 해석사에서 가장 큰 영향을 미친 것은 주자가 『대학』을 개정하고 주석을 단 『대학장구』이다. 『대학장구』에서 전5장인 '격물치지보망 장格物致知補亡章'은 주자가 창작한 문장이고, 전4장인 '본말장本末章'은 8조목에 없는 항목을 주자가 새롭게 추가한 것이다. 이러한 까닭에 후일 주자의 『대학』 개정본에 반대하는 학자들은, 주자가 창작한 '격물치지보망장'(전5장)을 제거하고 『대학』 원문의 일부를 가져다가 전5장을 새롭게 구성하거나, 전4장을 없애고 그 경문을 다른 곳에 분속시키곤 하였다.

여헌의 『대학』 개정의 특징은 전5장인 '격물치지보망장'을 새로이 구성하는 것과 전4장인 '본말장'을 없애는 것이다. 특히 경1장의 일부 구절과 전4장을 합쳐서 전5장을 구성한 것이 여헌의 『대학』 개정의 핵심이다.

여헌의 『대학』 개정본을 주자의 『대학장구』와 대비하여 구체적으로 살펴보면 다음과 같다.

	주자의 『대학장구』	여헌의 『대학』 개정본
經1章	大學之道, 在明明德, 在親民, 在止於至善.(제1절) 知止而后有定, 定而后能靜, 靜而后能安, 安而后能慮, 慮而后能得.(제2절) 物有本末, 事有終始, 知所先後, 則近道矣.(제3절) 古之欲明明德於天下者, 先治其國, 欲治其國者, 先齊其家, 欲齊其家者, 先修其身.……(제4절)	大學之道, 在明明德, 在親民, 在止於至善.(제1절) 古之欲明明德於天下者, 先治其國, 欲治其國者, 先齊其家, 欲齊其家者, 先修其身.……(제4절)
傳4章	子曰: "聽訟, 吾猶人也, 必也使無訟乎!" 無情者不得盡其辭, 大畏民志, 此謂知本.	없음
傳5章	間嘗竊取程子之意, 以補之曰: "所謂致知在格物者, 言欲致吾之知, 在卽物而窮其理也.……則衆物之表裏精粗, 無不到, 而吾心之全體大用, 無不明矣, 此謂物格, 此謂知之至也."	①<所謂致知在格物者> 物有本末, 事有終始, 知所先後, 則近道矣.(경1장 제3절) ②子曰: "聽訟, 吾猶人也, 必也使無訟乎!" 無情者不得盡其辭, 大畏民志, 此謂知本.(傳4章) ③知止而后有定, 定而后能靜, 靜而后能安, 安而后能慮, 慮而后能得.(경1장 제2절) ④此謂物格('知本'은 衍文이 아니며, 物格의 誤字임), 此謂知之至也.

위의 표에서 보는 바와 같이, 여헌은 전5장이 탈간이 아니라 착간에

불과하다고 여겨 『대학』의 다른 원문을 가져다 재구성하였다. 재구성된 전5장은 모두 4개의 분절로 구성되어 있는데, 가시적인 특징은 경1장의 제2절과 3절 및 전4장을 가져다가 보충한 점에서 찾을 수 있다.

이처럼 전4장을 빼서 전5장에 보입補入시켜 놓았으므로, 여헌 『대학』 개정본의 전傳은 모두 9장이다. 그리고 정자가 연문으로 본 '차위지본此謂 知本'의 '지본知本'을 연문이 아닌 '물격物格'의 오자로 본 것도 한 특색이라 할 만하다.

그러면 여헌은 전5장을 왜 이렇게 4분절로 재구성하였을까? 이러한 재구성에는 여헌 나름의 치밀한 논리가 있는데, 여헌은 이를 『녹의사질』 에서 문답체 형식을 통해 설명하고 있다. 각 분절별로 여헌의 말을 따라가면서 그 의미를 분석하고 이를 통해 여헌 경학의 특징을 살펴보면 다음과 같다.

[1]분절: 왜 경문의 제3절인 '물유본말物有本末'의 한 절을 전5장(格物致知章)의 첫머리로 삼았는가?

경문에 "지식을 지극히 함은 사물의 이치를 궁구함에 있다"(致知在格物) 라고 하였는데, 여기의 '물物'은 곧 '사물事物의 이치'이다. 사물의 이치 즉 사물에 내재된 이치는 체용體用의 구조로 되어 있는데, 이 이치가 현상계에 모습을 드러낼 때 물物에서는 본말本末로, 사事에서는 시종始終 의 형식으로 나타난다. 격물은 바로 이 사事와 물物의 본말과 시종을 밝게 살펴서 아는 것이 그 출발점이다.

그런데 경1장의 제3절이 이러한 내용을 풍부하게 함유하고 있기 때문에 여헌은 이를 전5장의 첫머리로 삼게 된 것이다. 후술하겠지만 이처럼 체용의 구조로 리를 파악하여 이를 본말과 시종으로 연결시키는 것은 바로 여헌 철학의 리관理觀과 그 맥락이 닿아 있는 것으로, 다분히 철학적 이념을 경학에 투사시킨 것이라 평가할 만하다.

'소위치지재격물자所謂致知在格物者'라는 구절은『대학』원본에 없으니, 여헌은 채청과 이언적이 보입補入한 것을 따른 것이다. 그 보입의 논리는 각 전문마다 그 문두에 '소위 아무 조'(所謂某條)라는 말이 있는데 비해 전5장에만 없으므로 만들어 넣는 것이 문맥상 당연하다는 것이다. 이것은 경을 절대적 좌표로 고정시키지 않고 자신의 철학적 입장에 의거해서 이해하고자 하는 여헌의 설경說經 자세를 잘 보여주는 대목이다.

②~③분절:『대학장구』의 전4장인 '청송장聽訟章'을 어째서 전5장의 둘째 분절로 삼았으며, 왜 경문의 제2절을 전5장의 셋째 분절에 넣었는가?

전문傳文은 곧 경문經文을 해석한 것으로서『대학』의 모든 전문을 살펴보면 그 체제는, 먼저 큰 강령을 말하고 나서 그 강령을 실증할 만한 말을 찾아 실증하고, 끝으로 그 효과에 관하여 말하는 것으로 이루어져 있다. 예컨대 전1장에 먼저『서경書經』「강고康誥」의 말을 들어 강령을 삼았으면, 다음에「태갑太甲」의 말을 들어 실증을 하였으며,「제전帝典」을 인용한 것은 그 효험을 든 것이다. 그리고 전2장에서 먼저 탕湯임금의 반명盤銘을 들어 근본을 삼았으면, 다음에「강고」의 말을 들어 실증을 하였으며, '시운詩云'의 한 구절은 그 효험을 든 것이다. 그 아래 각 장의 문세文勢를 자세히 살펴보면 모두 그러하다.

전5장의 ①분절이 '격물치지장'의 강령이라면, '청송장'은 이를 실증하는 말에 해당되기 때문에 전5장의 제2분절로 삼은 것이다. 즉 ①분절에서 이미 "물物에는 본과 말이 있고 사事에는 종과 시가 있다"라고 말하였으면, 송사를 다스리기 이전에 명덕을 밝히는 것이 바로 그 본이요 시이며 송사가 있은 뒤에 다스리는 것은 바로 그 말이요 종이니, 이것이 바로 본과 말, 종과 시를 실증해 낸 말인 것이다.

한편, 이렇게 모든 물과 사에서 본과 말, 종과 시를 보았다면 나의 지식이 지극하게 되어 지선至善에 머무르는 효험이 있게 되는 것이다. 이를 6조목에 적용해 말해 보면, 성실히 함은 뜻의 지선이요, 바르게 함은 마음의 지선이요, 닦음은 몸의 지선이요, 가지런히 함은 집안의 지선이요, 다스림은 나라의 지선이요, 화평하게 함은 천하의 지선이다. 이미 지선이 있는 곳을 알았으면, 뜻을 진실로 성실히 하지 않을 수 없고, 마음을 진실로 바르게 하지 않을 수 없고, 몸을 진실로 닦지 않을 수 없다. 나아가 집안을 가지런하게 하지 않을 수 없고, 나라를 다스리지 않을 수 없고, 천하를 평안하게 하지 않을 수 없는 것이다.

그런데 이 6조목은 또한 반드시 격물·치지에 바탕을 두고 있기 때문에 격물·치지의 효험을 언급하면서 능정能定, 능정能靜, 능안能安, 능려能慮, 능득能得을 말한 것이다. 왜냐하면 정定은 성의誠意의 기틀이요, 정靜은 정심正心의 기틀이요, 안安은 수신修身의 기틀이요, 려慮는 제가齊家·치국治國·평천하平天下의 기틀이며, 득得은 그 이치를 얻는 것이기 때문이다. 결국 '지지知止'의 구절은 격물치지의 효험이 되기 때문에 '청송장' 아래에 있어야만 하는 것이다.

이와 같이 여헌은 6조목의 전문傳文의 문장구조를 분석하고, 이를 바탕으로 전5장의 전문을 재구성하였다. 우리는 여기에서 경을 들여다보는 여헌의 안목이 종래의 주자설에 집착하지 않고 경 그 자체를 궁구의 대상으로 삼고 있음을 확인할 수 있다. 이러한 태도는 당대의 여타 주자학자들이 경문보다 오히려 주자의 주석에 관심을 집중시킨 것과는 상당히 다른 경전 해석의 자세라 평가해야 한다.

④ 분절 : 왜 '차위지본此謂知本'의 '지본知本'을 '격물物格'의 오자로 보았는가?

'차위지본此謂知本'과 '차위지지지야此謂知之至也'의 두 구절이 『고본대학』에는 경문의 아래, '성의장誠意章'의 위에 있다. 주자 역시 이 구절들을 '성의장' 위에 두고는 '차위지본此謂知本'은 정자程子의 말을 따라 빼도 되는 문장이라 하였으며, 아래에 있는 '차위지지지야此謂知之至也'는 '격물치지장'의 결어라고 여겨 자신이 창작한 '격물치지보망장格物致知補亡章'의 말미에 두었다.

그런데 여헌은 '차위지본此謂知本'을 연문이라고 할 필요가 없다고 지적한다. 이미 주자가 『대학』의 오자와 탈간을 인정하여 글자를 바로잡고 편차를 재조정한 전례가 있는 만큼, "차위지본此謂知本, 차위지지지야此謂知之至也"를 그대로 '격물치지장'의 결어로 삼고 다만 문리상 '지본知本'을 오자로 보아 '물격物格'으로 수정하기만 한다면 '격물치지장'의 전문全文은 보망補亡을 기다릴 것도 없이 완전해진다고 보았다. 여헌의 이러한 주장은 틀렸다고 여겨지는 경문의 글자를 과감하게 수정하고 주자의 보망이 불필요한 것이었다고 주장한 점에서, 경문과 기존 주자 주석의 권위를 절대시한 여타의 조선 경학자들의 설경 자세와는 상당히 다르다.

이상과 같이 여헌은 자신의 경문 문리와 사유체계에 의하여 과감하게 전5장을 새로이 개정하였다. 그런데 이처럼 전5장을 재구성했을 때, 경문에 심각한 문제가 발생하게 된다. 주자는 『대학장구』의 경1장에서, 삼강령三綱領을 언급한 제1절과 팔조목八條目을 논한 제4절 사이에 놓인 제2절과 제3절은 바로 제1절의 내용을 결론지은 말이라고 보았다. 이러한 주자의 주장을 살펴보면, 경문 제2절에 있는 '지지知止'의 '지止'는 삼강령 중 '지어지선止於至善'의 '지止'이며, 제3절의 '물유본말物有本末'에서 '본本'은 '명덕明德'을, '말末'은 '신민新民'을 가리키는 것으로서 이는

제1절과 제2절의 결어에 해당된다. 따라서 여헌처럼 경문의 제2절과 제3절을 빼 버리게 되면 『대학』 경문의 삼강령은 결어가 없는 언어의 나열이 되고 마는 것이다.

그런데 여헌은 이처럼 경문의 제2절과 3절을 빼는 데 대해, 이 구절이 전5장에 적합해서일 뿐 아니라 이 구절들이 경문에 있어서는 안 되기 때문이라고 주장하면서 다음과 말하였다.

> 강령은 조목의 강령이고 조목은 강령의 조목이니, 강령이 조목을 통솔하고 조목이 강령에 매여 있어야 한다. 때문에 이 사이에 결어가 있을 수 없다. 반드시 강령으로 조목에 임하고 조목으로 강령을 계승한 뒤에야 삼강령이 팔조목의 근본이 되고 팔조목이 삼강령을 포괄하게 됨이 분명하다. 강령 세 가지를 이미 앞부분에 열거하고 조목 여덟 가지의 공부와 공효를 또 이미 두 절에 모두 서술한 뒤에야 마침내 경문의 끝 두 절을 가지고 결어로 삼을 수 있는 것이다. 이것이 바로 말하는 순서의 당연함이요 문세文勢의 필연적인 것이다. 만약 강령의 아래에는 별도로 강령의 맺음말이 있어야 하고 조목의 아래 두 절은 다만 조목의 맺음말이 될 뿐이라고 한다면, 이는 강령과 조목이 한 가지 일이 아닌 것이니 어찌 옳겠는가?(『녹의 사질』 '대학' 부분)

여헌에 의하면 삼강령과 팔조목은 그 자체로 독립적인 개념이 될 수 없다. 강령은 조목의 강령이고 조목은 강령의 조목으로, 이 사이에 다른 말이 들어가서는 안 되는 것이다. 만약 다른 말이 삼강령과 팔조목 사이에 들어간다면, 이 말은 삼강령의 결어가 됨과 동시에 팔조목 아래에 있는 경문(제4절의 "自天子以至於庶人……未之有也" 구절)을 팔조목의 결어로만 한정시키는 결과를 낳게 한다. 이에 여헌은 삼강령과 팔조목을 별도로 구분시키는 역할을 하는 경1장의 제2절과 제3절을 빼야만 삼강령과 팔조목의 간격이 없게 되고, 팔조목 아래의 경문이 삼강령과 팔조목을 아우르는 결어의 역할을 할 수 있다고 강조하였다.

여헌의 이러한 주장에 대하여 어떤 사람이 "『대학』 경문의 제2절과 3절은 이정자와 주자가 모두 인정한 바이다. 그리고 주자는 물物은 명덕明德과 신민新民에 해당시키고 사事는 지지知止와 능득能得에 해당시켰으니, 이와 같다면 이 두 절이 삼강령의 아래에 있지 않을 수 없다. 이러한 견해는 매우 타당한 것이다. 당신의 견식이 얼마나 뛰어나기에 이러한 현인들의 견해를 무시하는가?"라고 비판하기도 했지만, 여헌은 끝까지 자신의 견해를 굽히지 않았다. 오히려 여헌은 주자의 말이 틀렸을 수도 있다고 하면서, 『녹의사질』에서 "책을 보는 방법은 옛날의 학설에 구애되지 말고 사사로운 생각을 일으키지 말며 오직 천연天然의 지각知覺에 스스로 흡족하게 하여야 하니, 이렇게 하면 옳은 것을 보게 된다"라고 강조하였다.

이처럼 기존의 학설에 구애되지 않고 천연의 지각에 흡족하는 독서를 해야만 경전의 정확한 의미를 알 수 있다고 하는 여헌의 생각은 조선경학사에서 주목할 만한 주장으로, 이는 근기남인의 경학, 즉 실학파 경학의 특징과 맞물려 있다.

한편 여헌은 『대학』의 성의장誠意章을 해설하면서도 주자와 다른 견해를 제출하였는데, 이는 『중용』의 성론誠論과 연계하여 다룰 수 있는 주제이므로 다음 장에서 논의하기로 하겠다.

3. 여헌의 『중용』 해석

『중용』은 송대 이전에 일부 유학자들에 의해 주목을 받기는 했으나, 주자가 주석한 『중용장구中庸章句』에 이르러 비로소 장절章節이 체계적으로 구성되고 독립된 경전으로서의 지위를 획득하게 되었다. 특히 주자는 유가철학에 형이상학적 의미를 부여하기 위하여 『중용』을 리기론理氣論과 심성론心性論의 관점에서 해석하였다.

조선에서 주자학을 수용한 이래, 『중용』에 주석을 가한 유학자들은 대체로 주자의 관점을 계승하여 『중용장구』에 기술되어 있는 주자의 리기론 및 심성론적 주석에 대하여 진지한 논의를 진행하였다. 특히 『중용』의 중요 주제인 중화中和와 중용中庸의 의미, 성性과 도道와 교敎의 의미와 관계 양상, 비은費隱의 개념, 인심人心과 도심道心, 인성人性과 물성物性의 동이同異, 성론誠論 등에 관한 논의를 주요 주제로 상정하여 그 의미를 구체화하였다. 여헌은 『중용』에서 도출된 이러한 중요 주제들 중 '비은론費隱論'과 '성론誠論'에서 매우 주목할 만한 주장을 전개하였다.

1) 비은론

『중용』의 '비은費隱' 개념이 왜 경학사의 문제로 등장하였는가? 문제의 발단은 주자의 비은장에 대한 주석의 내용으로부터 비롯된다.

주자는 『중용장구』 제12장의 "군자지도君子之道, 비이은費而隱"에 주석하기를, "비費는 작용의 넓음이요, 은隱은 본체의 미묘함이다"(費, 用之廣也, 隱, 體之微也)라고 하였다. 그런데 주자의 주석은 근원적 일자一者로서의 '도'가 작용과 본체로 분리되기 때문에 문제의 소지를 안고 있다. 실제로 이 문제에 대해 조선유학에서는 적지 않은 논란이 제기되었다. 여헌 이전에 퇴계에서부터 여기에 대한 논변이 있었으며, 율곡의 적전인 사계沙溪 김장생金長生 역시 『중용변의中庸辨疑』에서 논변을 진행하기도 하였다. 그리고 여헌 이후로는 포저浦渚 조익趙翼(1579~1655)과 서계西溪 박세당朴世堂(1629~1703)이 이에 대하여 논변하면서 주자와 다른 견해를 펴기도 하였다.

논란의 소지를 안고 있는 주자의 주석에 유의하면서 다음의 인용문을 통해 여헌의 비은론에 대한 입장과 그 의미에 대하여 살펴보자.

'비費'는 널리 베풂을 이르고 '은隱'은 감추어 숨음을 이른다. 도가 어찌 일찍이 널리 베풀기만 하거나, 일찍이 감추어 숨기만 하겠는가? 자사는 이 도의 작용이 그 낮고 얕고 가깝고 작은 것에 두루하여 빠뜨림이 없어서 널리 베푸는 것과 유사하므로 '비'라고 말하고, 또 지극히 높고 깊고 멀고 커서 측량하고 헤아리기 어려운 것이 마치 감추어 숨겨져 있는 듯하기에 '은'이라고 말한 것이다.(『녹의사질』 '중용' 부분)

위의 인용문에서 드러나듯이 여헌이 비은을 파악하는 방식은 주자와 매우 다르다. 앞서 보았다시피 주자는 '비'와 '은'을 본체론적 관점으로 이해하여 '비'는 용用에, '은'은 체體에 각각 분속시켜 놓았다. 이에 비해 여헌은 '비'와 '은'을 모두 도의 작용으로만 파악한다는 점이다.

여헌의 해석대로라면 '비'는 도의 작용의 가시적 측면이기에 훤히 드러나 보이며, '은'은 도의 작용의 미묘한 측면이기에 가시적으로 파악하기가 매우 어렵다. 이러한 차이가 있을 뿐, 비은은 도의 작용이라는 면에서는 동일하다. 이를 『중용』에서 그 증거를 찾아본다면, 비은장 바로 아래 단락에서 "어리석은 지아비와 어리석은 지어미가 더불어 알고 더불어 능하다"(愚夫愚婦之與知與能)라는 것이 바로 '비'이며, "성인도 알지 못하는 바가 있고 능하지 못한 바가 있으며, 천지의 큼으로도 사람들이 오히려 유감으로 여기는 바가 있다"(聖人之有所不知不能, 天地之大也, 人猶有所憾)라는 것이 바로 '은'이다. 그리고 이 장 끝 부분의 맺는 글에 이르러서 "군자의 도는 부부에게서 단서가 만들어지는데, 그 지극함에 이르러서는 천지에 드러난다"(君子之道, 造端乎夫婦, 及其至也, 察乎天地)라고 하였는데, 이 또한 도의 작용으로서의 비은을 표현한 것이다. 즉 '부부에게서 단서가 만들어진다'는 것은 도가 낮고 얕고 가깝고 작은 데서 작용하는 것으로서의 '비'이며, '천지에 드러난다'는 것은 도가 높고 깊고 먼 데서 작용하는 것으로서의 '은'인 것이다.

여헌의 이러한 비은론은 비은을 도의 작용의 관점에서만 파악한 것으로, 그것을 체용론적 관점에서 파악한 주자와 해석을 달리했을 뿐 아니라 그것을 도의 본체론적 관점에서만 파악한 퇴계와도 해석을 달리하고 있다. 퇴계는 "비費와 은隱을 도道로 말하면 곧 형이상의 리理이 니, 드러난 것으로 말하면 비라 하고 그 은미한 것으로 말하면 은이라 하는 것이지 두 가지가 있는 것은 아닙니다. 그러므로 체와 용이 한 근원이요 현顯과 미微가 간격이 없다고 하는 것이, 만일 형이하의 것을 비라 한다면 어찌 한 근원이며 간격이 없다 하겠습니까"(『퇴계선생문집』 권26, 「答鄭子中」)라고 하여, 비를 작용으로서의 기氣(또는 器)로 보는 것에 반대하고 비와 은을 모두 본체론적 관점에서만 파악하였다.

그러면 왜 여헌은 비은을 주자 또는 퇴계와 달리 이렇게 해석하였을 까? 이는 실로 여헌의 철학사상과 깊은 연관을 가지고 있다.

리는 도의 날실(經)이고 기氣는 도의 씨실(緯)이다. 날실이 되고 씨실이 됨은 비록 구별되지만 똑같이 실이니, 그 근본을 둘로 나눌 수 있겠는가? 리가 되고 기가 됨은 비록 구분되지만 똑같이 도이니, 그 근원을 둘로 나눌 수 있겠는가?……
리는 본래 기에 대한 경經이고 기는 본래 리에 대한 위緯이다. 어찌 기에 관여하지 않는 리가 있겠으며, 어찌 리에 근본하지 않는 기가 있겠는가?(『여헌선생성리설』 권4, 「論經緯可以喩理氣」)

리를 경에 비유하고 기를 위에 비유하는 것은, 경위가 두 사물이 아니고 리기가 두 도가 아니기 때문이다. 이것으로써 저것을 비유하니, 도에 체용·본말이 있음을 알 수 있다. 후세의 유학자들은 체용의 일원과 경위의 일물을 모르고 단지 리와 기라는 이름에 의거하여 리는 리일 뿐이고 기는 기일 뿐이라고 여기니, 리기가 하나의 도 됨에 어긋날 뿐만 아니라 어느 것은 리에서 나오고 어느 것은 기에서 나온다고 말하는 데까지 이르렀다. 이것은 도가 두 근본을 갖는 것이다. 그러나 천하에 어찌 이러한 이치가 있겠는가?(『여헌선생성리설』권4, 「申論理氣經緯」)

여헌 철학 연구자들이 공통적으로 지적하는 사항 중의 하나는, 여헌 철학의 핵심은 리기경위설理氣經緯說이라는 것이다. 위의 예문에서 보다시피 리기경위설의 가장 큰 특징은 리와 기의 차별성을 강조하기보다는 리와 기의 연속성 내지 불상리不相離를 강조하는 데 있다.

여헌에 의하면, 리와 기는 체용과 본말의 층위는 있을지언정 본질적으로 도라는 테두리 안에서 연속적으로 접맥되어 있다. 때문에 어떠한 현상을 리와 기에 일방적으로 분속시키는 것은 혼연渾然한 일자一者인 도를 분할시켜 파악하는 것으로, 이것은 진리의 본연에 위배되는 것이라고 여헌은 생각했다. 오늘날 여헌 철학의 특징을 가리켜 리기불상리理氣不相離의 리기일원론理氣一元論 또는 도일원론道一元論으로 파악하는 것도 바로 이 때문이다.

이처럼 리기理氣, 체용體用, 본말本末, 경위經緯를 일원一元의 틀 속에서 파악하려는 성향이 강한 여헌이었기에, 그는 체體(理·本·經)와 용用(氣·末·緯)을 분리적 구도로 파악하려는 주자의 비은론 주석에 반대하고, 대신 체와 용을 불상리의 연속적인 개념으로 보아 이를 도의 작용 양상으로 파악하였던 것이다.

여헌의 이러한 설경 자세는 앞서 언급했다시피 다분히 그의 철학이 경의 해석에 반영된 결과라 할 수 있다. 한편 이러한 여헌의 설경 자세는 그의 성론誠論에도 투영되어 있다.

2) 성론

『중용장구』제25장에서는 "성誠은 스스로 이루어지는 것이요, 도道
는 스스로 행하는 것이다"(誠者, 自成也, 而道, 自道也)라고 하였는데, 이 경문에
대하여 주자는 "성은 물건이 스스로 이루어지는 것이요, 도는 사람이
스스로 행해야 하는 것이다"(誠者, 物之所以自成, 而道者, 人之所當自行也)라고 하
였다.

그런데 이 경문에 대한 여헌의 분석은 매우 흥미롭다. 조선의 경학자들
의 주된 경향이 주자 주석의 절대적 존신이었으며, 혹 주자의 주석을
벗어나는 경학자의 경우도 경문 자체에 대하여 불신하는 경우는 거의
없었다. 그러나 여헌은 『중용』 25장의 이 경문에 대하여 과감하게 오자설
誤字說을 제기하고 있는데, 여헌의 주장은 다음과 같다.

> 대체로 천지에 편재하는 리는 본래 진실무망眞實无妄하니, 이 때문에 천지의 도는
> 성誠일 뿐이다. 성인聖人은 천지에서 이것을 얻어 성품의 리로 삼아 또한 진실무망하
> 다. 그러니 이른바 성誠이란 '자성自誠'인 것이다.

> 내 망녕된 생각으로는 '자성自成'의 '성成'자는 마땅히 이 '성誠'자가 되어야 한다.
> 그런데 등사하는 자가 잘못 편방偏旁의 '언言'자를 제거하여 마침내 '성成'자가
> 된 것이니, 25장의 아래 단락에 '자성自成'이란 글이 있기 때문에 옆의 것을 잘못
> 보아 오자誤字를 만든 것이라고 여겨진다. 글 뜻을 자세히 살펴보면 모름지기
> '성誠'자가 된 뒤에야 그 뜻이 명쾌해진다.

> 『중용』에서 성誠을 말한 것이 20장에 처음 나오는데, 성은 실로 이 편의 주안점이다.
> 이 단락의 이른바 성誠은 곧 20장의 '하늘의 도'(天之道)의 성誠인 것이요, 아래
> 단락의 이른바 '성실히 하려 한다'(誠之)는 것은 곧 20장의 '사람의 도'(人之道)의
> 성誠인 것이다. 사람이 성誠하려는 공부를 지극히 하지 않을 수 없음을 말하려
> 하였으므로 25장의 첫머리에서는 먼저 성인의 성誠을 말하여 이르기를, "성은

스스로 성실함이요, 도는 스스로 행하는 것이다"(誠者, 自誠也, 而道, 自道也)라고 한 것이다.…… 만약 '스스로 이룬다'(自成)라고 말하면, 이루어짐은 아직 이루어지지 않음으로부터 이루어 감을 말하는 것이다. 이에 비해 성誠은 본래 저절로 성실한 것이다. 성인은 태어나면서부터 성실함이 이미 확립되어 있으니, 어찌 이루어 간다고 말할 수 있겠는가. 그러므로 나는 말하기를 "'자성自成'의 '성成'은 이 '성誠'자의 오자로서, 편방의 '언言'자가 없어진 것이다"라고 하는 것이다.(이상 『녹의사질』 '중용' 부분)

여헌이 생각하는 성誠은 그 자체로 진실되고 한 점 거짓이 없는 이치로서, 이는 곧 완전무결한 천도天道이다. 때문에 이러한 성誠의 속성을 체현한 성인 또한 이미 진실무망眞實無妄한 본성의 이치를 내면에 함유하고 있는, 본래부터 완전한 존재인 것이다. 이처럼 성誠은 그 자체로 순선무구純善無垢하고 완벽하게 충족되어 있기에 더 이상의 진전된 상태로 나아감을 추구할 필요가 없다.

그런데 『중용』의 경문에서처럼 성誠을 '스스로 이룸'(自成)이라고 말해 버리면, 이는 아직 완성되지 않는 상태에서 완성을 지향해 가는 형태를 띠게 된다. 이렇게 된다면 성誠은 아직까지 무언가 미흡한, 또는 진행될 것이 남아 있는 상태가 되기 때문에, 이른바 그 자체로 충만하여 더 이상 외부의 충족을 기대할 것이 없는 진실무망한 천도라고는 말할 수 없게 되는 것이다.

성誠에 대한 여헌의 이러한 생각은 매우 확고하였기에, 그는 성을 진행태로 표현한 경문의 언어를 받아들일 수가 없었다. 따라서 여헌은 경문의 언어를 오자로 단정하고 이를 수정하였다. 이것은 자신의 정견을 관철시키기 위해 경전의 훼손도 불사하는 태도라고 할 수 있다.

이처럼 성誠에 관한 자신의 생각이 경문의 훼손을 불사할 정도로 굳건하였기 때문에 여헌은 여타의 글에서 이에 위배되는 진술이 발견되면 가차 없이 자신의 생각을 밀고 나갔다. 이는 주자의 글이라고 해서 예외가 아니었다.

『대학』 성의장誠意章의 제2절인 "마음에 성실하면 외면에 나타난다"(誠於中, 形於外)라는 경문에 대하여, 간혹 이 글을 읽는 자들이 '소인小人이 불선不善을 마음속에 진실히 하는 것'도 성誠이라고 여기곤 하였다. 주자 또한 성을 논하면서, "천리의 대체大體를 가지고 보면 선善을 함이 진실로 허虛하지만, 인욕人欲의 사사로움을 가지고 보면 악을 함이 무엇이 이보다 진실하겠는가. 어찌 성誠이라 하지 않을 수 있겠는가"라고 하여 악이 마음속에 진실함도 성이라고 할 수 있다고 생각했으며, 주자의 계승자들도 이 견해를 따르곤 하였다.

그런데 앞서 고찰해 보았듯이 여헌은 성을 진실무망眞實無妄의 천도天道로 여겼으며, 자신의 이러한 견해에 벗어나면 경문조차도 바꿀 정도로 스스로의 설에 확신이 깊었다. 때문에 불선不善도 성誠의 영역으로 끌어들인 주자(학파)의 성론誠論은 당연히 여헌에게는 비판의 대상이었다. 여헌이 보기에 성의 존재 양태인 진실무망은 곧 순선무구純善無垢로서, 여기에는 한 점의 악惡도 개입될 여지가 없다. 때문에 여헌은 『녹의사질』 '중용'에서 "어리석은 나의 생각으로는, 진실무망이 아니면 성誠이라는 명칭을 얻을 수 없고, 천리의 바름이 아니면 진실무망의 실제에 해당할 수 없다. 그렇다면 천리의 밖에 어찌 딴 성誠이 있겠는가. 악의 진실함은 스스로 악을 함의 진실함이 될 뿐이니, 결코 성에 비의比擬될 수 없는 것이다"라고 하여, 성誠이란 글자는 도리의 올바른 곳에서만 가능한 언어이므로 이를 악의 진실함에 적용해서는 결코 안 된다고 역설하였다. 이와 같은 역설은 바로 주자의 경전 해석에 대한 비판으로서 그 경학사적 의의가 가볍지 않다.

4. 여헌 경학의 위상

우리는 『녹의사질』에 대한 분석을 통하여 여헌의 『대학』과 『중용』 해석의 면면을 살펴보았다. 이 고찰의 결과를 통해 여헌 경학의 특징이 어느 정도 그 모습을 드러내었다고 할 수 있다. 그 주요 내용을 요약해서 정리하면 다음과 같다.

첫째, 여헌은 경전을 해석할 때 주자주에 의거하기보다 경문의 문리에 의거해서 경문을 유연하게 이해하고자 하였다. 때문에 주자설에 집착하지 않고 경문 그 자체를 궁구의 대상으로 삼았다.

둘째, 여헌의 경전 해석에는 그의 철학의 핵심인 리기일원론理氣一元論이 투영되어 있다. 그는 자신의 철학적 사유에 들어맞지 않으면 주자의 경전 주석이라 하더라도 과감하게 비판하였고, 더 나아가 경문이라 하더라도 자신의 사유체계에 들어맞게 과감하게 개조하였다.

조선은 주자학이 근본이념으로 자리한 나라였기에 주자가 남긴 경전 주석은 거의 경문에 비견될 정도의 권위를 인정받았다. 때문에 박세당과 윤휴의 예에서 보듯이, 주자의 주석을 비판한 학자들은 사문난적으로 몰려서 그 책이 불태워졌으며 심지어는 이것이 빌미가 되어 목숨을 잃기도 하였다. 이러한 분위기가 팽배한 시기에 살았던 여헌이지만, 그는 주자학을 받아들이되 매몰되지 않고 자신의 학문세계를 정립하였다. 그는 공공公共의 의리義理는 무궁하니 이것을 밝혀내는 것이야말로 학자의 임무라는 학자적 소신에 의거하여 상당히 자유롭게 기존의 경전 주석을 비판하고 독창적으로 경전을 해석하였다. 이러한 여헌의 학문적 자세와 업적은 기존의 주자학을 답습하는 학인들이 쉽게 추종할 수 있는 것이 아니었고, 새롭게 경전을 해석하고 이를 통해 좌표를 찾고자 하는 학자들이 감당할 수 있는 내용들이었다.

　여헌 사후 그의 제자들이 많았음에도 불구하고 이긍익李肯翊(1736~1806)
이 『연려실기술』에서 "장현광이 세상을 뜨자 그 학문을 전하여 기술하는
자가 없어졌다. 이에 영남의 학문이 여기에서 그쳤다"라고 평가했던
것은, 어쩌면 조선주자학의 터전인 영남의 학문적 기풍과 여헌의 학문적
성향의 괴리에서 비롯되었을 수도 있을 것이다. 또한 미수眉叟 허목許穆
(1595~1682)을 통해 여헌의 학문이 이어져 갔다는 평가도 그 원인을 여헌의
학문적 성향에서 찾을 수 있으리라고 본다. 기존의 학설에 구애되지
않고 공공의 의리를 찾아 과감하게 신설新說을 내세우는 여헌의 경학관
은 근기남인의 경학, 즉 실학파 경학의 특징과 일맥상통하기 때문이다.

예의 체화를 통한 인생사업의 성취

유 권 종

1. 조선시대 예학의 흐름과 성격

'예학禮學'이라는 학문 분야는 유교 전통이 만들어 낸 독특한 학문 분야이다. 즉 예의 원리와 내용을 연구하는 한편, 실생활에 적용되어야 하는 예 규범을 창안하거나 수정보완해서 실천하도록 제시하는 학문적 작업들이 모두 예학에 포함된다. 그리고 예학에서 말하는 예에는 단지 사생활에 필요한 예 규범뿐 아니라 국가와 사회의 질서를 설정하고 유지하는 데 필수적인 제도와 법률까지도 포함된다. 따라서 예학이란 개인과 사회 혹은 국가에게 유교적 문화의 틀을 부여함으로써 유교적 개인, 유교적 사회, 유교적 국가를 만들고 존속시키는 방법과 그 장치를 연구하는 학문이다.

중요한 점은, 예학이 단지 예 규범의 분석과 정립 등의 연구에 한정되지 않고 더 나아가 예의 학습과 실천을 통한 인격의 수양 내지는 성취의 방법 연구와도 긴밀한 관련을 지닌다는 점이다. 원래 선진시대 공자의 가르침에서부터 예를 실천해야만 인仁한 사람이 될 수 있다고 강조되면서, 이후 유학의 역사는 예에 대한 연구와 예를 실천하는 삶의 방식을 발전시켜 온 역사이기도 하다. 그러한 역사의 흐름에서 중요한 계기를 가져온 것은 중국 송대의 유학이다. 송대에 이르러 유학의 이상을 성취하기 위하여 예의 규범체계를 재정립하는 학문적 활동과 예 실천을 통한 인격 성취의 중요성을 강조하는 학문적 분위기가 정착되었다. 이것이 조선시대 예학의 모델이 되었던 것이다.

그 점과 긴밀하게 연관되는 것은 송대 정주학 계열에서 체계화한 '위기지학爲己之學'이다. 위기지학의 체계화로 인하여 송대 정주학은 이전의 유학의 학맥과는 학문적 방향과 성질을 달리하게 되었다. 위기지학이란, 수양을 통해서 성인의 인격을 성취하고 그것을 통해서 나라를 안정시키고 천하를 평안하게 하는 데 그 궁극적 목적을 두는 학문이다. 즉『대학大學』에서 강조하는 수기修己와 치인治人을 함께 구현하는 것을 목적으로 하되, 개인의 수양을 통한 인격의 성취를 근본에 두고 정치를 비롯한 모든 사업을 추구하는 것이 위기지학이다.

위기지학의 구현에 예의 학습과 실천을 필수적이라고 강조한 학문이 바로 정주학이고, 조선의 유학은 이러한 관점을 정통으로 계승하였다. 그러므로 예학을 단지 예 규범만을 다루는 학문으로 보지 않고 위기지학의 전반적인 체계 속에서 예가 필수적일 수밖에 없는 이유와 예 실천을 통해서 성취하려는 내용까지 함께 고찰하는 것이 성리학자의 예학을 올바르게 이해하는 방법이다.

예가 인간생활에 필수적인 것인가 하는 질문은 사실 우문에 속한다. 왜냐하면 인간의 생활 어느 영역에서나 의례적이지 않은 것이 없다는 관찰이 지배적이기 때문이다. 이 관찰은 일정한 유형의 행위 양식 즉 의례가 개인의 일상을 지배하거나 혹은 한 사회의 구성원들의 의사소통 방식을 비롯하여 다양한 인간사의 방식을 지배한다는 사실을 보여 준다. 과거나 지금이나 의례적이라고 표현하면 거기서 풍기는 느낌이 그리 진지하거나 중요한 의미를 지니지 않는 것으로 간주되지만, 요즘 학계에서는 이 의례라는 요소에 인간을 이해하는 비밀이 담겨 있음에 주목하고 있으며, 이에 따라 의례적 작용의 중요성에 주목한 학문적 고찰이 점차 확장되고 있다. 최근에 이루어졌거나 진행되는 학문적 고찰들이 가장 중요하게 간주하는 점은, 의례가 없이는 개인이든 사회든 원만한 진행이 되지 않는다는 점이다. 이는 이미 인류학에서부터 중시한 사항을 철학이나 사상사 분야에서 수용하여 발전시켜 가고 있는 내용이다. 그리고 이와 관련하여 인지과학과 교육학 분야에서 의미 있는 학문적 성과가 생산되고 있다.

조선시대에 예학이 발달했다는 것은 당시의 유학자들이 의례의 역할과 기능이 인간을 개발하고 사회를 발전시키는 데 필수적이라는 인식을 공유했음을 시사한다. 아직은 조선시대 예학의 역사를 개관한 연구가 나오지 않았기 때문에 정확하게 언급하기는 어렵지만, 대체로 조선 초기에는 국가의 의례체계와 예제를 정립하는 작업을 관학이 주도하였고, 주문공가례朱文公家禮(혹은 朱子家禮)를 사대부의 일상생활과 관혼상제의 의례로 보급하는 작업이 조정의 주도로 이루어졌다.

이후 조선시대 예학의 흐름에서 중요한 전환을 가져온 것은 사림파 유학자들이다. 즉 관학파나 훈구파가 주도하는 규범형식의 고찰과 구비를 중시하는 예 연구와 달리, 의례를 준수함으로써 도덕실천의 철저함을 기하는 사림파 유학자들은 예학에 중요한 전기를 마련했다. 16세기 전반부터 유학자들이 위기지학의 성취에 예 실천이 필수적이라는 인식을 공유하게 되자, 위기지학을 자신의 인생의 목표로 삼는 경향이 학자들 사이에 널리 퍼지면서 위기지학을 성취하려면 일상을 철두철미 예에 부합하도록 생활하려는 것이 중요하다는 인식이 확립되었던 것이다. 그러한 대표적 사례가 바로 퇴계退溪 이황李滉의 『성학십도聖學十圖』의 구성이다. '성학聖學'이란 위기지학을 계승하여 성인이 되는 방법을 체계화한 것이다. 이 중 제9도인 「경재잠도敬齋箴圖」와 제10도인 「숙흥야매잠도夙興夜寐箴圖」를 통해서 예에 부합하는 일상생활의 바탕이 있어야 성인이 될 수 있음을 강조하는 것이 『성학십도』이다.

이황 이후 많은 유학자들이 예에 대한 연구를 성취하였고, 이로 인하여 영남지역과 기호지역에서는 각각 걸출한 예학자들이 등장했다. 예를 들면 영남에서는 한강寒岡 정구鄭逑(1543~1620)와 우복愚伏 정경세鄭經世(1563~1633) 등이 대표적이고, 기호지역에서는 사계沙溪 김장생金長生(1548~1631)이 대표적이다. 이들이 주도해서 형성한 이 시대 예학의 세계는 방대하고 정밀한 고증과 세밀한 검증을 거친 예 규범의 체계화가 의미있는 성과로 간주된다. 따라서 이들이 지금까지는 조선시대 예학의 초기의 흐름을 주도한 학자들로 이해되고 있다.

그러나 사실 이들의 예학 관련 업적들이 주로 예 규범의 고찰과 정립에 한정되어 있다는 점을 지적하지 않을 수 없다. 물론 이들은 각각 위기지학을 추구하고 있었지만, 위기지학의 전반적인 체계에서 예학이 중시되는 이유와 그 기능에 대한 그들의 학문적 고찰은 빈약한 편이다. 달리 말하면, 그들은 예학의 대가로 추앙받는 인물들이지만 이들의 연구 성과는 예 규범에 관한 고찰에 집중되어 있을 뿐 예의 원리에 대한 철학적 성찰이나 예가 위기지학의 체계에 관련되는 이유 및 원리에 대한 설명이나 연구는 심화되지 않았다.

아울러 이 학자들을 중심으로 삼아서 진행된 현대 연구자들의 조선시대 예학에 관한 연구들 역시 예 규범에 집중하거나 혹은 그것을 묶은 예서禮書의 편찬에 집중하고 있을 뿐, 예학이 리학 혹은 유학 전반과 어떻게 연관되어야 하고 또 그 연관의 형태와 구조는 어떠한 것인지에 대한 연구는 거의 전무한 편이다. 그리고 아예 현대 연구자들에게서는 예학이 유학 전반과 어떠한 연관을 맺어야 하는 것인가 하는 점에 대한 문제의식조차 찾기 어려운 상황이다. 이는 조선시대 예학에 접근하는 방식이 전체는 보지 못하고 부분에만 집중한 결과라고 할 수 있으며, 동시에 예학의 전체적 흐름에서 그러한 맥락을 제대로 짚어 준 학자에 대한 고찰이 부족했기 때문이라고 보인다.

그러나 여헌旅軒 장현광張顯光(1554~1637)의 학문을 통해서 본다면 조선시대 예학의 형태와 그 역할에 대한 이해가 바뀌게 된다. 여헌의 예학을 다루는 이유는 물론 여헌의 예학 세계를 소개하기 위한 것도 있지만, 그와 더불어 조선시대 예학 내지 유학에 대한 새로운 인식을 여헌의 예학에 관한 이해를 통해서 추구하려는 데에 있다.

2. 여헌의 예학 세계와 주요 저술

여헌은 퇴계보다 약 2세대 뒤, 율곡보다는 1세대 정도 뒤에 활동한 학자이다. 그래서 그가 활동한 시기는 선조 대의, 당쟁이 시작되어 본격화하고 또 임진왜란과 병자호란의 외침으로 나라 전체가 매우 혼란스럽고 불안하던 시기와 겹친다. 그러나 이 시기는 또한 '사림士林'으로 불리는 유학자들이 정치적으로 곤란을 겪던 '사화기'가 지나가고 성리학 특히 위기지학을 지향하는 학풍이 발달하는 시기이기도 하며, 전란에 따른 불안과 혼란, 무질서를 극복하기 위한 방편으로 유학자들이 예의 연구와 보급에 심혈을 기울이는 시기이기도 하다.

여헌은 현재 낙동강 중류의 구미시에 해당하는 인동과 선산 지역을 중심으로 활동한 유학자이다. 이 지역은 퇴계가 활동했던 안동 지역의 남서쪽에 위치해 있다. 인동과 맞닿은 지역인 성주는 퇴계의 문하와 남명南冥 조식曺植의 문하를 함께 출입했던 한강이 활동했던 지역이다.

한강과 여헌의 관계가 과연 사제의 관계인가 아니면 인척의 관계에 불과한가에 대해서는 양쪽 가문에서 의견이 일치하지 않는데, 학문적 시각에서 본다면 여헌의 학문은 한강과는 다른 갈래에 해당하는 것이 분명하다. 오히려 여헌은 예학의 대가 한강을 존경하면서도 자신은 한강이 추구하는 예학과는 다른 방면의 학문을 추구한다는 입장을 분명히 보여 주었다. 그는 예학이란 명칭을 사계나 한강과 같은 이른바 예학자들에게 해당하는 것으로 간주하면서 자신의 학문을 역학易學으로 차별화시켰다. 이러한 차별화가 그의 학문의 본령 혹은 중추가 역학에 있다는 점을 확실하게 보여 줌은 물론이다.

그러나 여헌이 자신의 학문세계를 역학으로 내세웠다고 해서 그가 예학에 무관심했다는 의미는 결코 아니다. 그는 예학에도 조예가 깊었다. 그는 일상생활에서의 의례의 수행, 혹은 가내의 경조사를 맞았을 때 해당하는 의식의 준비와 실행에 필요한 지식을 남달리 풍부하게 갖추고 있었다. 그러한 까닭에 많은 사람들이 예에 관한 자문을 구하였던 전문가가 바로 여헌이었다.

여헌의 예학을 연구하고자 할 때 살펴볼 자료는 적지 않다. 여헌의 예학에 대한 소개가 필요하기 때문에 우리는 일단 여헌이 남긴 예학 관련 자료들을 살펴보고, 그것들로부터 여헌 예학의 태도와 관점 및 방법 그리고 특징과 의의에 대해 논의하도록 한다. 예학 관련 자료라고 한다면, 아무래도 여헌이 예에 관하여 직접 간접으로 언급한 자료들이 해당될 것이다. 그러므로 그러한 자료들을 형태와 성격에 따라서 분류하여 개괄하여 소개하고자 한다.

무엇보다도 가장 먼저 거론될 수 있는 것은 예서의 성격을 갖는 저술들이다. 연보에 의하면 그는 38세(1569)에 모부인 이씨의 상을 당해서 「상제수록喪制手錄」을 지었다. 그러나 이 자료는 현재 『국역 여헌집』은 물론 『여헌전서』(1983년 인동장씨 남산파 종친회 간)에도 수록되어 있지 않다. 아마도 상을 마친 뒤 상실되거나 폐기된 것으로 추측된다. 그리고 46세에 편찬한 「혼의婚儀」가 있고, 62세에 수정修整한 「관의冠儀」가 있다. 이와 더불어 「분찬중사망의략奔竄中事亡儀略」도 그의 예학에 관한 자료가 된다. 이 자료들은 그가 직접 관혼상제 각 의례의 예문을 조목을 갖추어 편찬한 것으로, 내용 면에서 『주자가례朱子家禮』와 다른 예문 조목의 구성을 시도한 것이 특징적이기는 하지만, 전체적으로는 『주자가례』가 설정한 관혼상제 사례四禮의 범주 체제를 수용하고 있다.

이 자료들이 귀중한 이유는 그가 기획하고 구성했던 관혼상제 각각의 의례의 진행과 그 절차 전반에 관한 그의 구상을 보여 주기 때문이다. 그것을 통해서 그의 예학이 지향하고 있는 합례적 삶의 규범의 격식과 성격을 밝힐 수 있으며, 특히 타 예학자들이 편찬한 관혼상제 등 『주자가례』류 예서들과의 비교가 용이하다.

이 저술들의 성격을 간략하게 살피면 그가 예 규범에 관한 저술을 하는 이유나 원리를 파악할 수 있다. 먼저 「분찬중사망의략」이란, 전란을 맞이하여 피란을 다니는 상황에서 돌아가신 조상에 제사를 올리는 예를 규범화한 것이다. 이는 당시 전란을 당한 특수한 상황에 맞도록 조정된 예법이다. 그리고 「혼의」는 조선 전래의 혼례법인 처가에서의 혼인식을 인정하면서 유교적 의례의 덕목을 담아내려 한 예 규범서이다. 이는 그가 비록 주자학자로서 『주자가례』의 중요성을 인정한다고 하더라도 근본적으로 의례는 전통의 맥락을 무시하지 않고 현실을 반영하는 것이 중요하다는 예학적 입장을 잘 보여 준다. 그렇게 함으로써 유학의 이상도 살리면서 많은 이들이 편하게 예를 행할 수 있도록 하는 현실적 방법을 모색한 결과이다. 여기에서 현실을 수용하고 거기에 유교적 가치와 덕목을 구현하는 방법을 모색하는 그의 실천적·실용적 학문태도가 잘 나타난다. 따지고 보면 이러한 저술들은 전란이라는 비상시 상황에 적합한 제사의례를 제시하거나 조선 사회의 관습적인 의례들을 유교적 예의 원리와 조화시키기 위한 절충적 예 규범을 제시한 것이다. 이는 학문적 성취가 대단히 뛰어나지 않은 학자로서는 해 내기 어려운 것이었다.

왕조례에 해당하는 예에 대한 학설을 담은 자료들은 「병인상례설丙寅喪禮說」, 「청침추숭소請寢追崇疏」, 「청정부묘소請停祔廟疏」, 「서부묘상소하비후書祔廟上疏下批後」이다. 이들은 인조仁祖의 생부인 정원군定遠君의 원종추숭元宗追崇 및 부묘祔廟에 대한 반대와 비판적 입장을 담은 예설, 그리고 인조의 생모인 계운궁啓運宮의 상喪에 대한 예설을 담고 있다. 이는 당시 인조가 추진했던 생부 정원군의 원종추숭 및 그와 관련된 일련의 행사에 대한 합례적 정당성 여부와 관련하여 도학자들과 반정공신들 사이에서 대립적인 견해가 표출되고 있던 상황에서 여헌 자신의 태도를 표방한 것이다.

아울러 양적으로 많은 것이면서 특히 사족들의 관심사인 '상례喪禮'에 관한 문목과 답변을 기록한 서한들을 꼽을 수 있다. 이들은 『여헌선생문집』 권6에 속한 답문목答問目들과 『여헌선생속집旅軒先生續集』 권2에 속해 있는 답문목들이다. 이들은 상례 전체를 체계적으로 정리한 글은 아니지만 상례와 관련된 문목과 답변이 주가 된다. 한편 『여헌선생문집』 권6의 「답회연서원答檜淵書院」, 「답본교오현종사시문答本校五賢從祀時問」, 「답자천서원삼선생위판개제문答紫川書院三先生位版改題文」과 같은 글들은 서원의 향사享祀와 관련된 그의 예설을 담고 있다.

『여헌선생문집』 권13의 「행장行狀」과 『여헌선생속집』 권9~10의 「부록」에 실린 문인들의 각종 여헌의 언행에 관한 기록들도 역시 여헌의 예를 실천하는 태도와 학문적 입장, 예설 등을 많이 담고 있다. 이들로부터 실제로 여헌의 행례와 관련된 사실들을 파악할 수 있다. 그리고 『여헌선생속집』 권4의 「궤위관설饋位官說」, 「유향소문論鄕所文」, 「유서원문論書院文」, 「유일향문論一鄕文」 등은 그의 경세經世와 관련된 예학적 사고를 밝혀 볼 수 있는 글이 될 것이다.

또한 예 규범에 대한 직접적인 언급이 없더라도 예에 관한 정의와 원리 등을 고찰한 글들이 여러 저술에 담겨 있다. 「학부명목회통지결學部名目會通旨訣」, 『우주요괄첩宇宙要括帖』을 비롯하여, 『여헌선생속집』 권5에 실린 「만학요회晚學要會」 등이 그러한 글들이다. 그리고 인간의 심신수양이라든가 그가 강조한 노인사업老人事業 등과 관련한 글에서도 예에 관한 사고가 직접 간접으로 표출되고 있다. 예를 들면, 그의 「표제요어標題要語」, 「방촌지존법方寸持存法」, 「노인사업老人事業」, 「모령인사耄齡人事」, 「좌벽소제座壁所題」 등의 글은 노인으로서 인생의 사업을 성취하기 위해 필요한 삶의 규범과 방식들을 담고 있다. 이 글들은 공통적으로 삶을 하나의 장구한 세월에 걸쳐서 성취해야 할 사업으로 보고 있으며, 그러한 사업의 성취에 예의 실천이 필수적이라는 관점을 보여 준다.

그 밖에 「사물론事物論」을 비롯하여 「심설心說」, 「문설文說」, 「명분明分」,

「오인상접吾人常接」 등은 예에 관한 철학적 근거를 풀이한 글로서 취급할 수 있으며, 그것들보다 더 깊게 들어간다면 그의 「태극설太極說」, 「성리설性理說」, 「경위설經緯說」, 「분합설分合說」 등에서 예학의 근원과 관련된 철학적 관점이 표현되고 있음도 알 수 있다. 특히 그의 예학은 역학을 바탕으로 이루어진 것, 혹은 역학적 깨달음과의 상호관련 속에서 형성되고 전개된 것이 특징이다. 아마도 이 점이 그의 예학 연구가 역학을 비롯하여 성리학 전반과의 상호유기적인 철학적 연관성에 대한 탐구로 이어지는 까닭이 될 것이다.

여헌의 예에 관한 연구는 앞에서도 밝힌 것처럼 역학의 구도에 포함되어 진행되었다. 역학이란 일단 『주역周易』에 관한 연구를 말한다. 조선이든 중국이든 대부분의 역학 연구는 『주역』에 대한 해설이나 분석에 치중해 왔다. 그러나 여헌의 역학은 위기지학의 성취를 위해서 역학을 방법론으로 체계화한 점이 무척 신선하고 창의적이다. 따라서 조선이나 중국에서 수많은 역학 연구가 진행되었어도 여헌의 역학과 같은 접근법은 찾아보기 어렵다. 그의 대표적 저술인 『역학도설易學圖說』은 그러한 학문적 접근법이 체계화된 것이다. 그의 예학에 관한 이해는 기본적으로 이 저술에 언급된 내용을 기초로 하는 것이 좋다. 그리고 중요한 것은, 그의 역학도설에서 파악되는 역학의 방향도 위기지학의 성취를 지향하고 있다는 사실이다.

여헌이 『역학도설』에서 예를 역의 원리와 상호 긴밀한 연관이 있음을 밝히는 내용은 대단히 중요하다. 그는 『역학도설』 권6에서 다음의 도설들을 제시하고 그 점을 밝히고 있다. 즉 「주례육관지도周禮六官之圖」, 「의례차서지도儀禮次序之圖」, 「예기유종지도禮記類從之圖」, 「삼례상수지도三禮相須之圖」, 「오례지목지도五禮之目之圖」, 「예의통어역지도禮儀通於易之圖」가 그것이다. 이 그림들로부터 그가 예학을 역학과 연관 짓는 이유를 알 수 있다. 이러한 점에 유의하여 위의 그림들 가운데 마지막 「예의통어역지도」에 대해 간략하게 살펴보기로 한다.

「예의통어역지도」는 예의가 역과 통하는 것임을 보여주는 그림으로서 전체 5개의 소주제를 취하고 있다. 이 주제와 그에 해당하는 그림의 내용을 근거로 그림의 내용과 의미를 분석하여 보도록 한다.

첫째 주제는, 예禮는 '하도河圖와 낙서洛書'(圖書)에 근본을 둔다는 것이다. 이는 하도와 낙서로부터 추상된 천지간의 불변의 이치가 예의에도 적용되는 것임을 밝히는 논리이다. 그 논리는 하도와 낙서의 수數와 자리(位)에 기준을 두고 만사간의 분별을 추구하는 것이다.

둘째 주제는, 예는 '팔괘八卦'에 근본을 둔다는 것이다. 팔괘 가운데 건괘乾卦는 위에 자리하므로 하늘의 도(天道), 아비의 도(父道), 임금의 도(君

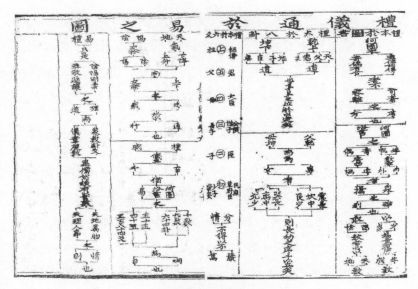

<그림 1> 禮儀通於易之圖

道), 장부의 도(夫道)가 되고 곤괘坤卦는 아래에 자리하므로 땅의 도(地道), 자식의 도(子道), 신하의 도(臣道), 아내의 도(妻道)가 되며, 이로써 높고 낮은 차이가 정해진다. 그 밖에도 가족과 형제 간의 질서가 여기서 정해지는데, 이것이 바로 예의의 근원이다.

셋째 주제는, 예는 '육효六爻'에 근본한다는 것이다. 효爻가 아래 괘(下體)에 거하는 것은 안이 되고 낮은 존재(卑)가 되고 주인(主)이 되며 위 괘(上體)에 거하는 것은 바깥이 되고 높은 존재(尊)가 되고 손님(賓)이 된다는 점을 근거로, 상호간의 분별은 엄하지 않으면 안 되나 정은 돈독하지 않으면 안 된다는 논리이다.

넷째 주제는, 명시되어 있지는 않지만, 역과 예는 소통과 운행의 장치이며 그 장치는 서로 공통적으로 벼리(綱)와 눈(目)으로 구성되어 있다는 것이다. 즉 하늘의 기가 내려오고 땅의 기가 올라가서 상하의 뜻(志)이 통하게 하는 것, 양陽이 음陰에게 사귀고 음이 양에게 사귀어 교제하는 바른 도리를 행하게 하는 것을 표시한다. 그리고 역과 예의의 상호관계를 다음과 같이 대응시킨다. 예의禮儀 삼백 가지와 하도의 열 개의 수, 낙서의 아홉 개의 수 및 역의 64개의 괘는 강綱이 되고, 위의威儀 삼천 가지와 하도의 수를 합한 수인 55와 낙서의 수를 합한 수인 45 및 역의 384개의 효는 눈(目)이 된다.

다섯째 주제는, 역과 예의 공통점은 둘 다 무형상의 도리에 불과하더라도 구체적 상징 혹은 규범을 갖춘 다음에야 성취할 수 있다는 점이다. 즉 역은 단지 음양과 강유剛柔의 이치이지만 상수괘효象數卦爻로써 표현되어야만 천지만물의 실정을 빠짐없이 다룰 수 있고, 예는 단지 공경과 겸양의 도이지만 의장儀章과 도수度數를 모두 갖춘 다음에야 천리와 인사의 규범을 빠짐없이 실행할 수 있다는 점이 공통점이다. 여헌은 양자가 도리를 구현할 수 있는 구체적 상징체계나 규범체계를 갖추고 있다는 점을 중시하는 것이다.

3. 여헌 예학의 방향과 특징: 인문의 성취와 우주사업

역학과 예학의 상호관계를 밝힌다는 점에 다른 예학자들에게서는 찾아보기 어려운 여헌 예학의 특별한 내용이 있다. 여헌은 비록 예 규범에 관한 저술을 많이 하지 않았어도, 오히려 유학사상 내지 유교문화의 전체 체계 속에 예 또는 예학의 위상을 정하여 그것의 원리를 구명하고 구현하는 방법에 대한 저술을 남겼다.

예가 유학의 공부와 어떤 긴밀한 연관이 있고 그 원리는 어떻게 설명이 될 수 있는가 하는 탐구는 유학자들에게 일반적인 것이 아니었던 것으로 보인다. 때문에 당시나 지금이나 예학은 리학이나 역학 내지는 유학 전체와 연관 지어서 보기 어려운 관계로 인식하는 경우가 많았다. 반면에 여헌의 예에 관한 연구를 고찰해 보면, 예학은 역학이나 리학은 물론이고 유학 전체와 유기적 연관을 맺는 분야임이 명확하게 드러난다. 게다가 그는 기존의 유학자들이 접근하지 못했던 영역에 접근하여 예학과 유학 전체와의 관계, 그리고 유학에서 예가 필수적인 이유를 알려 주는 저술을 하였다. 바로 이러한 점이 여헌의 예에 관한 연구가 매우 창의적이면서도 독보적이고 동아시아 전체를 통해서 대단히 학문적 의의가 큰 업적이라고 보는 이유이다. 따라서 여헌의 예학에 관한 설명을 하기 위해서는 그가 남긴 예 규범에 관한 저술에 한정하지 않고 예의 원리와 본질에 접근한 그의 학문적 결실을 포괄적으로 다루는 것이 바람직하다.

1) 인문으로서의 예

예에 대한 그처럼 독보적이고 특별한 인식을 보여 주는 여헌의 글은 여러 가지이다. 그 중의 하나가 「문설文說」이란 글이다. 「문설」에서는 유학의 이상을 성취하는 요령은 곧 인문人文을 밝히는 것이어야 한다고 설명한다. 이 글에 의하면, 인문이 올바른 문을 얻어야만 천문天文이 천문이 되고 지문地文이 지문이 될 수 있다. 따라서 무엇보다 인문을 획득하고 발휘하는 사람의 역할이 천지와 그 사이에서 전개되는 모든 일의 중심이 된다. 인문의 획득과 구현을 중시하는 사고는 결코 예 규범에 관한 이해나 지식의 확보만으로 완성되는 것이 아니라는 그의 이해를 잘 보여 준다. 그의 관점에서 보면 경전의 지식이나 예 규범을 일상생활에서 적용하고 실천하는 것이 중요하다.

여기서 주목할 점은, '문文'이란 겉으로 드러난 모양을 의미하는데, 유학의 원리를 실천할 때 그 모양은 곧 예를 실행하는 사람의 모습을 의미한다는 것이다. 여헌에 의하면 문이란 도가 사람의 일(功用)에 나타나고 각종 모양(模像)에 드러난 것으로서, 각종 사회의 존재에게 등급과 질서를 부여하고 일의 순서를 정해 주는 주는 것이다. 그러한 등급과 절차가 구분되어야 도가 실현될 수 있다. 천문이든 지문이든 인문과 마찬가지로 근본적으로는 도에 말미암는 것인데, 특히 인문은 인간 스스로 자신의 언행을 상황과 맥락에 맞게 다듬고 분명히 하는 노력이 있어야만 정립된다고 그는 강조한다. 그러므로 이 인문을 밝히고 지키는 일이 무엇보다도 근본적이고 또 가장 실효가 큰 사업이라고 간주하는 것이 그의 관점이다.

인문이란, 실은 인간이 하는 모든 행위가 이에 해당한다. 다시 말하면 몸의 거동이 되는 말하고 침묵하고 움직이고 고요하게 있는 것, 인간관계와 사회생활의 준거가 되는 올바른 인륜, 교화하는 행위와 그 방법, 만물을 발육하고 천지를 화평하게 만드는 일체의 행위와 그 방법을 일컫는 것이 바로 인문이다. 여헌은 성인과 현인이 남긴 진리와 가르침이 모두 인문의 전범典範이 된다고 간주한다. 그는 후세의 학자들이 문文이 도道에서 나온 줄을 알지 못하는 풍조, 몸과 마음으로 터득하여 내는 문이 아니라 다만 들은 대로 읊조리는 지식에 불과한 문을 중시하는 풍조를 비판한다. 특히 그는, 들은 대로 읊조리는 지식에 불과한 문은 종이와 묵으로 기록한 글일 뿐이지 몸소 실천한 것을 기록한 것이 아니라서 볼만한 것이 못 되고 후세에 전할 것도 못 된다고 지적하였다.

이러한 지적은 예에 관한 공부 즉 예학이란 단지 규범이 무엇인가를 밝히는 데 그치지 않고 그 규범을 몸소 반복하여 실행하고 익혀서 어디서나 자연스럽게 실현해 가는 능력을 터득하는 것을 목적으로 삼아야 한다는 그의 예학적 태도를 보여 준다. 이것이 바로 위기지학의 맥락에서 예학을 추구하는 것이다.

2) 인생사업으로서의 역학과 예

또 한 가지 주목할 점은 여헌의 역학의 구도 속에서의 예의 위상이다. 이미 앞에서 밝혔듯이 그는 역학과 예학이 상호 연관되고 공통의 원리를 지닌 분야라는 인식을 정립하였다. 일반적으로 역학이라면 주역을 구성하는 상수 및 경전의 의미를 분석하고 응용하는 데 연구가 집중된다. 상수란 주역의 괘상卦象과 변화의 원리를 연구하는 것이고, 경전에 언급된 괘사나 효사를 비롯한 여러 주석과 해설들을 중심으로 역학의 연구가 이루어진다. 물론 여헌도 그러한 사항을 철저하게 연구한 것이 사실이다. 그러나 중요한 것은, 거기서 더 나아가서 역학을 인생이라는 장구한 과정에 적용하고 실천하는 것에 대해서 연구하여 그 방법을 제시했다는 점에 그의 역학의 특별한 의의가 있다.

이는 그가 '역易'을 '도道의 모범'이라고 정의한 것과 필연적 연관이 있다. 도의 모범이란 유학에서 추구하는 도의 모든 내용이 담겨 있다는 의미이므로, 역은 곧 단순한 역이 아니라 유학의 도를 이해하고 구현하기 위해서 달통해야 하는 내용이다. 그렇기 때문에 '우주사업宇宙事業의 성취'라는 목적을 세운 그가 그것을 성취하기 위해서 역학을 하지 않을 수 없었던 것이다. 그가 17세에 작성한 『우주요괄첩宇宙要括帖』에서 처음으로 사업을 중시하는 그의 태도가 드러난다. 그는 천하의 으뜸가는 사업事業을 해야만 천하의 으뜸가는 인물이 된다는 이념을 제시하고, 이후 그것을 우주사업과 노년사업老年事業으로 발전시켜 간다. 이 사업의 성취라는 목적은 그의 인생 전반에 걸친 유학적 실천의 가장 중추적인 코드가 된다.

사실 유학이 사업이라는 인식은 여헌만의 독특한 것이 아니다. 그러나 그처럼 유학을 사업으로 분명하게 정의하고 설명하는 예는 흔하지 않다. 그가 말하는 사업이란 다름 아닌 자신의 노력을 통해서 천하를 선한 세상으로 변화시키는 일을 뜻한다. 그는 이것을 인생 전체의 과정에 적용했던 것인데, 그 중 가장 커다란 의의를 지니는 사업을 그는 우주사업이라고 지칭한다. 그것은 우주 전체가 인륜질서를 바탕으로 안정과 평화를 성취하도록 실천하는 사업이다. 우주사업의 전체적인 방법이 역易에 구비되어 있다고 보고 그는 그것을 역학으로 접근한 것이다. 따라서 그의 역학이란, 『주역』 연구에만 한정된 것이 아니라 실은 유학 전체의 목적 성취의 학문방법을 지칭하는 것이다.

그리고 우주사업이란 근본적으로 주체의 인격성취가 전제되어야만 목적을 성취할 수 있다는 점이 중요하다. 그러한 까닭에 여헌의 역학 혹은 예학은 위기지학과 근본적인 연관성을 지닌다. 위기지학의 원리를 간략하게 설명하면 다음과 같다. 주희朱熹(1130~1200)에게서 정립된 위기지학의 특성은 당사자 방법론에 입각한 장기과정長期課程의 설계, 유학 공부工夫의 통합적 체계화, 체인體認과 실효實效를 추구하는 학문 등으로 그 성격을 규정할 수 있다.

한국이나 중국의 연구자들 사이에서는 위기지학을 성리학자들이 선택 가능한 학문방법 중의 하나로 간주하는 관점이 지배적이지만, 필자의 연구에 의하면 이는 성리학자들에게는 필수적으로 인생을 걸고 몰입해야만 하는 학문으로서 선택의 여지가 없는 학문방법론이다. 달리 말하면 위기지학은 성리학 전체를 표상하는 학문 명칭이다. 위기지학의 기본적인 방법은 유학자로서 유학의 이상을 성취한다는 목적을 세우고 인생 전체라는 장구한 시간에 걸쳐서 부단히, 그리고 꾸준하게 유학의 진실을 자신의 몸과 마음에 축적하는 것이다. 이때 축적이란 매우 중요한 의미를 지닌다. 그것은 장기간에 걸쳐서 예를 익히면 그 나타나는 효과가 작지 않음을 의미한다. 그 효과란 언제 어디서나 예에 부합하는 언행을 자발적으로, 그리고 자연스럽게 하는 것이다. 달리 표현하면 그것이 바로 인문의 숙달이다.

위기지학에는 경학經學과 예학이 필수적인 공부가 되지만, 이것이 단지 경서經書와 예서의 독서와 암기에 의한 지식의 축적이나 확장만을 중시하는 것은 아니다. 오히려 그 경서와 예서가 가르치는 진리를 실제 생활에 구현하는 능력을 획득하는 것이 위기지학의 진정한 효과로서 중시된다. 따라서 예에 관한 분석이나 예설의 제시와 더불어 예를 체행體行하고 예라는 인문을 반복하여 실행함으로써 자신에게 축적되는 진실의 내용에 깊은 관심을 지니는 것이 바로 위기지학의 올바른 태도이다. 여헌은 역학의 성취, 즉 우주사업의 성취란 무엇보다도 개인이 주체로서 위기지학의 효과를 스스로 획득하는 당사자가 되어야 한다는 점을 중시한다.

따라서 이러한 사업의 성취와 예와의 관계를 이해해야 그의 예학에 대한 이해가 완전하게 된다고 할 수 있다. 이미 위 그림의 설명에서 언급하였듯이 그는 예의가 근원적으로 역의 원리와 상통함을 강조하였는데, 이는 그의 예학이 단지 규범의 고찰과 정비에 한정되지 않고 궁극적으로는 사업의 성취를 위한 방법과 원리로서의 역학과 동일한 차원에서 전개된 것임을 보여 준다. 즉 그의 예학은 역학의 구도 속에서 그 의의를 지니는 동시에, 역학의 전체 체계 속에서 위상과 역할이 설정되는 것이다. 그러므로 그의 예학도 우주사업의 성취를 목적으로 삼는 학문의 체계 속에서 그 진실성이 확보되고 의의를 지니게 됨은 물론이다.

4. '이간'의 원리와 예와의 관계

그러면 여헌의 역학을 관통하는 가장 핵심적 원리는 무엇인가? 그리고 그것은 예학과 어떠한 관련이 있을까? 여헌은 자신이 터득한 역학의 핵심적 원리를 '이간易簡'이라고 제시하였다. '이易'와 '간簡'은 각각 천天과 지地의 작용의 본질을 관찰해서 얻은 원리이지만, 그것을 '이간'이라고 합하여 부를 때에는 인간이 체득해야 하는 원리를 가리킨다. '이간'이 중요한 이유는 그의 다음 글에서 잘 나타난다.

하물며 사람은 천지를 대신하여 만물을 총괄하고 우주 내의 사업을 담당하는 자이기 때문에 이간易簡을 사용하지 않고도 이루는 것이 있겠는가? 이간하니 천하의 이치를 얻는 것이며, 그러므로 그것으로써 마음을 다스려서 마음이 그 이치를 얻고, 그것으로써 몸을 다스려서 몸이 그 이치를 얻으며, 그것으로써 가家를 다스리고 나라를 다스리고 천하를 다스려서 가와 나라와 천하의 이치를 얻지 못함이 없다. 진실로 이간하지 못하면 비록 하나의 마음과 하나의 몸이라도 오히려 마음이 되지 못하고 몸이 되지 못하니, 하물며 가와 나라와 천하에 있어서랴.
(『性理說』 권7, 4장後)

이 글을 통해서 보면 예가 필요한 이유는 다름 아닌 마음과 몸이 상호 합치되는 이치를 얻어야만 '이간'하게 될 수 있다는 점에 있다. 그리고 위의 추론과 연결시켜서 보면, 예가 인문의 장치로서 인간의 마음의 작위와 몸의 작위를 일치시켜 주고 일관되도록 해 주는 효과가 있음을 그가 확신하고 있음도 미루어 알 수 있다.

여헌에 의하면 '이간'이란 천도天道의 '이', 지도地道의 '간'을 인간이 본받아서 자신의 삶과 사업의 원리로 삼는 것이다. 이때 이간의 의미는 하늘이 무엇이든지 쉽게 이루듯이(易) 인생도 쉽게 살아야 하고, 또 땅이 매사를 간편하게 성취하듯이(簡) 인생 역시 그렇게 살아야 함을 의미한다.

그런데 여기에 오해의 가능성이 있다. 그 오해의 가능성이란 무엇인가? 그에 의하면 만약 '이'하는 이치를 잘못 알아서 단지 쉽게 하는 데에만 뜻을 두면 오히려 거칠고 얕으며 급하게 서두르는 병통(粗淺急促之病)으로 빠져서 도를 실행하기에 부족함이 있고, '간'하는 이치를 잘못 알아서 단지 간단하게 하는 데에만 뜻을 다하면 오히려 구차하고 질러가고 생략하는 병통(苟且徑約之病)에 걸려서 도리어 도를 해치게 됨이 있는 것이다.

이와는 달리 매우 다양한 존재와 현상이 복잡하게 얽혀서 전개되는 세상에서 그 복잡한 존재나 현상에 구속되거나 구애받지 않고 몸과 마음이 모두 쉽고 간편하게 살아가는 상태 혹은 그 방법이 바로 역학에서 강조하는 '이간'이다. 그렇게 하려면 어떻게 해야 하는가? 거기에 왜 예가 필요한가?

여헌이 이간이 가능함 혹은 그것이 필수적임을 강조하는 사유의 배경에는 소옹邵雍(1011~1077)의 관물觀物의 방법 내지 송대 유학의 일원적 사유의 근원에 대한 흔들리지 않는 믿음이 작용한다. 이를 믿음이라고 부르는 이유는, 그에게는 그것이 단지 하나의 학설로 선택할 수 있는 선택지의 하나가 아니라 그의 학문과 삶을 우주사업으로 향해 나아가도록 해 주는 것으로서 선유들이 공부를 통해서 터득한 경지이며, 자신의 공부에 의해 똑같이 그 경지를 터득해야만 하고 또 터득할 수 있다고 확신하는 것으로 보이기 때문이다. 따라서 이 내용을 통해서 그의 이간 공부 내지는 역학방법론의 핵심은 지식의 확장이나 축적이 아니라 공부하는 당사자 존재의 식견과 안목을 높이는 질적 변화의 추구라고 논할 수 있다. 다음의 「공중누각부空中樓閣賦」(『여헌선생문집』권1)라는 글에 그 생각이 담겨 있다.

줄어들고 자라나는 것은 하늘의 도이고	消而長者天道
인습하고 개혁하는 것은 인간의 일이다.	因而革者人事
그 사이에 권도가 있으니	曰有權存乎其間
성인과 신인이 아니면 누가 이것을 다하겠는가.	非聖神其孰盡
이것으로 관찰하니	于以觀之
비록 작은 물건이라도 어찌 도망하겠는가.	物雖微而孰逃
크게는 천지로부터	大自天地
작게는 호홀毫忽에 이르며	小至毫忽

가까이는 내몸으로부터	近自吾身
멀리는 육합에 이르기까지	遠至六合
물건 아닌 것이 없는데	無非物兮
이치가 내 몸에 있어 빠짐이 없다.	理在我而無闕
통합하여 말하면 도이고	統言之而曰道
나누어 말하면 이치이며	散言之而曰理
형기로 구분하면 물건이고	形器之則物也
미루어 헤아려 보자면 수이다.	推步之則數耳
모여서 나의 한 마음에 있고	會在我而此心
하나로 꿰어 포괄된다.	一以貫兮包括
이는 요부가 물건을 관찰함이	是堯夫之觀物
일반인의 눈과 달라서	其諸異乎衆目
마음과 몸	心與身兮
물건과 세상을 모두 포함한 것이다.	物與世擧
만 가지가 한 이치임을 보니	觀萬之以一
어찌 다만 맑은 물과 거울 같을 뿐이며	豈特水鑑
물건의 형체를 하나로 꿰뚫으니	能一乎物形
물건의 실정을 통일시킬 수 있는 것이다.	玆可以物情之能一
이에	於是
어느 것이 하늘이고 어느 것이 땅인가? 한 마음에 들어 있고	孰天孰地一方寸兮
어느 것이 옛날이고 어느 것이 지금인가? 한 가슴 속에 있다.	何古何今一胸中兮
높고 깊은 것을 연구하지 못함이 없으니	無高深其不致
어찌 세미한 것을 상고하지 못하겠는가.	寧微細而未稽
이것을 보려면 어찌하여야 하는가	觀之兮何爲
돌이켜서 내몸에 모이게 할 뿐이다.	反而會諸吾身
성을 다하여 천명에 순종하고	性可盡兮命可順
마음이 인仁하여 물건이 모두 봄이 된다.	心而仁兮物皆春

위에서 밑줄 친 부분에 주목하면, 그의 공부의 방법은 다음과 같은
내용을 추구한다고 할 수 있다. 일차적으로 마음과 몸, 물건과 세상을

모두 하나로 포괄해서 관찰하는 방법, 또 물건과 형체를 하나로 꿰뚫어서 물건의 실정을 통일시키는 방법, 그리고 그 방법을 공간적 범위(天地)로 극대화하고 시간적 범위(古今)로 극대화하는 동시에 평범한 이치에서부터 심오하고 고원한 이치까지, 또 거친 내용에서부터 세미한 내용까지를 모두 포괄하는 방법이다. 온 세상의 존재와 현상 또 그들의 고심高深하고 세미細微한 이치들까지 빠짐없이 뭉뚱그려서 포괄하는 드넓으면서도 촘촘한 그물을 만들어 가는 것이다. 중요한 점은 그 그물을 다름 아닌 자신의 한 몸에 펼쳐야 함을 그가 강조한다는 사실이다.

자신의 한 몸에 그 그물을 펼친다는 것은 과연 무엇을 의미하는가? 모든 것을 망라하여 하나로 통합하는 사고방식은 어찌 보면 서구철학에서 중시되었던 형이상학形而上學, 특히 일원적一元的 실재론實在論의 지식체계를 건립하는 것을 궁극적 목표로 삼는 듯이 보인다. 사실 그의 이론이 일원론적 실재론의 형태를 보이기는 한다. 그러나 그가 그런 이론의 구축을 궁극적 목표로 삼았던 것은 아니다. 왜냐하면 그는 자신의 이해나 지식이 실은 오래 전에 소옹과 같은 선유들이 얻은 내용의 재확인에 해당한다고 생각하고 있었기 때문이다.

오히려 여헌은 스스로 그러한 높은 수준의 이해에 도달하는 방법에 더 깊은 관심을 기울인다. 그는 「공중누각부」의 말미에서 "나와 같이 몽매한 사람은 / 또 누각을 공중으로 칭한 것을 의심하니 / 평지에 있는 사람들이 / 사다리를 타지 않으면 올라가기 어려움을 어찌하겠는가"라고 읊는다. 여기서 '공중누각空中樓閣'이란 정이程頤(1033~1107)가 소옹을 칭한 명칭으로, 소옹이 도달한 공부의 수준이 일반인들에게는 공중에 떠 있는 거대한 집과 같다고 하여 비유한 것이다.

여헌은 사다리 비유를 통해서 이러한 공중누각의 경지에 오를 수 있음을 시사한다. 사다리 비유는 일상생활의 비근한 일들을 숙달해서 궁극적인 도리의 깨달음에 도달한다는 의미의 하학상달下學上達의 방법을 말하는 것이라고 추정된다. 그러므로 공중누각에 도달한다는 비유는 꾸준한 위기지학의 공부를 통해서 자신의 견지를 높이 끌어올린다는 의미이다. 또 견지가 다르면 보이는 것도 다르게 됨을 비유한다. 그것이 공부하는 당사자의 질적 고양을 가리키는 것이다. 그러한 당사자의 질적 고양은 체득 내지 체화의 방법을 사용해야 가능한 것이다. 마치 사다리를 타고 공중에 오르면 지상에서 볼 때와는 다른 경지가 전개되듯이, 자신이 획득한 견지가 차츰 상승함에 따라 이전에는 깨닫지 못했던 것을 깨닫게 되는 것이 바로 질적 고양의 의미이다. 그렇다면 질적 고양의 방법은 무엇일까? 그가 강조하는 체행體行, 체회體會 등 숙달을 지향하는 방법으로, 자연의 이치에 순順하여서 그것을 천하와 만세에 행하더라도 마땅히 폐단이 없는 상태가 되도록 하는 것이다. 그래서 윗글에서 그는 시공간의 모든 것, 고심高深한 이치나 세미細微한 이치를 모두 그 자신에게로 모이게 하여야 한다고 강조한 것이다.

이렇게 그 자신에게로 모든 이치를 끌어 모아서 자신의 견지를 높인다는 언급은 그것을 숙달한다는 의미와 통한다. 그런데 이 숙달의 의미는, 몸과 마음이 함께 그러한 이치를 행하고 생각하여, 그 행위와 생각이 서로 부합해 가는 상태가 오랜 시간 지속되면서 결국에는 몸과 마음이 하나가 되어서 자동적으로 상황에 반응하는 상태가 되도록 하는 것이다. 이 숙달의 상태가 가져오는 효과가 바로 이간이고, 그것을 얻는 가장 핵심적 방법은 결국 예의 반복적인 실천이다. 그의 설명을 보면 이 점이 더욱 명확하게 된다.

이른바 이간이란 이미 순리順理라고 말했으므로, 깊게 할 곳은 깊게 하고 정밀하게 할 곳은 정밀하게 하며 무겁게 할 곳은 무겁게 하는 것이 이치 아닌 것이 없다. 그 깊게 하는 것을 이치로써 하고 그 정밀하게 하는 것을 이치로써 하고 그 중요하게 할 것을 이치로써 하는 것은 그 자체가 이간의 도이다. 만약 반드시 깊게 할 것을 버리고 얕게 할 것만을 취하며 정밀하게 할 것을 버리고 거칠게 할 것만을 취하며 중요하게 할 것을 버리고 가볍게 할 것을 취하는 것은 이치의 자연스러움이 아니니, 어찌 그것을 이易라고 말할 수 있겠는가? 하나의 이치를 궁구하지 못하고 하나의 선善을 채우지 못하면 미성未成의 학이 되며, 경례經禮는 삼백 가지이고 곡례曲禮는 삼천 가지인데 어쩌다 그 가운데 하나라도 폐기하면 미비未備의 예禮가 되며, 만목萬目 가운데 일목一目을 들지 못하고 만물 가운데 일물一物을 기르지 못하면 미진未盡한 정政이 된다. 성취해야 하는데 성취하지 못하고 갖추어야 하는데 갖추지 못하고 빠짐없게 해야 하는데 빠짐이 있다면 어찌 간簡의 도가 되겠는가? 성취하지 못하는 바가 없고 갖추지 못하는 바가 없고 다하지 못하는 바가 없게 한 다음에 자연의 이치에 순順하여서 그것을 천하와 만세에 행하더라도 마땅히 폐단이 없을 것이다. 이것이 이간易簡의 도가 아니겠는가?(『性理說』권7, 5장後~6장前)

'이간'의 도를 성취한다는 것은 달리 말하면 천지의 도리와 부합하는 상태로 삶의 방식을 고양시킨다는 의미이다. 문제는 거기에 어떻게 도달하는가 하는 것이다. 여기에 바로 예가 필요한 이유가 존재한다. 여헌은 이 글에서 예禮를 삼백三百의 경례經禮와 삼천三千의 곡례曲禮로 구분한다. 이러한 조목을 모두 갖추고 어떠한 상황에 접하더라도 자연스 럽고 자발적으로 예의를 실행하는 상태가 된다면 이간의 도를 실행하는 것으로 이해될 수 있다. 중요한 것은 그러한 수많은 예의를 몸에 익히고 있어야만 그것이 가능하다는 점이다. 바로 여기에 여헌의 역학과 예학이 긴밀하게 연관을 맺는 이유를 찾을 수 있다.

5. 예의 체화와 사업성취의 원리

세계의 객관적 규범으로서의 예에는 물칙物則 혹은 의칙儀則 등이 있고 나라에는 예제가 설정되어서 사람들의 삶과 행위에 대해서 일정한 규제와 지침을 주고 있다. 이러한 예를 매우 억압적이어서 인간을 속박한다고 보는 시선이 현대사회에 일반화되어 있다. 그러나 사실 현대사회의 각종 법률과 윤리규범 속에서도 그러한 억압과 속박은 그대로 작용하고 있다. 공자가 나이 칠십에 "마음이 원하는 바를 따라서 해도 예(법도)를 어기지 않는다"라고 표현하였듯이, 여헌을 비롯한 유학자들은 몸과 마음이 예를 익히게 되면 오히려 예가 인간생활에 이간함을 가져다주는 것임을 강조하였다. 여헌은 "마땅히 다하여야 할 분수는 마음에 있고 마땅히 지켜야 할 분수는 몸에 있다"라고 말한다. 여기서 그는 마음의 분수를 다하고(盡) 몸의 분수를 지킨다고(守) 함으로써 사실 한 개인이 예를 체화하여 가는 방법을 설명하는 것이다.

마음이 다하여야 하는 분수는 곧 마음에 부여된 성에 근거하여 성립되는 것이다. 그는 이를 다음과 같이 설명한다.

> 마음에 간직한 성은 천지와 고금에 만사만물의 이치가 모두 그 가운데에 있고 모두 그의 소관이다. 그러므로 그 사업은 은밀함과 미세함을 다하여 그대로 지나칠 수 없고, 고심高深과 광대廣大를 지극히 하여 방해되거나 혐의하는 바가 없으니, 이것을 다하지 않으면 그 분수를 잃은 것이다.(『국역 여헌집』 1, 295쪽)

성은 리로도 설명되듯이 이치와 부합하는 것이어서, 그 은밀함·미세함·고원함·광대함을 지극히 발휘하여야만 본분을 다하는 것이고 또한 사업도 성취하게 된다는 의미이다.

그러나 몸은 마음의 성과는 사정이 다르다. 사정이 다르기 때문에 몸이 취해야 하는 방법은 제약과 수렴이다. 여헌에게서 몸은 형기形氣로 이해되며 동시에 인욕人慾의 근원이 되니, 그 작용이 성의 덕을 제약하거나 왜곡하기도 하므로 제약과 수렴이 필요한 것이다. 그가 「세상무여인욕험世上無如人慾險」이라는 글에서 묘사하듯이 인욕은 사업성취의 가장 흉한 적으로 간주되는 것이다.

또 한 가지 중요한 이유는 "몸이 있는 곳은 자신이 처한 지위와 맡은 일과 만난 때가 만 가지로 다르다. 그러므로 그 지위와 그 일과 그 때에 따라 스스로 처하는 의리가 각각 한도가 있어서 서로 문란하게 할 수 없다"라는 언급과 관련된다. 이 글에서 발견되는 색다른 의미가 있다. 그것은 마음과 구별되는 몸의 특성에 대한 정의로서, 지위 또는 맡은 일 등과 만나는 부분이 곧 몸이며 상황마다 그 행위나 태도의 방식이 다르다. 물론 마음도 외면과의 만남이 없다고 할 수는 없지만 몸을 통하지 않으면 불가능하다. 그 때문에 몸은 한 개인이 외부세계와 만나는 유일하고 일정한 통로이다. 그렇다고 몸이 단지 아무 작용 없이 투명하게 소통하는 관管에 불과한 것은 아니다. 여헌은 몸의 독자적 영역이 마음의 그것과 구별됨을 강조한다. 이 구별의 주된 내용은 곧 상황마다 다를 수밖에 없는 처신의 방법이 있다는 점이다. 따라서 마음의 성은 확충해 가야 하는 것이라는 이해와는 반대로, 몸에 대한 대처의 방향은 수렴하고 절제하는 쪽으로 향하는 것이다.

앞에서 살펴보았듯이 여헌의 예학은 위기지학의 체계에서 의미를 지니는 학문 분야이다. 단지 예 규범의 분석과 설정에 국한하지 않고 그로부터 더 나아가 몸과 마음의 부조화, 욕망과 의무의 갈등, 천리와 인사의 어긋남 등을 다스림으로써 궁극적으로 이간한 삶을 살도록 하는 학문이 곧 예학이다.

그 점과 관련하여 여헌이 강조한 방법은 바로 극을 세운다는 의미의 건극建極이다. 그는 건극을 위기지학의 완성 방법으로 강조한다. 건극이란 사람이 자신의 몸과 마음을 하나로 모으고 또 천리와 인사가 하나로 귀결되도록 해서 진실로 중中을 실천하도록 해 주는 방법이다.

여헌에 의하면 극極은 군주가 되어 다른 모든 것을 통치하는 행위나 그 자리를 일컫는다. 또 「학부명목회통지결學部名目會通旨訣」(『여헌선생속집』 권1)에 의하면 극이란 '대중지정大中至正한 표준'을 의미한다. 한편, 극이 극이 되는 까닭은 '여러 선을 모아 하나가 됨'에 있다는 정의도 있다. 이때의 여러 선이란 사실 천지 사이의 도리와 사람의 성, 신체의 언행 및 인사의 의칙 등이 고루 포함되는 것이다. 그러므로 이는 일종의 선들 사이의 조화와 균형이 절묘하게 이루어져 응집된 상태를 가리킨다. 그리고 그것을 성취해 내는 존재가 바로 사람이며, 특히 사람의 마음이 아니면 불가능하다는 것이 그의 생각이다. 모든 선들 간의 조화와 응집 내지 균형을 한 사람의 몸과 마음에 구현한 상태를 그는 중中이라고 일컫는다. 중이란 마음의 작용이 어느 한 방향으로 기울거나 어느 한쪽에 치우치지 않은 것이고, 일에 대해서는 미흡하지도 않고 지나치지도 않은 적절한 일처리를 지칭한다.

> 마음이 만약 먼저 기강을 세워서 한결같이 의리로써 각각의 직책을 맡고 있는 작은 육신(小司)들을 통제하고 이끌어 간다면 밖에 있는 작은 육신들이 그 누가 감히 직책을 받들어 명령을 따르지 않겠는가.…… 그러므로 마음이 반드시 스스로 자신의 임무를 주관한 뒤에야 중체衆體가 각기 그 직책을 수행할 수 있는 것이다.(『국역 여헌집』 4, 「平說」, 11~12쪽)

여헌에 의하면 극은 세 가지 범주로 나누어진다. 우주에 실재하는 태극太極, 국가에서 군주를 의미하는 인극人極, 일신상의 심극心極이 그것이다. 이들은 그 규모와 위상에는 차이가 있어도 통치라는 작용을 한다는 점에서는 차이가 없다. 「고귀진언소告歸進言疏」(『여헌선생문집』권2)에서 그는 마음을 몸의 군주로 간주하면서, 무릇 한 몸의 내외 기관의 크고 작은 운용은 모두 심군心君에 달려 있다고 설명한다. 그리고 건극建極은 곧 주재主宰를 의미한다고 밝힌다. 이러한 생각들은 결국 일신상에서는 심극에 의하여 통합하여 중을 얻어야 하고 나라에서는 인극에 의하여 중을 얻는 것이 마땅하다는 사고로 이어진다. 이로써 본다면 그의 사업은 일신에서 시작하여 국가천하로 확장되는 과정을 지향하는 것이다. 이것은 바로 위기지학의 방법이기도 하다.

한 나라의 인군이라 할지라도 선행해야 할 과제는 바로 심극의 건립이다. 여헌은 마음의 극을 세우게 되면 "칠정이 모두 절도에 맞고 온갖 맥이 순하여 보고 듣고 말하고 행동함이 외물의 유혹에 혼란되지 않고 힘줄과 뼈와 지체가 자연히 천리에 맞아서, 진원眞元의 기운이 완전하고 견실하며 화기和氣가 충만하여 풍한風寒과 서습暑濕이 들어오지 못하고 도깨비와 귀신들이 침범하지 못합니다"라고 설명한다.

이로써 본다면 여헌의 예학은 심극을 건립하고 인극을 건립하는 일과 불가분의 관계에 있는 것이다. 건극이야말로 그의 예학, 나아가서 성학 또는 역학의 가장 궁극적인 방법이다. 따라서 그의 역학 또는 예학은 실천과 관련된 방법론과 그 효용에 관한 논의의 영역을 열어 놓고 있다.

6. 여헌 예학사상의 특징과 의의

　이상에서 살핀 바를 종합하면, 여헌의 예학사상의 특징은 다음과 같다. 가장 중요한 특징은 그의 예학이 역학의 체계 속에서 이간을 추구하는 방법으로서 제시되었다는 점이다. 따라서 그에게서 예학이란 예 규범의 분석과 정립과 관련된 논의에 한정되지 않고 궁극적으로는 예를 체화함으로써 위기지학의 성취가 가능하다는 사고로 연결되어 확장된다. 그와 관련하여 건극의 방법이 주목된다. 건극이란 마음이 몸과 사물과 다양한 의칙들을 종합하여 중을 얻어서 언행을 주재해 가도록 하는 방법이다. 이것이 오랜 세월 지속되면 바로 이간한 삶을 가능하게 한다는 것이다.

　역학의 체계 속에서 예학이 제시된 점 역시 중요한 특징이다. 역학을 통해서 그는 우주사업의 성취의 방법에 예학이 필수적임을 강조한다. 우주사업이란 우주 전체가 인륜질서를 바탕으로 안정과 평화를 성취하도록 실천하는 사업인데, 이는 인간이 인문을 성취하지 않으면 불가능한 것이다. 이러한 사고는 인간이 예를 체화함으로써 올바르고 세련된 인문을 성취하는 것이 진정 이 세상의 안정과 평화를 가져온다는 유학자적 신념이 작용한 것이기도 하지만, 그 신념은 오랜 세월 인간의 삶의 행태를 관찰하고 성찰한 데서 나온 것임에 틀림없다.

　그리고 여헌은 예학의 목적을 예 규범에 관한 지식의 확장이나 축적에 두지 않고 공부하는 당사자 존재의 식견과 안목을 높이는 질적 변화를 추구하는 데 두었다. 그 점이 「공중누각부」라는 글에 잘 담겨 있다.

　이렇게 본다면 그의 예학은 동시대 혹은 그 이후 시대 예학자들이 일반적으로 예서의 편찬과 예 규범의 논의에 치중하던 태도와는 달리 위기지학의 성취에 중점을 두었다는 점에서 중요한 차이를 보인다고 할 수 있다. 아울러 현대인에게도 예를 체화함으로써 이간의 삶을 추구하는 것이 복잡다단한 사회생활에서 개인의 진정한 안정과 평화를 가져오는 방법임을 일깨워 준다고 할 수 있다.

성리학적 가치의 공고화 : 국가재조를 향한 열망

박 학 래

1. 유학의 경세론과 조선 전기 경세론의 전개

1) 유학 경세론의 전개

유학은 흔히 '수기치인修己治人'의 학문이라고 한다. 개인의 도덕적 완성과 더불어 도덕적인 이상사회의 구현을 목표로 하는 유학의 논의에서 '치인'에 해당하는 경세적 논의는 매우 중요한 부분을 차지한다. '세상의 일을 잘 다스려 도탄에 빠진 백성을 구제하는 논의'로 요약되는 유학의 경세론에는 유학의 궁극적인 지향과 결부되어 세계와 인간에 대한 기본적인 이해가 바탕을 이루고 있다. 따라서 경세론은 유학이 지향하는 이상과 구체적인 현실이 만나는 지점에서 제시되는 이론이라 할 수 있다.

경세론은 일찍이 공맹孔孟으로부터 비롯되어 지속적으로 제시되어 왔다. 춘추시대 말기의 혼란을 극복하고 안정된 정치질서를 기약했던 공자孔子는 덕치德治와 예치禮治의 정치이념을 제시하였다. 그는 무엇보다 위정자의 도덕적 수범垂範과 이에 따른 감화感化를 강조하였으며, 도덕적 질서에 대한 자발적 준수를 지향하는 정치 방식을 지향하였다.

전국시대의 혼란을 마주한 맹자孟子는 힘에 의한 정치인 패도覇道와 대비되는 왕도정치王道政治의 이념을 제시하고, 특히 민생의 안정에 기초한 위정자의 도덕적 정당성을 강조하였다. 선진시대 유학의 현실적인 경세론은 유교가 지배이데올로기로 정립되는 한대漢代를 거치면서 경학經學의 이념적 지향과 결합되는 양상이 강화되었다.

송대에 접어들어 도학적道學的 경향의 정주程朱 계열 성리학자들은 도덕성의 근원과 그것의 현실적 체계에 대한 형이상학적 탐구 내용, 그리고 국가사회 운영원리로서의 경세론을 보다 정합적으로 결합함으로써 경세론이 가지는 이념적 근원성을 강화하였다. 나아가 그들은 본말론本末論, 체용론體用論, 도기론道器論 등 성리학에서 통용하는 논리를 적용하여 형이상학적 체계에 기반한 철학적 논의와 현실적인 국가사회 운영 논의를 결부시킴으로써 경세론의 근거와 그것의 현실적 적용을 체계화하였다. 이에 따라 세계와 인간에 대한 근원적 탐색이자 형이상학적 체계화의 결과인 리기심성론과 더불어 개인의 도덕적 완성과 사회적 확산으로 이어지는 수기론 및 경세론은 논리적 체계성을 이루게 되었고, 경세론은 성리학의 핵심적인 논의로 부각하였다.

2) 조선 전기 사림파의 경세론

정주 계열 성리학을 수용한 조선은 성리학적 정치이념에 기초하여 통치이념과 정치질서를 수립해 나갔다. 국가 경영의 기초로서 법전의 편찬이 조선 초부터 지속적으로 이루어졌으며, 유교적 정치이념을 뒷받침하는 경세적 논의도 주요 성리학자들에 의해 꾸준히 제시되었다. 정도전鄭道傳, 권근權近 등에 의해 주도된 이 시기의 경세적 논의는 주로 불교 비판에 주목하면서도 민본적 통치규범을 건립하고 유교적 통치체제 및 이념을 확립하는 데 집중하였다.

조선창업에 따른 혼란을 극복한 후 혁명론적 명분론을 지지하는 훈구파와 구분되는 사림파들이 서서히 중앙정계에 등장하면서 새롭게 강상론綱常論이 제기되었고, 이후 이들에 의해 주도되는 경세론이 더욱 부각되었다. 김종직金宗直을 위시하여 그의 문하에서 배출된 김굉필金宏弼, 정여창鄭汝昌 등은 무엇보다 유교의 강상윤리를 실천하는 것이 유학자의 본분이라고 여겼고, 특히 치인治人과 더불어 철저한 수기修己를 강조하였다. 이에 따라 성리학적 수기서인『소학小學』의 철저한 실천을 강조하는 공통점을 드러내기도 하였다.

그들의 지향은 사화士禍를 거치면서 일시적인 침체를 가져왔으나, 그들의 후예로서 중종반정中宗反正(1505) 이후 중앙정계를 주도한 조광조趙光祖를 위시한 기호사림들에 의해 사림파는 새로운 기회를 맞이하게 되었다. 당시 사림의 영수로 손꼽혔던 조광조는 정치의 이상을 유가 정통의 인정仁政과 왕도정치王道政治에 두었고, 도덕을 통한 이상정치를 실현하고자 하였다. 그는 이상정치는 무엇보다 군주가 현명해야 하고, 그러기 위해서는 군주가 스스로의 자질을 함양해야 한다고 생각하였다. 그래서 그는 경연經筵에서 도학을 숭상할 것(崇道學), 인심을 바르게 할 것(正人心), 성현을 본받을 것(法聖賢), 지치를 일으킬 것(興至治) 등을 강조하였다. 특히 그는 당시 군주인 중종에게 심법心法을 본받아 사욕을 억제하고 천리에 기초한 공명정대한 도학정치를 펼칠 것을 주장하였다.

전하께서 비록 부지런히 경연에 납시어 강론하기를 게을리 하지 않으신다 하더라도 정일精一하고 은미隱微한 의리에 대해서는 혹 생각이 미치지 못하기도 하고 계속 적공하는 노력도 때때로 끊어지는 때가 많아서, 정사를 처리함에 있어서 시비가

서로 혼란되는 근심이 있으며 뜻을 세움에 있어서도 굳세고 강한 의지가 적으십니다. 학문이 미진하고 치도가 서지 않는 것도 모두 이것 때문입니다.(『중종실록』 13년 6월 2일조)

조광조의 지치주의는 기묘사화己卯士禍(1519)를 거치면서 중단되었고, 당시 도덕적 우월성을 기반으로 정계를 주도했던 사림들은 향촌에 은거하면서 새로운 도약을 위한 준비에 들어가게 되었다. 그러다 선조대에 이르러 사림정치가 본격화되면서 사림의 경세 논의는 다시 역사의 전면에 나서게 되었다.

초기 사림파의 경세론은 사화기를 거치면서 일시적인 퇴보를 겪을 수밖에 없었다. 이에 초기 사림파에 의해 주도된 경세론의 문제점을 극복하고 본격적인 사림정치의 시작과 더불어 조선사회를 이끌어 갈 새로운 경세론이 퇴계退溪와 율곡栗谷 등에 의해 제시되었다.

퇴계는 17세의 어린 나이에 등극한 선조에게 「무진육조소戊辰六條疏」를 통해 ① 계통을 중시하여 인효仁孝를 온전하게 할 것(重繼統以全仁孝), ② 참간讒間을 막아 양궁兩宮을 친하게 할 것(杜讒間以親兩宮), ③ 성학聖學을 돈독하게 하여 정치의 근본을 세울 것(敦聖學以立治本), ④ 도술道術을 밝혀 인심人心을 바로잡을 것(明道術以正人心), ⑤ 복심腹心을 미루어 이목耳目을 통하게 할 것(推腹心以通耳目), ⑥ 수성修省을 정성스럽게 하여 하늘의 사랑을 이어받을 것(修省以承天愛) 등을 제시하였다. 특히 그는 왕도정치의 실현을 위한 성군의 자질 함양에 주목하였고, 이를 '성학聖學'으로 요약하여 강조하였다.

성학을 돈독하게 하여 정치의 근본을 세워야 합니다. 신이 듣건대 제왕의 학문은 그 심법心法의 요체가 위대한 순임금이 우임금에게 명한 말에 유래한다고 합니다. 그 말이란 "사람의 마음은 오직 위태롭고 도의 마음은 잘 드러나지 않으니, 오로지 정밀하게 살피고 한 가지 것에 집중하여 진실로 그 중中을 잡으라"라는 것입니다.

대저 천하를 전수함에 있어서 받는 사람으로 하여금 천하를 편안하게 하고자 함이니, 그 부탁하는 말이 정치에서 이보다 더 급한 것이 없을 것입니다. 순임금이 우임금에게 정녕 경계하여 고하는 말이 이 몇 마디에 불과하니, 어찌 학문을 쌓고 덕을 이루는 것으로써 정치의 큰 근본을 삼지 않겠습니까? 큰 근본이 서면 천하의 정치가 모두 여기에서 나오게 됩니다. 한 가지 것에 집중하는 것이 학문을 하는 큰 법입니다. 큰 법으로써 큰 근본을 세우면 천하의 정치는 다 이로부터 나오는 것입니다.(『퇴계집』 권6, 「戊辰六條疏」)

퇴계는 「무진육조소」에 이어 『성학십도聖學十圖』를 저술하여 선조에게 성군聖君이 되는 요령과 정치 경륜의 근원을 제시하였다. 그만큼 퇴계 경세론의 중심에는 군주의 도덕적 함양과 수범을 통한 논의가 자리하고 있었던 것이다.

한편, 퇴계와 더불어 이 시기 경세론을 주도한 인물은 율곡이다. 그는 조광조의 경세론을 계승하여 조선 중기 사림파의 경세관을 확립시킨 대표적인 경세가이다. 율곡의 경세론은 퇴계에 비해 상대적으로 논의의 내용이 풍부하고 보다 구체적이며, 포괄적이고 현실적이다. 율곡은 근본주의적 경향이 강한 조광조를 비판적으로 계승하여 시의에 적절한 융통성에 주목하였다. 그는 유학의 이상적인 정치의 핵심을 백성을 이롭게 하고 안정시키는 것에 있다고 여겼으며, 이것을 궁극의 기준으로 삼아 구체적 시책의 실행을 주장하였다.

율곡의 경세론은 기본적으로 군주의 수기를 바탕으로 한 도덕정치에 입각한 것이었다. 그래서 그는 이상적인 정치를 실현하는 주체로서 군주의 위치와 역할, 그리고 책임을 강조하였으며, 군주가 허기종선虛己從善하여 현자로 하여금 자기의 능력을 다할 수 있도록 만들었을 때 이상적인 통치가 실현된다고 보았다. 특히 그는 군주의 수기의 근본으로 교기질矯氣質을 내세웠다.

가만히 생각건대, 제왕의 학문은 기질氣質을 바꾸는 것보다 절실한 것이 없고, 제왕의 정치는 정성을 다해 어진 이를 등용하는 것보다 우선하는 것이 없을 것입니다. 기질을 바꾸는 데에는 병을 살펴 약을 쓰는 것이 성과를 거두고, 정성을 미루어 어진 이를 쓰는 데에는 상하上下가 틈이 없는 것이 좋은 결과를 얻습니다. 삼가 뵈옵건대, 전하께서는 누구보다도 총명하고 지혜로우시며 천성적으로 효도와 우애와 공손과 검소함을 지니셨습니다. 성색聲色과 이욕利欲은 뿌리부터 싹 끊어졌으니, 역사상 견줄 만한 이가 드뭅니다. 이것이 신이 황극皇極에 마음을 두고 왕궁(紫闥)에 정情을 걸고서, 참다운 덕을 성취하시어 삼황三皇·오제五帝를 따르시는 것을 보고자 하는 이유입니다.(『율곡전서』 권19, 「聖學輯要」 1, '進箚')

율곡 경세론의 특징으로 주목되는 것은 '무실務實'과 '경장更張'이다. 그가 제시한 '무실'은 제시한 이상적인 정치이념을 말이 아닌 실제 행동으로 옮겨야 함을 강조한 것이며, '경장'은 이상을 실현하기 위해 현실적인 폐단을 고쳐야 함을 지적한 것이다.

무엇보다 율곡의 경제적 논의는 백성에게 실제적인 이익을 줌으로써 실현되는 것이라는 것이 기본적인 축을 이룬다. 이러한 측면에서 그는 정책 결정은 백성에게 실제적으로 이익이 되는가를 기준으로 해야 한다고 강조하였으며, 유가의 이상정치인 보민保民·안민安民의 정치를 실현하기 위해서는 앞서 무실이 전제되어야 한다고 보았다. 그리고 이것의 실질적인 효과를 위해 혁명적인 변화가 아닌 시의적절한 계책의 점차적 시행, 즉 '경장'이 이루어져야 함을 분명히 하였다.

경장의 근거로서 '시의時宜'를 강조한 율곡의 생각 이면에는 당시의 법이나 제도에 문제가 있음이 전제되어 있었다. 이러한 측면에서 그는 현실적인 문제의 해결을 위해서는 무엇보다 시대 인식이 적실해야 함을 지적한다. 그래서 그는 시대의 책무(時務)를 크게 '창업創業', '수성守成', '경장'의 세 시기로 나누어, 당시를 '중쇠기中衰期'로 규정하였다. 즉 창업기에 건설한 정치제도와 수성기에 이룩한 국가운영의 방식들이 적실성을 잃어버렸기 때문에 이제 새롭게 개혁해야 한다고 보았던 것이다. 그만큼 율곡은 시대에 대한 명확한 인식 위에서 시의를 근거로 한 경장의 불가피성을 역설함으로써 이상정치의 실현을 위한 실제적인 실천을 강조하였던 것이다.

2. 여헌의 시대인식과 정치적 위상

여헌旅軒 장현광張顯光이 활동했던 시기는 16세기 중반부터 17세기 초반에 해당된다. 정치적으로는 사림이 중앙정계를 장악한 이후 정치세력 간의 대립과 갈등이 뚜렷해지기 시작하고, 학문적으로는 퇴계와 율곡을 정점으로 한 조선성리학이 특징적인 면모를 보이던 전성기를 지나 새로운 활로를 모색하던 시기라 할 수 있다. 이 시기에는 양반관료 사이의 정치적 갈등으로 인해 지배세력 내부는 대립과 분열을 반복하고 있었고 거듭된 전란(왜란과 호란)에 따른 사회경제 구조의 변화로 인해 지배질서 체제는 무너져 가고 있었는데, 특히 전란으로 인한 총체적 위기는 사대부를 위시한 집권세력으로 하여금 국가 및 사회 체제의 정비와 안정을 역사적 급선무로 인식하게 했다.

이러한 시대적·사회적 격변기 속에서 여헌은 주로 향촌에서 산림처사로서 학문연찬과 강학활동에 주력하면서 학문적·정치적 입장을 형성하였다. 크고 작은 관직이 제수된 것이 37회에 이르지만, 실제로 취임한 것은 선조 대에 외직인 보은報恩현감과 의성義城현령을 맡아 재직한 6개월과, 인조 대에 사헌부장령司憲府掌令, 형조참판 등 내직을 잠시 맡은 100여 일에 불과하였다. 그러나 여헌은 인조반정 이후 영남사림을 대표하는 '산림山林'으로 지목되어 수십 차례 비중 있는 관직을 제수받는 등 작지 않은 정치적 위치를 차지하고 있었다. 인조반정 초기 정권의 안정을 위해 광범한 지지세력을 확보할 필요가 있었던 서인西人들이 왕위계승의 정당성 확보와 지지세력의 확산을 위해 산림을 징소徵召하면서 영남남인을 대표하는 인물로 여헌을 지목한 것은, 그만큼 그가 학덕과 명망이 있는 학자임을 입증하는 것이라 할 수 있다. 아울러 산림을 등용하여 산림의 영향력 아래에 있는 학자와 문인들을 정권의 우호세력으로 확보하고자 하는 정치적 실리를 고려할 때 여헌의 정치적 비중은 상당하였다고 할 수 있다. 실제로 여헌의 문인록에 등재된 170여 명의 학자들 중 문과급제자가 29명에 이르고 당상관 이상의 관직에 오른 사람이 14명에 달할 정도로 그의 문하는 성대하였다.

여헌의 전 생애에서 관직에 취임한 때는 선조 대와 인조 대로 한정된다. 그리고 구체적인 정치적 식견을 확인할 수 있는 때는 산림으로 징소되어 중앙정계에서 활동하던 인조 대에 집중된다. 여헌은 왕성한 활동을 펼칠 수 있는 중장년기에 해당하는 광해군 대에 학문 연구에 침잠하여 산림처사로서 일관하였다. 그런 그의 행적은 대북정권 일색의 정치운영에 기인하는 측면도 있지만, 광해군 대에 빚어진 인목대비에 대한 폐모론 등 비도덕적인 일련의 정치적 상황에 대한 부정적 입장 때문이었다. 그가 광해군 대를 도덕적인 측면에서 부정적으로 평가했다는 것은 인조에게 올린 다음 글을 통해 확인할 수 있다.

백주白晝에도 깜깜하여 요기妖氣가 가득하고 시랑豺狼과 호랑이가 길에서 사람을 잡아먹고 여우와 이리가 큰 도시에서 난무하여 윤리가 무너지고 강상綱常이 모두 실추되었습니다. 도탄의 화가 혹독하고 인심이 이미 이반하여 음과 양의 순서가 뒤바뀌고 천명이 이미 떠나가서, 수백 년의 사직이 장차 며칠 못 되어 망할 것 같았습니다.(『旅軒先生文集』 권2, 「告歸進言疏」)

반면, 인조 대에 접어들면서 여헌은 적극적으로 관직에 취임하고자 하지는 않았지만 인조반정과 당시 정권에 대해 비교적 긍정적인 입장으로 일관했다. 그는 인조반정에 대해 "나라를 바로잡고 난亂을 바로잡아 반정反正하여 천지를 되돌리는 큰 공을 세우시고 윤리강상을 붙들어서 전인前人들을 빛내고 후인後人들을 열어 주는 큰 공업功業"(『旅軒先生文集』 권1, 「辭掌令疏」)이라고 극찬하였다. 그리고 이괄李适의 난(1624)이 일어났을 때에는 공주로 피신한 인조를 직접 찾아가고자 했을 정도로 인조 정권에 대해 호의적이었다. 또 정묘호란 때에는 영남호소사嶺南號召使에 임명되어 의병을 규합하고 군량을 모으는 데 일익을 담당하였고, 병자호란 때에도 인조가 남한산성으로 피신했다는 소식을 듣고 의병을 도모하기도 하였다. 이렇듯 산림으로 징소된 여헌은 인조의 기대를 한 몸에 받고 사림의 종장宗匠으로서 현실정치권에서 적지 않은 영향력을 발휘하면서 적극적인 정치적 태도를 보여 주었다.

그러나 인조 대에 접어들어 산림으로 등용되고 긍정적인 태도를 보였다고 해서 여헌이 인조 대의 정치적 상황 전반을 긍정적으로 평가한 것은 아니었다. 인조 대 초반은 전란으로 인한 사회경제적 혼란과 계속된 지배세력 간의 갈등으로 인해 정치적 난국이 이어졌던 만큼, 그는 당시 정국을 위기 상황으로 인식했고 당시 집권세력의 정치운영에 대해 비판적이었다. 그래서 그는 인조반정 이후 새로운 정치에 대한 기대가 있었지만 거듭된 정치적 혼란으로 인해 민심이 이반되어 있다고 진단하고, 구체적으로 토지제도, 부세제도, 풍속의 해이를 거론하며 "토지를 헤아려 세금을 부과하는 정사를 잘못하였고, 말세에 백성들의 풍속이

날로 나빠지고 있다"(『旅軒先生續集』 권2, 「擬疏」)라고 지적하였다. 그리고 이러한 정국 난맥상이 발생하게 된 원인은 다름 아니라 "사람들의 마음에 원망을 살만한 잘못된 정사와 나쁜 명령이 있었기 때문"(『旅軒先生文集』 권2, 「告歸進言疏」)이라고 진단하였다. 혼란의 원인으로 잘못된 정사와 나쁜 명령을 거론한 것은 지배세력의 정치적 실정失政을 지적한 것으로서, 결국 당시 현실의 혼란과 실정의 원인이 집권세력 내부에 있음을 비판하는 것이라 할 수 있다.

여헌은 당시 정국의 혼란에 대해 "도적이 도적이 된 것은 비록 그들이 흉악해서이기도 하지만 이를 초래하게 한 것은 위에서 반드시 실정失政이 있었기 때문"(『旅軒先生文集』 권1, 「辭執義疏」)이라 하여 집권세력의 정치운영 행태를 비판하고, 그 여파가 인심의 불안으로 이어짐을 우려하였다. 그래서 그는 역적을 제거하고(去賊) 도둑을 금지시켜야 함(止寇)을 전제하고, 그 방법으로 성리학적 경세론에 입각한 도덕적 치화를 역설하였다. "역적을 제거하는 근본은 덕을 닦음(修德)에 있고 도둑을 금지하는 요점은 백성을 편안하게 함(安民)에 있으니, 덕이 닦여지면 역적이 저절로 나오지 않고 백성이 편안하면 도둑이 저절로 일어나지 않는다"(『旅軒先生文集』 권1, 「辭執義疏」)라고 하여 수기치인의 논리에 따라 도덕주의적 관점에서 정국을 운영해 갈 것을 제시한 것이다. 그리고 수덕과 안민의 방법은 고원하지 않지 않고 이간易簡함을 강조하여, 공손하고 검소함을 숭상하여 부화를 절제하고(尙恭儉而節浮華) 덕화를 돈독히 하여 형벌과 살인을 줄이며(敦德化而省刑殺) 간략하고 고요함에 힘써 번거로움과 소요를 그치는(務簡淨而止煩擾) 것이 정치의 요체임을 역설하였다.

공신세력과 비공신세력 간의 갈등과 대립, 그리고 이로 인해 파급된 민심의 이반 등 당시의 국가적 위기 상황은 전란 이후 지속된 정치·사회·

경제적 혼란의 연장이었다고 할 수 있다. 따라서 국가의 현안 문제를 극복하는 길은 국가체제의 재정립이라는 근본적인 측면에서 해결해야 한다는 것이 여헌의 기본적인 입장이었다. 그는 도덕주의적 측면에 기반한 현실타개책을 제시하여, 국가지배질서 체제의 중심을 국왕을 정점으로 한 집권세력에 두고 이들의 도덕적 반성, 사대부의 조화와 통일, 그리고 교화를 통한 민심안정에 역점을 두었다. 인심人心과 세도世道를 바로잡는 도리는 성군聖君과 현상賢相이 능히 하는 데 달려 있고, 의리로써 일을 제재하고 덕으로써 정사를 베풀면 기강이 확립되고 조정이 존중될 것이라는 그의 경세적인 생각은, 성리학적 지배질서의 안정과 강화를 위해서는 무엇보다도 집권세력의 도덕성이 우선되어야 함을 제기한 것이라 할 수 있다.

3. 도덕질서 회복을 위한 여헌의 경세론

1) 건극론의 전개

성리학에서 군주는 도덕적인 이상을 현실에 실현하기 위해 끊임없는 자기수양을 요구받는다. 천하의 모든 일은 군주에 근본하고, 군주의 몸은 군주의 마음에 근본하고 있으며, 군주의 마음이 올바르면 천하의 모든 일들은 모두 올바르게 돌아갈 것이라고 보는 것이 성리학적 군주론이라 할 수 있다. 또한 군주의 도덕적 완성이 백성을 다스리고 교화하는 바탕을 이루는 것이기 때문에 이상적인 정치는 권력에 의한 것이 아니라 모든 사람들의 도덕성에 기반을 두고 자발적으로 이루어져야 한다고 보는 것이 이상적인 정치로 이해되었다고 하겠다. 이러한 성리학적 정치관은 조선에서 퇴계와 율곡에 의해 성학군주론으로 체계화되었고, 군주의 도덕적 완성은 경세론에서 중심적 위치를 차지하게 되었다.

여헌도 성학군주론을 계승하여 군주의 도덕적 각성과 덕치주의를 강조하였다. 그는 "조정과 사림의 근본은 모두 전하의 한 몸에 달려 있고, 전하의 몸은 실로 전하의 마음에 달려 있으니, 이는 전하께서 스스로 반성하심에 달려 있을 뿐"(『旅軒先生續集』권2, 「擬疏」)이라고 하여 군주를 정점으로 한 체계 내에서 군주의 수신을 강조하였다. 그리고 군주가 국정 운영의 정점임을 내세워, 인조 대 초반의 정치적 혼란을 극복하는 방안으로 '건극론建極論'을 제시하였다. 물론 건극론을 제시한 이가 여헌만은 아니다. 인조 당시 특진관이었던 윤방도 제왕의 제1의가 황극이라 하여, 황극을 세우는 것(建極)으로써 준칙을 삼을 것을 제안하였다. 하지만 당시 경세적 논의에서 건극론을 주도적으로 이끌어 나간 학자는 여헌이 도드라진다.

건극론에서 제시되는 극極은 황극皇極을 지칭한다. 황극은 홍범구주 중에서 가장 핵심되는 사상으로, 왕도정치 즉 도덕적 이상정치를 실현하는 최고의 표준 내지 모범을 의미한다. 그리고 이러한 건극론의 근거인 『서경書經』의 「주서周書」 홍범洪範에 대한 이해는 정치관의 경학적 근거를 확인하면서 동시에 도덕정치의 근간을 제시한다는 면에서 의의가 있다. 전통적으로 왕도정치의 모범으로 제시되어 온 황극사상을 통해 도덕정치론을 제안하고 있기 때문이다.

여헌은 역사적으로 황皇·제帝·왕王이라는 칭호는 모두 하늘의 뜻을 이어 극을 세우는 것이라고 파악한다. 극은 도의 대중지정한 표준인데 오직 하늘을 대신하여 천하를 주관하는 자만이 이 마음을 얻어 몸소 실천할 수 있으며, 이 극을 세운 뒤에 비로소 억조가 그를 표준으로

삼아 모두 극의 중을 따르게 된다는 뜻으로 이해한다. 비록 역사적·시대
적 상황은 다를지라도 군주가 하늘의 뜻을 잇고 극을 세우는 도는
모두 같다는 것이다.

그는 이것을 마음과 몸의 관계에 비유하여, 마음은 한 몸의 군君이고
군君이란 건극 즉 표준을 세움을 이르는 것이라 이해한다. 하나의 몸에
있는 내외 기관과 크고 작은 쓰임은 모두 심군心君에 관계되기 때문에,
표준(極)이 서면 그 아래가 모두 그 도를 받들게 되고 표준이 서지 못하면
그 아래가 모두 그 직분을 잃게 되니 이로써 몸의 안위가 판가름 난다는
것이다. 나아가 그는 국가를 다스리는 것을 마음에 비유하여, 마음이
극을 잃어서 게으르고 방사放肆하면 결국에는 심한 병에 걸려 치료할
방도가 없다고 하면서 국가의 다스림도 같은 이치임을 강조한다. 결국
몸에 있어 마음이 주재하는 것과 마찬가지로 국가에서 군주도 몸에서의
마음과 같다는 것이다.

> 마음은 한 몸의 군주가 되고 몸의 안팎의 모든 신체는 한 마음의 신민이 되니,
> 그런즉 인군은 온 나라 신민의 마음이 되는 것이요 온 나라의 신민은 바로 인군의
> 모든 신체가 되는 것입니다. 마음의 극이 세워지느냐 세워지지 못하느냐에 따라서
> 모든 신체가 순하느냐 순하지 못하느냐가 결정되는 것입니다. 그러므로 신하와
> 백성에게 도가 있고 훌륭한 행실이 있고 지킴이 있는가를 살펴보면 임금이 극을
> 세웠느냐 세우지 못했느냐를 알 수 있습니다.(『旅軒先生文集』 권2, 「告歸進言疏」)

몸에 있어 마음이 군주가 되고 사지백체가 마음의 신민인 것처럼,
군주는 신민의 마음이 되고 신민은 군주의 신체가 된다는 것이다. 따라서
마음에 따라 신체가 순順과 불순不順이 결정되듯이 신민의 모습을 보면
군주가 극을 세웠는가 여부를 확인할 수 있다는 것이다.

이어 그는 건극의 방법으로 '자신의 본성을 다하여 사람들에게 표준이

되게 하는 것'(『旅軒先生文集』 권2, 「告歸進言疏」)을 역설한다. 그리고 자기의 본성을 다하는 순서의 조목을 ① 학문을 성취하는 것, ② 행실을 닦는 것, ③ 도를 완성하는 것, ④ 덕을 순수하게 하는 것으로 요약하여 제시한다. 덕은 도가 이루어짐에 따라 순수해지고, 도는 행실이 닦여짐에 따라 이루어지고, 행실은 학문이 성취됨에 따라 닦여진다고 보아 학문의 중요성을 강화한다. 이것은 당시 사림에 의해 강조된 '성학교육의 강화' 논의를 건극론을 통해 제시한 것으로 파악할 수 있으며, 군주에게 도덕적 완성을 위한 학문을 탐구를 강화하여 정치와 학문의 일체성을 제시한 것이라 할 수 있다.

군주의 학문적 성취는 인간의 타고난 도덕적 본성의 확인과 실현에 맞추어지는 것이고, 이를 통해 한 몸의 도덕적 완성과 국가적 안정, 나아가 우주적 진리의 체인이 가능하다고 보는 것이 여헌의 입장이다. 그래서 그는 나라와 천하를 치평하는 큰 사업과 천지가 제자리를 정하고 만물이 길러지는 지극한 공부가 모두 건극에 있다고 보았다.

또한, 여헌은 건극지도建極之道에 대해 체용론體用論을 전개하여, 건극의 체體는 마음과 몸에서 벗어나지 않는 것이고 용用은 인재를 등용하고 정사를 내는 것이라고 규정하였다. 건극의 체는 군주 자신의 수신적인 측면에 해당하고, 건극의 용은 군주가 실제 정치를 시행하면서 인재의 등용과 정사를 펼치는 것이라고 파악하였다. 그는 건극의 용에 있어서의 선악善惡의 구별, 정사政事의 시행에 있어서의 시비是非의 분별을 분명히 할 것을 제시하고, 이것이 이루어질 때 사람들이 복종할 것임을 강조한다. 그러면서도 그는 군주가 "극의 체를 세우면 두 가지의 용이 자연히 바로잡히지 않음이 없을 것"(『旅軒先生文集』 권2, 「告歸進言疏」)이라고 하여 체용론을 통한 군주의 수신을 강화하였다. 결국 체용론의 중심은 극을 벗어나지 않는 것으로, 군주의 도덕적 완성이 곧 모든 것을 총괄한다고 보는 것이다.

그는 군주의 덕업 중 제1등의 도리가 건극의 극이라고 하고, 지극히 진실되고(至眞) 지극히 착하고(至善) 지극히 중하고(極中) 지극히 바른 것(極正)이 바로 극이라고 규정한다. 이러한 극은 소이연으로서 인간에게 부여된 본연의 덕성이다. 그래서 그는 우주와 인물을 관통하는 원리를 완성하는 것 즉 성즉리의 명제에 입각하여, 우주사업이 곧 도덕사업이고 그것의 요체가 군주의 도덕적 완성에 있다고 보는 것이다.

군주의 내면적 도덕의 완성을 강조하는 여헌의 이러한 군주수신론은 입지立志 → 구현求賢 → 위임委任의 논리로 구성되는 사림의 성학 논의와 궤를 같이하는 방향으로 전개된다. 이러한 측면에서 여헌은 인조에게 보낸 의차에서 연강筵講(경연에서 강함), 성지수원대聖志須遠大(성상의 뜻을 원대하게 하여야 함), 인재재작성人才在作成(인재를 양성함에 달려 있음), 용언수명단用言須明斷(남의 말을 받아들이되 모름지기 분명하고 결단성이 있어야 함), 분이分異(분별하여 달리함)를 제시하기도 했다. 그는 뜻이 낮으면 도가 낮아지고, 도가 낮아지면 정치와 사업이 낮아지고 나아가 백성이 복종하지 않을 것임을 거론하여, 입지의 신중함과 중요성을 강조한다. 또한 그는 언관言官의 말에 귀 기울일 것과 신하들의 귀합된 의론에 대해 따를 것을 강조하고 군신관계가 원만해야 함을 주장하였다. 극이 극이 되는 이유가 여러 선을 모아 하나가 되기 때문이라고 하면서, 군주가 천하의 선을 거두어 자기 선으로 만든 뒤에야 비로소 천하의 선을 다하여 도가 완전해지고 덕이 구비된다고 하여, 건극의 도에 가장 긴요한 것이 용언用言임을 천명한다.

결국 건극론을 통한 군주의 도덕수신론을 강조하는 여헌의 입장은 경세의 근본을 수기에 두는 성리학적 논의를 바탕으로 군주 권한의 자의적恣意的 행사를 방지하려는 의도라 할 수 있을 것이다. 도덕적인 명분론을 바탕으로 하여 군왕을 정점으로 하는 위계적인 질서를 전제하고, 군주의 교화를 통해 덕치를 실현하고자 하였다고 하겠다.

2) 조정의 화합과 사론의 통일

인조 대는 광해군 대 북인세력의 독단적인 정국 운영에 불만을 품은 서인세력이 반정을 통해 정국의 주도권을 장악한 시기였다. 광해군 대가 정치세력 간의 균형적 조화보다는 북인세력 중심으로 정국이 운영되면서 '서인이 이를 갈고 남인이 원망을 품는 상황'이었다면, 인조 대는 반정공신을 중심으로 한 서인세력이 정국의 주도권을 장악한 가운데 부분적으로 남인을 등용하는 형국이었다.

여헌은 당시의 정치 상황에 대해, 조정이 분열되어 서로 사양하는 도리가 없고 사림이 대치하여 하나로 돌아가는 의가 없다고 지적하였다. 이러한 그의 언급은 당시 조정과 사림이 조화를 이루지 못하고 있음을 지적하는 것이다. 그래서 그는, 조정은 국가의 대본이고 사림은 국가의 원기이기 때문에 집권세력 내부의 갈등과 반목은 필시 화를 부르게 될 것이라고 보았다. "고금과 천하에 조정이 화합하지 못하고서 국가가 국가다운 국가가 되거나 사론이 통일되지 못하고서 교화가 교화답게 행해진 적은 있지 않았다"(『旅軒先生文集』 권3, 「謝賜藥物疏」)라고 하면서, 조정의 화합의 필요성에 대해 그는 다음과 같이 말한다.

조정에 아름답게 서로 사양하는 미덕이 있은 뒤에야 함께 공경하고 서로 공손히 하는 교화가 사방에 도달되고, 사림이 화합하여 하나로 돌아가는 도가 있은 뒤라야

정대正大하고 공공公共한 의義로써 국맥國脈을 유지할 수 있는 것입니다.(『旅軒先生續集』권2, 「擬疏」)

집권세력 내부의 조화가 전제되어야 교화가 국가 전체에 미치고, 사림이 화합해야 국가의 명맥을 유지할 수 있다는 것이다. 조정이 화합하지 못하고 사림이 서로 의심하면 국가가 다스려지지 않고 변고를 부르며 괴이함을 이루기 때문에 우선시되지 않을 수 없다는 것이다. 국가와 조정이 제자리를 잡는 것은 단지 그 자체로서 의미가 있는 것이 아니라 천지와 우주와 관계되는 것이고, 그 영향은 결국 백성에게 돌아감을 여헌은 역설하였다.

인조 대는 아직 서인과 남인 사이에 이질성보다는 사림으로서의 동질성이 자리 잡고 있었다. 인조의 아버지인 정원군의 추존 문제가 불거졌을 때 서인 산림인 김장생을 비롯하여 남인의 산림이었던 여헌과 정경세도 모두 반대 입장을 피력하였고, 또 송시열과 송준길이 젊은 시절에 인동의 여헌을 찾아간 사실이 있었다는 것은, 이때까지는 아직 학파나 정치세력 간의 분열이 심화되지 않았음을 보여 준다고 할 수 있다. 비록 당색에 따라 인조 대에 대북세력이 중앙정계에서 이탈되었지만, 사림이라는 보다 넓은 범주가 우선시되었음을 보여 준다고 할 수 있다.

아직 대립의 면이 뚜렷하지 않았다고 전제할 때, 그의 언급은 정치세력 간의 대립보다는 사림이라는 큰 범주에서 집권세력의 화합을 염두에 둔 것이라 할 수 있다. 특히 인조 대 초반, 계속된 모역사건은 국가의 위난으로 이어질 수 있다는 우려에서 여헌이 지적한 사림의 통일은 집권세력 내부의 보합과 조정이 필요함을 역설한 것으로 파악할 수 있다.

하지만 여헌이 무조건적인 조정의 화합과 사림의 통일을 강조한 것은 아니다. 그는 어디까지나 성리학적 가치의 실현을 위해 뚜렷한 가치적 정향과 원칙을 통해 조정의 화합과 사림의 통일을 역설하였다. 특정한 정치세력에 권력이 집중되는 현상이나 원칙에 어긋난 시책에 대해서는 정론적 비판을 감행하였다. 실례로 그는 인조 초기 반정공신들이 인사人事에서 전조銓曹를 거치지 않고 권한을 행사하는 것에 대해 우려감을 표시하면서 인사에 있어서의 공적인 절차를 주장하였다. 당시 공신세력의 주도로 이루어지는 인사가 사림의 분열을 초래할 수 있다고 본 것이다.

조정의 화합과 사림의 통일을 역설한 그의 정국운영 방향은 집권세력 간의 갈등을 일시적으로 봉합하는 수준에 그치는 것이 아니었다. 그는 선악善惡, 사정邪正, 시비是非를 철저히 구별할 것을 강조하였다. 양시양비론적兩是兩非論的인 입장을 지양하여 뚜렷한 분별을 통해 정치의 상도常道와 정리定理를 확립하고자 하는 것이다. 이때 상도와 정리는 다름 아닌 인간에게 고유한 본성과 사물의 당연한 법칙이다.

조정과 사림의 불화와 갈등의 조정과 통일은 그 근본이 군주에게 달려 있다고 보는 것이 여헌의 입장이다. 그렇지만 현실적으로 군주만으로는 정치를 수행해 나갈 수 없다. 따라서 그는 "나라의 군주에게 반드시 좌우에서 보필하는 신하와 안팎에서 임무를 맡은 육관六官과 백사百司가 있어서 각각 그 직책을 수행한 뒤에야 치평治平의 사업을 이루고 군주의 도리를 다하는 것"(『旅軒先生文集』권6, 「心說」)이라 하여, 치평을 이루기 위해서는 군주 못지않게 신하의 역할도 필수적이고 중대함을 지적하였다. 그리하여 그는 군주와 신하가 각자에게 부여된 소임에 진력할 것을 강조하여, 군주에게는 '삼불망三不忘', 신하에게는 '삼망三

忘'을 각각 제시한다. 군주가 갖추어야 '삼불망'은 ① 위태로움을 잊지 않고(不忘危) ② 혼란함을 잊지 않고(不忘亂) ③ 망함을 잊지 않는 것(不忘亡)이며, 이 삼불망이 이루어진 뒤에야 군주의 도리를 다할 수 있다는 것이다. 그리고 신하는 '삼망'해야 하는데, ① 자기 몸을 잊고(忘身) ② 자기 집을 잊고(忘家) ③ 사사로움을 잊는(忘私) 것이 그것이라는 것이다. 군주가 이 세 가지를 잊으면 '마음이 성실해지고 몸에 공경하며' '일에 바름이 있으며' '정사에 공정해지고', 신하가 세 가지를 잊으면 '군주를 사랑함에 충성하고' '나라를 보필함에 직책을 다하고' '공무를 수행함에 진력하게 된다'는 것이다. 그는 군주를 머리, 신하를 이목耳目과 고굉股肱에 비유하여, 신하가 군주의 이목과 고굉이 되어 각자에게 맡겨진 일에 충실하지 못하고 사사로움에 얽매이게 되면 내수외양의 사업을 세울 수 없다고 주장하였다.

조정의 화합과 사론의 통일을 강조한 여헌의 생각은 기본적으로 신하를 군주와 함께 정치를 책임지는 존재로 위치지우는 것이라 할 수 있다. 당시 지배세력 내부의 갈등이 국가적 변란으로 이어지는 상황 하에서 지배계급 간의 보합補合을 통해 국정의 안정을 기하려는 의도인 것이다. 그리고 그 근저에는 도덕적인 군신관계가 자리하고 있다고 하겠다.

3) 향약의 시행과 향촌 질서 회복

일상생활에서의 인륜 실천을 강조한 여헌이 전란을 거치면서 주목했던 것은 성리학적 가치질서의 이완과 이에 따른 윤리강상의 추락이었다. 도덕적 실천을 통해 우주사업을 기약했던 그가 목도한 전란의 모습은 왜적倭敵에 의해 자행된 무자비한 살상과 파괴, 그리고 전란을 이용해

빚어졌던 지배층과 백성들의 온갖 비행들이었다. 그리고 이러한 참혹한 현실은 성리학적 도덕 가치의 추락에 인한 것이라 판단했던 것이다. 그래서 그는 "난리를 겪은 뒤에 사람들이 떳떳한 성품을 잃어 고을에 옛 풍속이 사라졌다"(『여헌선생문집』권4, 「諭鄕所文」)라고 개탄하였고, 향촌사회 질서의 재건에 주목하였다. 전란의 와중에 보은현감報恩縣監으로 재직하면서 그가 무엇보다 먼저 중점을 두어 시행한 것은 향약鄕約이었다. 전란으로 인해 추락한 민심을 수습하고 향촌사회의 질서를 안정화시키고자 한 그의 생각이 향약으로 구체화된 것이다.

특히 그는 향약 실시를 강조하면서 향소鄕所와 서원書院, 그리고 관내 유사들에게 유교적인 덕목을 강조하는 글을 내려 보내 향촌 교화에 역점을 두었다. 이는 곧 성리학적인 교화를 통해 무너진 사회질서를 회복하고 인륜과 기강을 확립하는 것이 무엇보다 시급하고 효과적이라고 판단한 것이다. 전란 이후 여헌은 향약의 시행뿐만 아니라 선대에 시행되었던 족계族契를 중수하는 데에도 관심을 기울였다. 이는 문중門中과 친인척 간의 상호 친목과 부조扶助체계를 강화하는 것은 물론, 이들 간의 상호관계를 성리학적인 덕목으로 규제하여 향중 사림에게까지 확대하려는 것이었다. 이렇듯 여헌은 무너진 사회질서체제를 회복하기 위해서는 향촌사회에서 인륜과 기강을 확립하는 것이 무엇보다 시급하고 효과적이라 파악하였다.

이러한 여헌의 생각은 인조반정仁祖反正 이후의 안정적인 국정 운영에 대한 생각에서도 여실하게 드러난다. 광해군 대에 접어들어 출사에 대한 생각을 전혀 하지 않았던 여헌은 인조반정 이후 영남을 대표하는 산림으로 지목되어 중앙정계로 나아가게 되면서부터 본격적으로 경세적인 입장을 제시하였다. 이때 제시된 여러 경세적 입장 가운데 여헌은 특히 향약의 교화적인 측면에 주목하여 향약을 통한 자발적인 윤리도덕의 실현을 강조하였으며, 향약의 전국적인 시행을 역설하였다. 즉 그는 교화를 통한 윤리강상의 자발적인 실천이 전란 이후 국정 혼란에 따라 초래된 피폐한 민심을 돌이키고 안정적인 국정 운영을 수행하는 데 기여할 것이라 판단한 것이다. 그래서 그는 인조에게 바치는 글에서 다음과 같이 역설하였다.

> 지금 만약 향약을 시행하신다면 시무時務에 가장 적절하리라 여겨집니다. 전하께서 반정反正하신 뒤에 전후의 정령政令과 크고 작은 조목들을 거행하지 않음이 없으신 듯하오나, 오직 교화의 정사政事에 있어서는 한 번도 미침이 없으시니 이는 지금 크게 흠이 되고 부족한 바입니다.…… 다른 일은 늦추어 두시고 먼저 향약을 시행하시어 백성들로 하여금 덕의德義를 숭상하지 않을 수 없고 염치廉恥에 힘쓰지 않을 수 없다는 것을 알게 하시고, 또 어버이를 사랑하고 어른을 공경하며 군주에게 충성하고 나라에 보답하며 선善을 좋아하고 악惡을 미워하는 마음이 흥기하게 하소서. 그리하여 백성들의 마음이 다소 진정되고 생업이 차츰 이루어지기를 기다리십시오.(『여헌선생속집』 권8, 「丙寅趨朝錄」)

여헌은 민심의 이반을 수습하는 첩경이 백성들의 도덕성 회복과 이에 따른 사회기강의 확립이라고 파악하고, 이를 위한 시책으로 향약을 제안하고 있다. 그리고 그는 현안 타개의 중심을 인륜도덕의 회복에 두고, 이에 입각한 사회질서의 재건을 통해 국가 정책의 효율적 집행을 진행하고자 하였다. 민심의 안정과 백성들의 생업이 전제되지 않고서는 국가 정책의 집행이 이루어질 수 없음을 천명하면서, 도덕적 기풍의 진작을 우선시하는 입장을 취하였다.

이러한 점에서 여헌이 제안하는 향약은 무엇보다 교화의 측면이 두드러진다. 그는 포산苞山(현재의 대구시 달성군 현풍면)의 향약鄕約이 그 첫머리에 학규學規를 둔 것에 주목하여 그것을 긍정적으로 평가하는 입장을 취하였다. 향약과 학규의 결합을 기초로 향약을 실시하는 것을 긍정적으로 평가한 여헌의 이러한 태도는 향약이 가지는 교화의 측면에 주목한 것이다. 그리고 이러한 그의 입장은 이후 그의 문인들에게 계승되었다. 그의 제자 신달도申達道(1576~1631)는 전주판윤으로 부임하면서 포산향약의 교화 중시 경향을 계승하여 학교조직을 기초로 향약을 실시하였으며, 이를 통해 강학의 이념을 향약이라는 실천운동을 통해 현실화하고자 하였다.

향약을 통해 향촌사회 질서를 재건하려는 여헌과 그의 문인들의 노력은 17세기 이전의 향약과 차별화되는 면모를 드러내었다. 즉 이전 시기의 향약이 주로 향회鄕會를 중심으로 결집하여 수령권을 견제하고 자치적인 기반을 확보하고자 한 데 비해, 여헌이 의도한 향약은 전란 이후 무너진 사회질서를 회복하고 지배질서체제를 재구축하기 위한 기본 방안으로서 수령에 의해 집행되는 조치에 대해 향민들의 자발적인 협조를 이끌어 내고자 하는 측면이 다분하였다. 물론 앞서 지적한 바와 같이 도덕적 교화의 측면에서 향약을 시행하고자 하는 의도가 두드러졌지만, 이것 또한 수령에 의해 주도되는 향약의 시행을 통해 향촌사회에 대한 국가의 지배력을 강화하면서 동시에 국가 정책에 대한 향민들의 자발적인 협조를 이끌어 내는 방안으로 기능하게 하고자 한 것이었다.

여헌이 강조한 향약 시행은 성리학적 가치관에 입각하여 사대부가 주도하는 향촌질서의 재건이었다. 그리고 그 방법으로 관官 주도의 향약 시행을 제시하고, 이를 통해 국가질서의 재편과 강화, 그리고 통치체제의 안정화를 목적한 것이었다. 관 주도의 향약 시행과 이를 통한 향촌질서의 재건이라는 여헌의 구상은 자연스럽게 내정의 혼란을 수습하고 전란의 상흔을 치유하면서 국가에 대한 새로운 인식이 드러나게 한 계기이기도 하였다. 즉 조선은 중국이나 여타 국가와는 별개로 존립하는 국가이며, 내정內政의 쇄신을 통해 자립의 면모를 갖춘 하나의 국가로 자리 잡게 해야 한다는 인식이 자연스럽게 드러난 것이다. 전란을 통해 국가의 존망을 경험하고, 전란 이후 혼란을 수습하는 경세적 입장을 통해 국가에 대한 인식이 보다 부각된 것이다. 물론 이러한 국가 인식의 이면에는 성리학적 가치의 실현, 즉 인간 스스로의 도덕실천이라는 그의 학문적 목표가 전제되어 있었다.

4. 여헌 경세론의 의미와 전망

여헌 장현광은 조선 성리학의 전성기에 해당하는 16세기부터 정치적 격변기인 17세기 초반에 걸쳐 왕성한 학문 활동을 보여 준 대표적인 성리학자이다. 퇴율退栗 이후 성리학의 학문적 성숙과 분화, 그리고 정치세력 간의 갈등과 대립이 진행되는 가운데 임진왜란·병자호란 등 격변기를 거치면서 여헌은 시대적 과제를 해결하는 데에도 적지 않은 관심을 기울였다. 비록 출사 기간이 짧고 민생 문제와 관련된 구체적인 개혁안을 제시하지는 않았지만, 유교적인 도덕관에 입각하여 나름의 경세론을 제기하였다.

여헌에게 있어 경세의 요체는 도덕정치의 구현이라 요약할 수 있다. 그는 성리학적 우주론을 역학적 체계 속에 융섭하고, 우주자연의 원리와 인간사회의 원리를 포괄하여 근원적 실체와 원리를 탐색하였다. 역학을 기반으로 단순히 물리적 자연에 대한 탐구에 몰두한 것이 아니라, 우주자연의 원리에 대한 탐구를 통해 인간의 윤리도덕적 질서와 원리를 확보하고자 하였다. 따라서 그의 학문세계는 인간사회의 운영원리를 기초세우기 위한 것이고, 이를 기반으로 도덕적 인간사회의 운영원리를 찾고자 하는 것이었다. 특히 여헌은 자연의 오묘한 변화를 궁구하고 사물을 열고 이루는 도道가 『역易』에 담겨 있고, 이것이 변란을 겪으면서 위기에 대처하고 국가운영의 방향을 새롭게 모색하는 데 근거가 될 것이라고 판단하였다. 그는 천지 사이에 존재하는 수많은 변화의 도리가 『역』에 담겨 있기 때문에 당시의 어지러운 시대적 상황을 대처하는 근거로서 『역』보다 절실한 것은 없다고 생각하였다. 그래서 그는 자연의 변화질서에 대응하는 인륜도덕의 실현을 목적하였고, 국가적 위기 상황 속에서 인륜도덕의 실현에 주목하는 경세론을 전개한 것이다.

여헌의 경세론은 기본적으로 유교적 전통에 따라 수기치인修己治人에 맞추어져 있다고 할 수 있다. 성리학적 이념에 기반하여 덕치와 왕도정치를 강조하였고, 국왕을 위시한 지배세력에 대해 윤리도덕적 수행과 정치적 책무를 역설하였다. 정치운영과 정책수행의 성패成敗는 정치주체 및 정치운영의 도덕성에 좌우된다고 보는 것이 그의 기본적인 시각이었다.

그의 경세론의 근간이 되는 '건극론'은 군주의 도덕적 완성을 요구하는 것이다. 그는 학문과 정치의 일치를 강조하면서, 전대前代에 체계화된 군주성학론君主聖學論을 계승하여 건극론을 제기한 것이다. 군주를 신민에 대해 도덕적 우위에 있으면서 신민을 이끌어야 하는 존재로 보아, 정치의 성패 여부는 군주의 도덕성 여부에 따른다고 규정한 것이다. 이러한 그의 생각은 전란과 정치적 소요로 인해 초래된 국가적 위기를 정치세력의 도덕성과 윤리강상을 회복함으로써 극복하고자 하는 데에서 비롯되었다고 할 수 있다.

아울러 그의 건극론은 군주에게 심성수양을 통한 도덕적 완성을 요구하여 왕권의 자의적 행사를 막는 도덕적 장치이자, 군주를 정점으로 한 정치세력의 안정화를 도모하는 것이었다고 할 수 있다. 광해군 대를 거치면서 국왕의 도덕성에 대한 우려를 가지게 된 것도 물론이거니와, 인조 대 초반 불거진 체제의 불안정을 국왕을 중심으로 한 지배세력의 결속을 통해 안정시키려 한 것이다. 이러한 사유의 바탕 아래서 여헌은 왕을 정치의 중심에 두고 군신관계를 동반자적 관계로 설정하면서 국정의 안정과 사림의 통일을 제기하였던 것이다.

또한 여헌은 전란과 정치적 혼란 속에서 성리학적 가치질서의 이완에 주목하여 향촌사회의 교화에 경세의 역점을 두고 향약의 시행을 강조하였다. 인륜도덕을 통한 민심의 안정과 사대부들이 주도하는 지배질서의 강화를 위해 향약에 주목하였으며, 특히 덕치의 실현을 위해 교화적인 측면에 무게를 두어 향약의 시행을 강조하였다. 무너진 윤리강상의 회복이 무엇보다 절실하다고 보아 향약의 교화적인 측면에 주목하였고, 국가정책의 원활한 수행의 전제조건으로서 성리학적 가치의 공고화를 강조한 것이다.

결국 여헌의 경세론은 국가적 위기 상황에 처하여 성리학적 지배질서 체제를 재구축하는 데 초점이 맞추어져 있고, 그 바탕에는 윤리도덕적인 측면이 강조되어 있다. 경세는 치자治者의 몫이고, 치자의 도덕성 여부가 정치의 성패를 가름한다고 보았던 것이다.

여헌의 경세론은 보다 집중적인 탐색이 요구된다고 하겠다. 특히 그의 역학易學, 성리설性理說 등 그의 학문체계와 경세론이 갖는 연관구조를 해명하는 것이 필요하다고 여겨진다. 우주자연과 인간에 대한 원리적 이해의 유기적인 관련성이 성리학적 사유의 특징이라는 점을 고려할 때, 그가 역학을 중심으로 방대한 학문체계를 성립시키면서 특히 인간의 주체적인 수행을 강조한 심론心論에 주목한 것은 경세론에서 군주를 비롯한 집권세력의 도덕성 확립을 주장한 것과 관련성을 가진다고 하겠다. 그의 경세론의 요체가 되는 건극론은 군주의 도덕적 수양을 요구하는 것이고, 이때 도덕적 수양은 심心을 통해 이루어진다는 점에서 그의 역학을 비롯한 성리설과 경세설의 연관구조의 해명은 보다 면밀한 검토를 요구한다고 할 수 있다.

【여헌의 우주설】

자연학, 인간학, 형이상학을 포괄하는 우주설

김 용 헌

1. 여헌 우주설의 문제의식

여헌 장현광(1554~1637)은 16세기 중반, 지금의 경상북도 구미시인 인동에서 태어나 거의 대부분의 생애를 독서와 글쓰기로 보낸 유학자이다. 그가 살았던 시대는 동서분당, 임진왜란, 인조반정, 병자호란 등 국가적 시련과 정치적 굴절이 중첩됐던 고난의 시대였다. 하지만 사상사적으로 볼 때 이 시기에 무엇보다 중요한 것은 선조의 즉위(1567) 무렵부터 사림파가 정치적 주도권을 잡기 시작했다는 점이다. 선조가 즉위한 후 사림의 영수 조광조가 영의정에 추증되고 시호를 받음으로써 정치적으로 완전히 부활했으며, 아울러 정몽주鄭夢周─길재吉再─김숙자金叔滋─김종직金宗直─김굉필金宏弼─조광조趙光祖로 이어지는 도통道統이 널리 인정을 받았다. 조광조의 정치적 부활과 그에게로 이어지는 도통의 형성은 그를 사표로 한 사림파가 오랜 시련을 이겨내고 정치적·사상적 주도권을 확보했다는 것을 의미한다.

사림파는 무오사화에서 을사사화에 이르는 이른바 4대 사화로 상징되는 정치적 희생을 겪으면서도 『소학小學』 실천 및 이에 기초한 왕도정치의 구현이라는 자신들의 사상적 정체성을 유지해 왔으며, 16세기 중반을 넘어서면서 마침내 훈구세력을 대신해 한 나라의 경영을 떠맡게 되었다. 이들의 학문은 도道의 실천을 지향한다는 점에서 흔히 도학이라고 한다. 김굉필·정여창鄭汝昌에게 두드러겼던『소학』실천이 도학의 일상적 실천이자 수기적 실천이라면, 도학의 정치적 실천 즉 치인적 실천은 조광조 및 기묘명현들에 의해서 구체화되었다. 이제 필요한 것은 도학 실천에 바탕이 되는 학문과 이론이었다. 이황李滉, 기대승奇大升, 이이李珥와 같이 조선 주자학의 걸출한 이론가들이 활약한 것이 바로 이 시기였다. 이들의 학문적 과제는 도학의 이론적 토대를 마련하는 것이었고, 결과적으로 이들의 작업을 통해 조선의 도학은 주자학 이론이라는 굳건한 토대를 갖출 수 있었다.

　여헌의 시대에는 주희朱熹의 학설이 정설로 자리 잡았으면서도 그것의 해석을 두고 이황과 이이의 학파가 대립하고 있었다. 이황은 마음의 작용을 리理의 작용과 기氣의 작용으로 분리해서 설명한 '리기호발설理氣互發說'을 주장하였고, 반면 이이는 마음의 작용을 단일한 작동방식으로 설명한 '기발일도설氣發一途說'을 주장했다. 여헌은 두 학파 가운데 특정한 학파에 소속되어 특정한 학설을 묵수하기보다는 자기 나름의 학설을 체계화하기 위해 고심했고, 그의『역학도설易學圖說』, 「경위설經緯說」, 「태극설太極說」, 「우주설宇宙說」과 같은 저술들은 그 고심의 산물이었다. 그 결과 그는 리와 기를 두 근본으로 여기는 호발설을 비판하면서, 리를 본체로 하면서도 리와 기를 하나로 통합하는 철학체계 즉 '리기경위설理氣經緯說'을 수립할 수 있었다. 그는 마음의 작용뿐만 아니라 이 세계의 모든 것은 리가 기를 매개로 자신의 본질을 구체화하고 현실화화는 과정이라고 파악하였다.

여헌의 우주설은 이러한 배경에서 탄생했다. 그의 우주설은 단순히 우주의 구조론과 운행론에서 그치지 않는다. 그의 우주설은 우주설 고유의 영역에 국한되지 않고, 존재의 근원이 무엇인가와 같은 형이상학적 질문, 인간에게 주어진 책무는 무엇인가와 같은 가치론적 질문과 밀접하게 연관되어 있다. 그것은 단순히 우주에 대한 고찰만이 아니라 존재에 대한 물음, 인간에 대한 성찰의 연장선상에 있는 것이었다.

여헌은 장재張載, 소옹邵雍, 주희를 비롯한 송대 유학자들의 우주설을 폭넓게 수용했으며, 경우에 따라서는 더 진전된 논의를 피력하기도 했다. 그의 우주설이 집중적으로 나타나 있는 저술은 55세 때 완성한 『역학도설』과 77세 때 쓴 「우주설」 및 「답동문答童問」 등이다. 이 가운데 『역학도설』은 역학 특히 상수역象數易에 대한 선유들의 학설을 망라하고 부분적으로 자신의 견해를 덧붙인 책으로, 천지의 구조, 천체의 운행을 비롯해 천문학적 지식을 풍부하게 담고 있다. 만년 저술인 「우주설」과 그것의 부록이라고 할 수 있는 「답동문」은 송대 유학자들의 이론을 기반으로 하고 있으면서도 우주의 생성과 운행에 대한 여헌 자신의 깊은 통찰을 체계적으로 기술하고 있어 그의 우주설을 이해하는 데 매우 중요한 자료가 된다.

여헌은 「우주설」과 「답동문」에서 우주의 생성과 운행에 대한 근본적인 물음을 제기했다. 우주는 시작과 종말이 있을까? 천지의 바깥이 있을까? 이 우주는 무엇으로부터 생겨났을까? 이 우주공간에는 우리가 살고 있는 천지 이외에 다른 천지가 있을까? 왜 천지가 무너지지 않고 일정한 틀을 유지하고 있을까? 어떤 형태로든 확고한 우주관이 전제되어 있지 않으면 이와 같은 물음에 만족스러운 답변을 하기란 사실상 불가능하다. 여헌은 스스로 질문을 던진 후 그 질문의 해답을 찾기 위해 수많은 문헌자료를 섭렵하고 왕성한 저술활동을 했으며, 이를 통해 형이상학, 인간학, 자연학을 포괄하는 우주설을 확립할 수 있었다.

2. 동양의 전통적인 우주관

1) 고대의 우주관

동아시의 전통적인 우주관은 오랜 역사의 산물인 만큼 고정된 실체가 있다기보다는 시간의 흐름에 따라 다양하게 변화되는 면모를 보였다. 인식 수준의 진전에 따라 새로운 주장들이 대두되기도 하고 때로는 대립되는 주장들이 나와 논쟁을 벌이기도 하면서, 동아시아의 우주관은 다양한 모습을 지닌 채 변화해 왔다. 다만 고대로 올라갈수록 우주관과 관련된 문헌들이 많지 않고 그 내용마저도 단편적이거나 심지어는 신화적이기까지 해서 그 우주관을 재구성해 내는 데에는 많은 어려움이 있는 것이 사실이다.

하지만 오늘날의 우주관과 다른 측면을 주목해 보자면 동아시아의 전통적인 우주관은 '천원지방설天圓地方說'과 '천동지정설天動地靜說'로 요약할 수 있는데, '개천설蓋天說'과 '혼천설渾天說'은 이러한 특징을 기반으로 형성된 동양의 전통적인 우주모형이론이다.

"하늘은 둥글고 땅은 네모나다"는 생각은 동아시인들이 가지고 있었던 가장 기초적인 우주 인식이었다. 중국 고대의 문헌인 『주비산경周髀算經』 상권에는 흔히 1차 개천설이라고 하는 원초적인 형태의 '천원지방설'이 나오는데, 이는 둥근 하늘과 네모난 땅을 모두 평면으로 상정한 것이다.

『진서晉書』의 「천문지天文志」에서는 둥근 하늘의 모양을 펼쳐진 우산에, 네모난 땅의 모양을 바둑판에 비유하기도 하였다. 천지는 한마디로 우산처럼 생긴 반구 형태의 하늘이 바둑판처럼 네모나고 평평한 땅을 덮고 있는 형태인 셈이다. 하지만 고대 중국에서도 하늘이 둥글고 땅이 네모나다는 것은 이치에 맞지 않다는 지적이 있었다. "하늘이 둥글고 땅이 네모나다면 하늘이 땅의 네 구석을 가릴 수 없다"는 공자의 제자 증삼曾參의 말이나 "하늘과 땅이 서로 들어맞으려면 하늘과 땅이 함께 네모나거나 함께 둥글어야 한다"는 중국 동진시대의 천문학자 우희虞喜 (281~356)의 언급이 그것이다.

『주비산경』하권에는 흔히 2차 개천설이라고 부르는 새로운 형태의 개천설이 나온다. 이는 혼천설의 등장으로 기존의 개천설이 수정·보완 된 것인데, 하늘은 물론 땅도 볼록한 곡면이라는 특징이 있다. 이에 대해 "하늘은 삿갓을 덮어 놓은 형상이고 땅은 사발을 엎어 놓은 것을 닮았다"라고 하였다. 한편 『진서』「천문지」에서는 개천설에 대해 다음과 같이 설명하고 있다.

개천설에서는 하늘은 삿갓을 덮어 놓은 것과 비슷하며 땅은 사발을 엎어 놓은 것을 닮았다고 한다. 하늘과 땅은 각각 가운데가 높고 바깥쪽이 낮다. 북극의 아래가 하늘과 땅의 중심이 된다. 그곳의 땅이 가장 높고 사방으로 경사가 져 있다. 해·달·별이 감춰지거나 빛남으로써 낮과 밤이 된다.

여기서 땅은 볼록한 곡면이므로 더 이상 네모난 평면이 아니다. 이에 따라 천원지방의 개념도 새롭게 해석될 필요가 있었다. 이에 대해 『예기禮記』에서는 원圓과 방方은 하늘과 땅의 도道를 지칭하는 것으로 각기 밝음과 어두움을 뜻한다고 하였다. 천원지방은 천지의 형태가 아니라 천지의 특성을 지칭하는 것이라는 주장이 제기된 것이다. 이렇게 보면 개천설은 크게 3가지 형태가 있었던 셈이다.

『진서』의 「천문지」는 개천설·혼천설·선야설宣夜說 등 6개의 우주설을 소개하면서, 후한後漢 말기의 학자 채옹蔡邕의 글을 인용하여 "오직 혼천설만이 하늘의 실정에 가깝다"라고 하였다. 채옹이 살았던 2세기 무렵에 혼천설이 우위에 있었음을 알 수 있는 대목인데, 후한 이래로 중국의 천문학은 기본적으로 혼천설을 바탕으로 전개되었다는 것이 오늘날 연구자들의 대체적인 평가이다. 『진서』 「천문지」는 장형張衡(78~139)의 저술로 알려져 있는 『혼천의주渾天儀注』를 인용하여 혼천설에 대해 다음과 같이 기록하고 있다.

> 하늘은 달걀과 같고, 땅은 달걀의 노른자와 같아 홀로 하늘 안에 있다. 하늘은 크고 땅은 작다. 하늘의 바깥과 안에는 물이 있다. 하늘과 땅은 각각 기氣를 타고 자리를 잡고 있고 물에 실려서 운행한다. 하늘의 둘레는 365도와 1/4도이며, 또 그것을 반으로 나누면 반은 땅 위를 덮고 있고 반은 땅 아래를 두르고 있다. 따라서 28수의 반은 보이고 반은 숨어 있는 것이다. 하늘이 회전하는 것은 수레바퀴가 구르는 것과 같다.

하늘을 달걀껍질에 비유하고 땅을 노른자에 비유한 이 글은 혼천설을 설명할 때 흔히 인용된다. 하지만 그 의미가 명확하지 않은 부분이 있어 이것만으로는 혼천설에서 상정하고 있는 우주의 모습을 재구성해 내기가 쉽지 않다. 이를테면 "하늘의 바깥과 안에는 물이 있다. 하늘과 땅은 각각 기氣를 타고 자리를 잡고 있고 물에 실려서 운행한다"라는 구절에서는 하늘과 땅, 물, 기의 구조적인 관계가 명확하지 않다. 물론 혼천설에 대한 언급은 위 인용문 이외에도 몇 가지 문헌에 등장하지만,

위의 것을 크게 벗어나지 않는다. 그 결과 오늘날의 연구자들은 몇 가지 가능한 혼천설의 모형을 제시기도 했지만, 어느 것이 혼천설에서 그리고 있는 우주의 모습인지는 확인할 길이 없다.

그러나 이 혼천설은 하늘이 땅을 완전히 감싸고 있는 것으로 상정했다는 것만큼은 분명해 보인다. 개천설의 경우처럼 삿갓이나 수레 덮개에 비유되었던 하늘은 고작해야 반구였을 뿐이지만, 혼천설의 하늘은 온전한 구였다.

달걀노른자에 비유된 땅의 모양에 대해서도 면밀한 검토가 필요하다. 얼핏 땅 역시 구인 것처럼 보이기도 하지만, 이에 대한 더 상세한 설명은 보이지 않는다. 그 결과 오늘날의 연구자들 사이에서도 혼천설에서 상정한 땅의 형태를 구로 볼 것인가 평면으로 볼 것인가를 두고 의견이 엇갈린다. 그럼에도 분명한 것은, 설사 노른자가 구형을 뜻하는 것일지라도 오늘날의 지구구형설과는 근본적으로 다르다는 점이다. 혼천설에 따르면, 땅이 물에 떠 있기 때문에 땅의 아랫부분은 물에 잠겨 있고, 따라서 땅의 아랫면에는 당연히 사람이 살 수 없다. 2차 개천설이 그러했듯이 혼천설에서도 땅의 위와 아래라는 개념을 전제한 후 땅위에서만 사람이 살 수 있다는 것을 의심하지 않았다. 이렇게 되면 구를 상정한 혼천설의 땅도 실질적으로는 2차 개천설과 같이 반구에 지나지 않는다.

동아시아의 전통사회에서도 땅을 단순히 네모나 평면으로만 본 것은 아니었다. 상식적인 수준에서 말하자면 우리가 발을 딛고 사는 땅의 표면은 평평하다. "하늘은 둥글고 땅은 네모나다"고 했을 때, 네모는 평평하다는 것을 전제한 것이다. 하지만 평평한 지구는 위도에 따라 밤낮의 길이가 달라질 뿐만 아니라 지표면과 하늘의 북극점이 이루는 각도가 달라지는 현상을 설명하는 데 난점이 있다. 새로운 개천설에서 지구의 모양을 반구로 상정한 것이나 혼천설에서 지구를 달걀노른자에 비유한 것은 이와 같은 관찰 사실과 무관하지 않다. 그럼에도 불구하고 동아시아 전통사회의 일반 지식인들은 우주관과 관련하여 천원지방의 원리에 압도되었고, 그 결과 땅은 네모나고 평평하다는 인식이 동아시아 전통사회의 지배적인 우주관으로 자리를 잡았다.

고대 동아시아 우주관의 두 번째 특징은 천동지정설이다. 물론 땅이 한 자리에 완전히 고정되어 전혀 움직이지 않는다고 고대 동아시아인들이 생각한 것은 아니다. 『장자莊子』에서는 "하늘이 과연 움직이는 것일까? 땅이 과연 제자리에 있는 것일까?"라는 의문을 제기하였다. 한대漢代의 위서僞書인 『상서尚書』 「고령요考靈曜」에는 "땅은 항상 움직이고 멈추지 않는다", "땅과 별들은 3만 리 안에서 사유四遊·승강 운동을 한다"와 같은 등 땅의 운동에 대한 언급이 나온다. 송대宋代에 이르러서는 주희 등이 땅의 운동 가능성을 적극적으로 인정하였다. 물론 이상에서 거론된 땅의 운동은 계절의 변화, 지표면의 중심 이동, 천체 관측 결과의 차이 등을 설명하기 위한 것으로서 하늘의 일주운동을 대체하는 지구 자전에 대한 언급이 아니다. 그러므로 천체운동에 대한 고대 동아시아의 전통적인 견해는, 땅이 하늘의 중심 근처에서 약간의 위치운동을 하고 땅을 둘러싼 하늘이 일주운동을 하는 것으로 정리된다.

이와 같은 우주설은 지구의 자전과 공전 운동을 전제하고 있는 근대 우주관 즉 지동설에 비추어 보자면 천동지정설이라고 할 수 있다. 『진서』 「천문지」에서는 천체의 운행에 대해서 다음과 같이 말하였다.

하늘은 우산을 펼친 것과 같이 둥글고 땅은 바둑판같이 네모이다. 하늘의 바깥쪽은 맷돌이 돌듯이 회전하는데 왼쪽으로 간다. 해와 달은 오른쪽으로 가지만 하늘을 따라 왼쪽으로 돈다. 그러므로 해와 달은 실제로 동쪽으로 가지만 하늘이 그것들을 끌기 때문에 서쪽으로 진다. 개미가 맷돌 위에서 가는 것에 비유해 보자. 맷돌은 왼쪽으로 도는데 개미는 오른쪽으로 가고 있다. 그러나 맷돌은 빠르고 개미는 느리다. 그러므로 개미는 맷돌을 따라 왼쪽으로 돌 수밖에 없다.

해와 달은 오른쪽으로 가지만 왼쪽으로 도는 하늘에 이끌려 결국 왼쪽으로 돈다는 설명이다. 하늘이 왼쪽으로 돈다는 것은 하늘과 하늘에 매여 있는 별들이 하루에 한 바퀴씩 왼쪽으로 돈다는 것으로, 이를 흔히 '좌선설左旋說'이라고 한다. 하늘이 왼쪽으로 도는 것처럼 보이는 것은 땅이 하루에 한 바퀴씩 오른쪽으로 자전하기 때문에 생기는 현상으로 하늘의 겉보기 운동일 뿐 실제 운동이 아니다. 그럼에도 불구하고 지구가 하루에 한 번씩 자전하리라고는 꿈에도 생각지 않았던 고대인들은, 하늘의 별들이 남북극을 축으로 하루에 한 번씩 왼쪽으로, 즉 동쪽에서 서쪽으로 회전한다고 생각했다.

물론 그들은 모든 천체가 일률적으로 일사불란하게 움직이지 않는다는 것을 잘 알고 있었다. 지구가 움직이지 않는다는 가정 하에 해의 움직임을 관찰하면, 해는 항성들과 마찬가지로 하루에 한 번씩 동쪽에서 떠서 서쪽으로 지지만, 다른 한편 황도를 따라 오른쪽으로(서쪽에서 동쪽으로) 일 년에 한 바퀴를 돈다. 전자는 지구의 자전 때문에, 후자는 지구의 공전 때문에 관찰되는 해의 겉보기 운동이다. 이에 대해 고대의 동아시아인들은 해와 달 그리고 오성이 오른쪽으로 가지만, 왼쪽으로 도는 하늘에 매여 있기 때문에 결국 하늘을 따라 왼쪽으로 돈다고 이해하였다. 천좌선·일월오성우행설이라고 할 수 있는데, 이는 항성의 운동과 일·월·오성의 운동을 분리해서 설명한다는 특징이 있다.

2) 송대 성리학자들의 우주관

송대 성리학자들의 우주론은 전통적인 우주관을 바탕으로 하면서도 몇 가지 측면에서 혁신적인 발상을 포함하고 있었다. 신유학적 우주론이라고 불리기도 하는 성리학적 우주론의 토대를 마련한 사람은 북송의 도학자 장재張載(1020~1077)이다.

우주론과 관련하여 장재는 두 가지 새로운 발상을 제시하였다. 첫째는 '기의 우주론'이다. 장재가 말하는 기는 천지와 만물이 생성되기 이전부터 존재하면서 그 생성을 가능하게 한 시원적 물질이면서 지금 이 순간에도 모이고 흩어지는 작용을 통해 만물의 생성과 소멸을 연출해 내는 물질적 토대이다. 동시에 거시적으로 보자면 기는 태허라고 하는 우주공간을 가득 채우고 있으면서 지구를 중심으로 빠르게 회전운동을 하는 하늘 자체이기도 하다. 여기서 별들은 기 속에 있으면서 그 기의 회전에 몸을 맡긴 채 일주운동을 하는 것으로 상정된다. 이렇게 되면 하늘이 반드시 별들을 매단, 삿갓이나 달걀껍질처럼 딱딱하고 고정된 물체일 필요는 없다.

두 번째는 '우행설右行說의 부정'이다. 장재는 항성은 물론 일·월·오성까지도 왼쪽으로 돈다는 좌선설을 주장하였다. 일·월·오성도 항성과 마찬가지로 기를 따라 왼쪽으로 돌지만, 그 속도가 느리기 때문에 오른쪽으로 가는 것처럼 보일 뿐이라는 것이 장재의 설명이다. 하늘의 기가 왼쪽으로 돌기 때문에 그 속에 있는 천체 역시 왼쪽으로 돌지 않으면 안 된다는 것이다. 한편 장재는 지구의 자전운동으로 하늘과 천체의 일주운동을 설명하는 놀라운 발상을 하기도 했으나, 이는 성리학자들에게 계승되지 않았다.

하늘과 땅의 생성과 소멸에 관한 북송의 유학자 소옹邵雍(1011~1077)의 이론도 성리학 우주론에 큰 영향을 미쳤다. 그는 이 우주가 일정한 시간을 주기로 생성과 소멸을 반복한다는 일종의 순환론적 우주관을 제시하였다. 그는 우주의 생성과 소멸의 주기를 12만 9천 6백 년으로 보고 그것을 1원元이라고 하였다. 그에 따르면, 1원은 12회會, 1회는 30운運, 1운은 12세世, 1세는 30년年이므로 1원은 12만 9천 6백 년이 된다. 하루가 낮과 밤의 순환이고 1년이 더위와 추위의 반복이듯이 천지 역시 1원을 주기로 생성과 소멸을 반복한다는 발상이다. 만물의 생성과 소멸 과정을 파악할 때 원용되었던 『주역周易』의 음양론陰陽論을 우주적 시간에 적용한 '상수학적 우주론'이라고 할 수 있다.

주희는 장재의 기론적 우주관과 좌선설, 그리고 소옹의 상수학적 우주론을 수용하여 포괄적인 우주론을 형성했다. 그에 따르면, 우주공간에 가득한 기가 회전운동을 함에 따라 기의 찌꺼기가 한가운데서 응축되어 땅이 되었으며, 맑고 가벼운 기는 하늘이 되고 해와 달과 별이 되어 항상 회전한다. 주희는 땅의 모양을 만두에 비유하기도 했는데, 뾰족하게 솟은 곳이 곤륜산崑崙山이라고 하였다. 그리고 땅은 물 위에 떠 있으며 땅과 물을 기가 둘러싸고 있다고 하였다. 물론 그 기는 온갖 천체를 담고 좌선운동을 하는데, 일월과 오성 역시 기의 회전을 따라 좌선하지만 그 속도가 상대적으로 느려 오른쪽으로 운행하는 것처럼 보인다.

주희가 송대 성리학의 우주론 형성에 끼친 결정적인 공헌은 주돈이周敦頤(1017~1073)의 태극설을 재해석함으로써 우주적 원리인 리를 본체로 하는 우주생성론을 제시했다는 점이다. 주돈이는 만물의 생성을 무극無極, 태극太極, 음양陰陽, 오행五行의 개념을 동원하여 설명한 바 있다. 주희는 무극을 태극의 특성을 설명하는 수식어로 보고 태극을 모든 존재의 생성 근원이자 모든 존재의 운동변화를 규율하는 원리로 파악하였다.

이로써 존재의 근원인 태극 즉 리가 음양·오행의 기를 낳고, 그 리와 기의 상호작용을 통해 천지만물이 생성된다는 '리기론적 생성론'이 마련되었다.

한편 주희는 『초사楚辭』에서 언급되었던 '구천九天'의 개념을 회전 속도가 다른 아홉 겹의 하늘로 해석함으로써 일월·오성의 우행 현상을 나름대로 설명할 수 있었다. 이 해석에 따르면, 지구를 둘러싼 하늘의 기는 지구로부터 멀어질수록 빠르게 회전하면서 점점 탱탱해진다. 맨 바깥의 가장 탱탱하고 강한 기로 이루어진 하늘에 있는 항성은 하늘의 회전 속도와 같다. 반면에 지표면 가까이에 있는, 부드러우면서 회전 속도가 느린 하늘의 일월·오성은 운행 속도가 상대적으로 느리므로 우행하는 것처럼 보인다는 것이다. 장재가 제안한 일월과 오성의 좌선설은 주희에게 지지를 받은 이후 주희를 계승한 주자학자들의 기본적인 우주 모형이 되었다. 하지만 주희가 "우행설을 주장하는 것은 단순히 계산의 편의를 위한 것에 지나지 않는다"라고 비판한 데서도 알 수 있듯이, 역법·천문의 전문가들 사이에서는 여전히 우행설이 정설로 통용되었다.

3. 여헌의 우주설

1) 우주구조론

여헌은 「우주설」을 우주에 대한 정의로부터 시작하였다. 그는 "사방으로 펼쳐진 광활한 공간을 우宇라고 하고, 과거에서 미래로 흐르는 시간의 흐름을 주宙라고 한다"라는 『회남자淮南子』의 정의에 따라 우주를 공간과 시간의 개념으로 파악하였다. 다만 그에게서 두드러진 점은, 우주를 천지와 거의 같은 의미로 사용했으며, 이에 따라 우주를 시간·공간적으로 유한한 존재로 파악했다는 점이다.

여헌이 생각한 하늘과 땅은 모두 형체가 있는 존재이다. 그는 위에서 형체를 이루고 있는 것이 하늘이고 아래에서 형체를 이루고 있는 것이 땅이라고 이해했고, 이러한 생각에 기초해서 천지가 시간적·공간적으로 유한하다고 추론하였다. 형체가 있는 물건은 그것이 아무리 크더라도 공간적인 한계가 있고, 어느 순간엔가 생겨난 것은 언젠가 종말이 있다는 것이 그의 생각이었다. 그의 생각에 따르면, 결국 우리가 살고 있는 이 천지 즉 우주는 당연히 바깥이 존재하며 미래의 어느 순간에 붕괴될 수밖에 없다.

그렇다면 이 우주의 바깥은 무엇이고 이 우주의 이전과 이후는 무엇일까? 이 우주는 어떤 모습으로 존재하며, 어디에서 와서 어디로 흘러가는 것일까? 여헌의 우주론적 관심은 이러한 질문에서 시작되었다. 그는 이러한 의문에 답하기 위해 중국 고대의 전통적인 우주론적 지식, 특히 송대 유학자들의 우주론적 견해들을 동원하여 체계적인 우주관을 구축했다.

여헌은 하늘은 위에 있고 땅은 아래에 있다는 상식적인 천지관을 받아들였다. 하지만 그가 개천설의 모형을 받아들인 것은 아니다.

하늘과 땅은 처음에 단지 음양의 기였다. 이 하나의 기가 이리저리 마찰하며 운행하는데, 그 마찰이 빨라짐에 따라 많은 찌꺼기가 생겨났다. 안에서는 그것을 배출할 곳이 없어 한가운데에 땅이 형성되었다. 맑은 기는 하늘, 해, 달, 별이 되었고 바깥에서 항상 회전운동을 한다. 땅은 한가운데서 움직이지 않을 뿐 아래에 있는 것이 아니다.(『역학도설』)

천지의 형성과 구조, 그리고 그 운행에 관해 포괄적으로 언급하고 있는 이 글은 『주자어류朱子語類』에 기록된 주희의 언급을 가져온 것이다. 이 글에 따르면, 천지가 생겨나기 이전에는 단지 음양의 기였는데, 이 기의 운행이 일으키는 마찰로 인해 기의 찌꺼기가 생기고 그것이 모여서 땅이 되었으며, 맑은 기가 바깥에서 해와 천체가 되었다. 한마디로 기의 운동으로 인해 천지와 천체가 생겨났다는 것이다.

우주의 구조를 보면, 땅이 중앙에 존재하고 땅을 둘러싼 기로서의 하늘이 있으며 그 기 안에 일월성신이 있는 구조이다. 『역학도설』의 또 다른 대목에서는 하늘의 위쪽 반은 땅을 덮고 있고 아래의 반은 땅 아래에 있다는 『성리대전性理大全』의 글을 인용했다. 종합해 볼 때 천지의 관계가 상하관계가 아닌 안팎의 관계로 설정되어 있음을 알 수 있다. 여기서 땅은 움직이지 않으며, 반면에 기로 이루어진 하늘은 회전운동을 한다. 산천초목이 땅에 매여 있는 것과 달리 천체들은 하늘의 표면에 부착되어 있지 않고 기로 가득한 우주공간 안에 떠 있으면서 기의 회전운동에 따라 운행한다.

여헌의 우주구조론이 지닌 독특한 점은, 이 우주가 껍질로 둘러싸여 있고 그 껍질을 경계로 우주의 안과 밖이 구분된다는 것을 분명히 한 후에 그 밖을 사유했다는 데 있다. 그는 「우주설」에서 천지 바깥에 '대원기大元氣' 즉 커다란 원기가 있음을 다음과 같이 논증하였다.

천지의 바깥에 또 반드시 큰 원기(大元氣)가 있다는 것은 대개 다음과 같은 이유 때문이다. 대지 즉 큰 땅이 매우 무거움에도 오래도록 추락하지 않을 수 있는 것은 하늘에 두루 퍼져 있는 대기大氣가 쉬지 않고 돎으로써 대지를 들어 추락하지 않도록 할 수 있기 때문이다. 그 대기가 항상 쉬지 않고 운행할 수 있는 것은 또 반드시 큰 껍질(大殼子)이 있어 대기를 가득 싣고 안에 머물게 한 후에 그 대기가 당연히 견고해져 흩어지지 않기 때문이다. 그렇다면 큰 껍질 또한 어찌 만들어진

바 없이 완성될 수 있었겠으며 또 어찌 의존하는 바 없이 존재하겠는가? 그러므로 천지의 바깥에 가장 큰 원기가 있어서 천지를 만들고 그것으로 하여금 그 안에서 생겼다 소멸하게(始終) 함을 안다.(『성리설』 권8, 「우주설」)

무거운 땅이 추락하지 않는 것은 땅을 둘러싼 대기가 쉬지 않고 돌기 때문인데, 그 대기가 흩어지지 않고 쉼 없이 운행할 수 있는 것은 그 대기를 에워싼 큰 껍질 즉 대각자大殼子가 있기 때문이다. 여헌이 생각한 우주의 모습은, 지구가 가운데에 있고, 대기가 지구를 둘러싼 채 회전하고 있으며, 대기 바깥쪽에 큰 껍질이 있어 대기를 감싸고 있는 형태이다. 여기서 주의해야 할 것은 그 껍질이 대기와 별개로 존재하는 것이 아니라는 점이다. 그가 말하는 껍질이란 대기의 거칠고 잡된 것이 외변에서 껍질이 된 것이다.

기의 회전이 땅을 지탱하고 기 바깥에 큰 껍질이 기를 견고하게 한다는 견해는 주희의 이론에 근거한 것이다. 하지만 여헌은 기와 껍질의 이론에서 머물지 않고 집요하게 우주론적 사유를 껍질의 바깥, 즉 천지 밖으로까지 확장했다. 그는 이와 관련해 다양한 질문을 던졌다. 대기는 얼마나 두껍기에 이같이 굳건할까? 껍질은 얼마나 두텁기에 이와 같이 견고할까? 그 껍질은 어디에 의지하고 있을까? 기가 껍질을 떠받치고 있을까? 의지할 만한 땅이 있을까? 껍질 바깥은 어떤 모습이고 그 한계는 있을까? 어두울까, 밝을까? 기가 있을까? 기가 있다면 다시 그 기를 둘러싼 껍질이 있을까? 이 천지의 사물들과 비슷한 사물들이 있을까? 아니면 텅 비어 있을까?

여기서 여헌은 큰 껍질 바깥에 큰 원기 즉 '대원기'가 있다고 주장하였다. 여헌은 이 세상의 모든 존재들이 각자 자신의 원기를 가지고 있다고 말한다. 마찬가지로 천지는 천지의 원기가 있다. 천지 사이의 대기가 천지의 원기인 셈인데, 만물 및 만물의 원기는 바로 천지의 원기에서 나온다. 그러므로 천지의 원기는 만물 및 그 원기의 질료적 원천이다.

그렇다면 천지 사이에 가득한 천지의 원기는 어디에서 연유하는 것일까? 여헌은 천지는 물론 천지의 맨 바깥쪽의 큰 껍질도 형체를 가진 존재인 한 그것을 만들고 그것이 의존하는 더 근원적인 존재가 있어야 한다고 생각했다. 큰 껍질을 포함해 천지가 만들어진 물질적 원천이고 또 만들어진 하늘이 의존하는 존재를 여헌은 큰 원기 즉 '대원기'로 보았다. 그의 통찰에 따르면, 천지는 '대원기' 안에서 생성과 소멸을 반복하는 유한한 존재이다.

여헌은 '대원기'의 구체적인 모습에 대해서는 자세한 언급을 피했다. 천지 바깥의 '대원기'를 극한까지 탐구하고자 한다면 막연하여 연구할 만한 경험적인 단서가 없다는 것이 그의 생각이었다. 그가 상정한 껍질과 그 바깥의 '대원기'라는 것은 직접적인 경험을 통해 파악한 것이 아니라 추론을 통해 얻은 것이었다. 그럼에도 그는 이치상 그것이 반드시 존재한다고 역설하였다. 왜냐하면 원기와 껍질, 그리고 '대원기'의 존재를 상정하지 않으면 그가 그리고 있는 우주가 설 자리를 잃기 때문이다. 다만 직접적인 경험이 불가능하기 때문에 껍질과 껍질 바깥의 구체적인 모습에 대해서는 상세한 언급을 하지 않았다. 그러면서도 그가 분명히 했던 것은, 천지 밖에 '대원기'가 항상 가득 차 있다는 것, 그리고 그 기는 소진되지 않는다는 것이었다. 천지의 소멸이라는 것도 글자 그대로 천지의 소멸일 뿐이지 '대원기'의 소멸은 아니다. 한마디로 '대원기'는 무한한 우주공간에 가득 차 있으면서 그 안에서 천지가 생성과 소멸을 반복할 수 있게 하는 터전인 동시에 천지의 생성을 가능하게 하는 시원적 물질인 셈이다.

2) 우주시간론

여헌은 우리가 몸담고 있는 천지는 공간적인 한계뿐만 아니라 시간적인 한계도 있다고 여겼다. 이 천지는 과거의 특정한 시간에 생겨나 미래의 특정한 시간에 종말을 고한다는 것이다. 여헌은 천지의 생성에서 종말에 이르는 시간을 소옹의 '원회운세설元會運世說'에 따라 1원元 즉 12만 9천 6백 년으로 보았다.

소옹에 의해서 이루어진 우주적 시간에 대한 수리학적 정식화는 주희가 받아들임으로써 후대 주자학자들에게 많은 관심을 받았다. 소옹은 '12'라는 음의 수와 '30'이라는 양의 수를 반복적으로 교차하여 미시적인 시간단위에서부터 거시적인 시간단위를 도출해 냈다. 여헌 역시 소옹의 학설을 받아들여 자신의 우주론을 형성하는 데 적극 활용하였다.

그는 소옹의 학설에 따라 천지의 존속 시간인 1원에서부터 최소의 시간단위인 1몰沒에 이르기까지 12와 30을 교대로 적용하여 다양한 시간단위를 도출해 냈다. 1원(129,600년)=12회會, 1회(10,800년)=30운運, 1운(360년)=12세世, 1세世(30년)=30세歲, 1세歲=12월月, 1월=30일, 1일=12진辰, 1진=30각刻, 1각=12분分과 같은 식이다. 이와 같이 하면 분分 아래로 리釐, 호毫, 사絲, 홀忽, 묘妙를 거쳐 몰沒이라는 최소의 시간단위에 이르게 되는데, 1몰은 대략 4×10^{-7}초에 해당한다고 한다.

'12'와 '30'이라는 수는 대략 1년이 12달이고 1달이 30일이라는 자연 시간의 주기, 즉 해와 달의 운행 주기와 무관하지 않겠지만, 그 두 수를 교차하면서 도출한 이른바 '원회운세설'의 시간단위는 자연운행의 충실한 반영이라고 보기 어렵다. 오히려 그것은 음의 기와 양의 기가 교차하는 시간 자체의 본질적 특성에서 기인한 것이라는 측면이 강하다. 여헌이 '12'와 '30'을 시간의 본질적 특성인 음양의 교차 주기로 파악함으로써 그가 제시한 시간단위는 해와 달의 운행 주기를 기초해 추출한 경험적 성격이 현저히 약화되고 오히려 현실을 규제하는 선험적 원리가 된다. 이를테면 12진(1진은 2시간에 해당한다)으로 되어 있는 하루는 자시에 서 오시까지는 양의 기운이 점차 왕성해지는 시간대인 반면, 그 이후는 음의 기운이 왕성해지는 시간대라는 식의 이해가 그것이다.

이를 천지의 큰 수인 1원에 적용하면, 1원의 12회 가운데 앞의 6회는 양이고 뒤의 6회는 음이다. 더 세분하면, 양의 기는 자회子會에 새롭게 생기기 시작하여 여섯 번째 회인 사회巳會에 정점에 달했다가 그 이후에 점차 쇠퇴하는 반면에 음의 기는 일곱 번째 오회午會에 새롭게 생겨나기 시작하여 마지막 회인 해회亥會에 정점에 이르게 된다. 각 시간단위마다 전반기에는 새로운 양기가 성장해 가는 만큼 기존의 음기는 쇠퇴하고 후반기에는 새로운 음기가 성장해 가는 만큼 기존의 양기는 쇠퇴하면서, 전체적으로 기의 총량은 일정하게 유지된다. 그의 시간단위는 음양이 서로 성장과 쇠퇴를 반복하면서 이 세계를 엮어 나가는 과정 속에 내재한 여러 층차의 시간적 주기인 셈이다.

여헌이 소옹의 시간단위에서 특별히 관심을 가졌던 것은 그것으로써 우주와 만물의 생성 및 소멸을 설명한 부분이었다. 그의 설명에 따르면, 천지는 1원을 주기로 생성과 소멸을 반복한다. 이전의 천지가 소멸되고 현재의 천지가 생겨났으며, 현재의 천지가 소멸되면 다시 새로운 천지가 열리는 식으로 1원을 주기로 새로운 천지가 무한히 거듭된다는 것이다. 그러므로 지금의 천지가 소멸된다고 하더라도 그것이 존재의 종말을 뜻하는 것은 아니며, 시간의 종언은 더더욱 아니다. 현재의 천지가 소멸된 후에도 기의 성장 및 쇠퇴의 과정은 멈추지 않으며, 따라서 새로운 천지가 기존의 천지를 잇게 됨으로써 새로운 1원의 시간이 계속 이어지기 때문이다. 그것은 마치 낮과 밤의 지속적인 교체를 통해 하루하루가 계속 이어지는 것과 같다.

3) 우주설의 인간학

여헌은 「우주설」에서 천지의 개벽에 대해 논한 후 다음과 같은 질문을 던졌다.

개벽 후 일만 팔백 년이 지나면 인회寅會이다. 사람이 어느 곳으로부터 처음 생겨났으며, 부모가 있기 전에 누가 배태하여 형체를 갖추었고 누가 길러서 자랐을까? 인간이 비록 스스로 인식할 수 있다고 하더라도 임금이 없고 스승이 없는데, 누가 그를 가르치고 그로 하여금 맡은 일을 하도록 했을까? 소리는 있으나 말이 없었을 때 어떻게 서로 의사소통을 했을까? 각자 이름이 없었는데 무엇으로 누가 누구인지 식별했을까? 새, 짐승, 벌레, 물고기가 사람과 동시에 생겨났을까? 아니면 사람보다 먼저 생겨나서 사람이 생겨나길 기다려 사람의 쓰임새가 되었을까?(『성리설』 권8, 「우주설」)

위 질문의 초점은 '인간이 어떻게 탄생했고, 그렇게 탄생한 인간이 어떻게 사회를 만들고 문명을 건설하기 시작했을까?'라고 하는 인간학적 문제로 모아진다. 이렇듯이 여헌의 우주생성론적 관심은 하늘과 땅의 생성과 소멸에 그치지 않고 만물 그 중에서도 특히 인간의 문제로 귀결된다. 이런 점에서 여헌은 단순한 천문학자나 자연학자가 아니라 인간학자이며 철학자였다.

여헌은 위 질문에 어떻게 답했을까? 그의 주장에 따르면, 먼저 자회에 기가 하늘이 되고, 점차 응축되기 시작한 기가 축회에 이르러 땅이 되었다. 그 이후 음양의 두 기가 짝이 됨으로써 변화가 일어나기 시작했고, 인회寅會에 이르러 인간을 포함한 만물이 생겨났다. 그런데 천지의

'바른 기'(正氣)를 얻은 것은 사람이 되고, 그렇지 않은 기를 얻은 것은 사물이 되었다. 더 구체적으로 말하자면, 기는 운동 과정에서 맑음과 탁함(淸濁), 순수함과 잡됨(粹雜), 정제됨과 거칢(精粗), 두터움과 야박함(厚薄)과 같은 다양한 모습으로 변모하는데, 이러한 변화를 통해 갖가지 만물이 된다. 그런데 오직 사람의 기만이 맑고 순수하고 정제되고 두터운 기를 다 갖추어 만물의 우두머리가 되며, 사람 가운데서도 성인은 가장 맑고 순수하고 정제되고 두터운 기를 얻어 사람의 우두머리가 된다.

이렇듯이 여헌은 기의 차이로 사람과 만물의 다름을 설명하는 주자학적 설명 방식을 따르고 있다. 다만 주자학에서는 기의 편전통색偏全通塞으로 사람과 사물의 차이를 설명하고 청탁수박淸濁粹駁으로 사람 내부의 차이를 설명하는 것이 일반적임에 반하여, 여헌은 사람 내부의 차이를 따로 설명하지 않고 만물의 차이에 포함하여 포괄적으로 설명한다는 점이 다르다. 그럼에도 기의 다양성으로 만물의 다양성, 나아가 만물의 상하 수직적 지위를 설명한다는 점에서 주희의 설명 방식과 본질적으로 다르지 않다.

여헌은 인회에 사람이 처음 생겨났다고 여기면서도 처음에 몇 명이 생겨났는지 어디에서 생겨났는지 등 확신할 수 없는 것이 많다고 생각했다. 그러나 그는 특유의 추론을 통해 이 시기에 사람들이 무질서했다고 파악하였다. 이때는 만물의 이름은 물론 연월일시와 같은 시간단위의 개념이 없었고, 사람에게 부여된 직무가 없었고 귀천이 나누어지지도 않았으며, 금수와 뒤섞여 살았고 언어가 없어 온전하게 소통할 수 없었다. 뿐만 아니라 사람들이 많았으나 하나로 통일되지 않아 법이 시행되지 않았다. 이 무렵 인간세계는 한마디로 인간이 사회적으로 창출한 문화가 없었던, 이른바 '자연상태'였다고 여헌은 파악했다.

이 대목에서 대두하는 것이 '성인론聖人論'이다. 앞에서 언급한 것처럼 여헌은 가장 맑고 순수한 기를 얻은 사람이 성인聖人이라고 여겼다. 그 결과 성인은 알지 못하는 것이 없는 사람으로 규정된다. 여헌에 따르면, 삼황三皇과 같은 성인들이 천지를 관찰하여 밤과 낮, 추위와 더위 등의 자연법칙과 각종 동식물의 특성을 파악하고 그 이치를 스스로 이해하였으며, 나아가 다른 사람들을 가르치고 인도함으로써 사람들마다 맡은 직분과 사회적 지위가 있게 되었다. 인간이 처음 생겨났을 때에는 온통 베일에 가려 있던 자연세계를 관찰하여 그 법칙을 파악하고 무질서했던 인간사회에 질서를 부여한 것이 삼황과 같은 성인군주였다는 것이다. 물론 여기서 말하는 인간사회의 질서란 '부부 사이의 구별'(別), '부자 사이의 친밀'(親), '군신 사이의 의리'(義), '어른과 젊은이 사이의 차례'(序), '친구 사이의 믿음'(信)과 같은 유교적 가치이다. 여헌은 이 '오륜五倫'을 '도道'라고 불렀다.

여기서 여헌은 또 하나의 질문을 던진다. 후대로 내려올수록 혼란이 심해진 까닭이 무엇일까 하는 것이 그것이다. 하夏·은殷·주周 삼대三代가 융성하긴 했지만 요순堯舜시대에 미치지 못했고, 한漢·당唐·송宋도 모두 전대前代에 미치지 못했다는 것이 그의 의문이었다. 이에 대한 여헌의 대답은 요순시대까지가 1원의 상반기이고, 그 이후는 1원의 하반기에 속한다는 것이었다. 천지개벽 이후 양의 기가 점점 성장하여 요순시대에 그 정점에 이르렀고, 그 이후부터는 양의 기가 점차 쇠퇴해 가고 있다는 것이다. 그 결과 하반기에는 순수함과 질박함이 점차 사라지면서 교묘한 거짓이 많아지고 세대가 내려올수록 말이 방자해지지 않을 수 없었다. 이것이 후인 및 후세가 옛날에 점점 미치지 못하게 되는 까닭이다. 이러한 사유는 고대의 특정 시기를 '이상사회理想社會'로 설정하고 그 이후의 역사를 쇠퇴기로 파악하는 일종의 '상고주의尚古主義 역사관'이 투영된 것으로, 동양의 고전적 역사의식 가운데 하나이다.

이와 관련해 여헌은, 하루 중 오전에 건실하다가 오후에 나태해지는 것은 보통사람들의 폐습弊習인 데 반해 성인은 천지의 운행을 본받아 하루 종일 힘쓰고 힘쓰면서도 저녁에는 오히려 두려워하며 삼간다면서, 범인들에게 성인을 본받을 것을 촉구하였다. 왜냐하면 하루의 일이 저녁 늦게 이루어지고 1년의 일도 가을과 겨울에 성취되는 것처럼, 1원 가운데 상고에 기운이 왕성하고 문화가 번성했다고 하더라도 그 성취는 후세에 있기 때문이다. 그래서 그는 성인이 다시 나와 풀어진 습속을 거두고 누습을 개혁하여 진한秦漢 이래의 폐단을 새롭게 한다면 요순시대와 삼대가 다시 도래할 수 있다고 역설했다.

여기에서 보듯이 상고주의 역사관은 단순히 퇴보주의退步主義 역사관 이나 역사결정론歷史決定論에 머무는 것이 아니다. 오히려 이상사회를 구체적인 역사 속에 설정함으로써 그 이상사회는 단순한 유토피아가 아니라 성취 가능한 구체적인 지향점이 될 수 있고, 그런 점에서 현실비 판과 개혁의 준거가 될 수 있다. 따라서 상고주의 역사관을 단순히 역사결정론 내지 퇴보주의 역사관으로 규정하여 폄하하는 것은 적절하 지 않다.

4) 우주설의 형이상학

여헌의 『성리설』에는 「우주설」 뒤에 그 부록격인 「답동문答童問」이 덧붙여져 있다. 동자의 질문에 답하는 형식으로 된 이 글에서도 여헌은 천지 바깥의 세계와 천지 이전 및 이후의 세계에 대해 자신의 생각을 피력했다.

동자의 첫 번째 질문은 천지를 둘러싼 껍질 바깥의 세계에 관한 것들이었다. 예를 들어 다음과 같은 것들이다. 그 껍질은 어디에 의지하기에 추락하지 않을까? 그 바깥에 기가 있을까? 기가 있다면 그 기를 둘러싼 껍질이 또 있을까? 그곳에는 사물이 있을까? 사물이 있다면 천지 안에 있는 사물과 비슷할까? 아니면 텅 비어 있을까? 그 공간의 끝은 어디일까?

이 질문들은 경험적으로 알 수 없는 것에 대한 문제제기이다. 따라서 이에 대한 대답은 자연히 가설적이거나 형이상학적일 수밖에 없다. 자연의 영역에서 궁극적으로 경험에 기초하지 않은 주장은 매우 공허하다. 여헌은 허무한 영역에 마음을 쏟아 무형상의 형상을 인식하는 것이 궁리窮理(이치를 탐구하는 것)가 아니라면서, 보고 듣는 경험에 근거해서 이치를 탐구하는 것이 진정한 지식 획득의 방법이라고 역설했다. 인간의 이목耳目이 미칠 수 없는 천지 밖의 세계에 대해서는 성인도 알 수 없다는 것이 여헌의 생각이었다.

이에 대해 여헌은 「답동문」에서 다음과 같이 말했다.

기 밖에 반드시 껍질이 있다는 것은 그 또한 마음으로 헤아리고(臆度) 이치를 미루어(理推) 그것이 반드시 있다고 안 것이지 실제로 증험한 바가 있는 것이 아니다. 그러므로 대기의 한계와 껍질의 둘러쌈 또한 직접적인 근거 없이 헤아린 것이다. 하물며 그 바깥은 어떠하겠는가? 일에는 반드시 알 수 있는 것이 있고 또 알 수 없는 것이 있다. 반드시 알 수 있는 것은 나의 정신과 혼백에 통할 수 있는 길이 있는 경우이다. 반드시 알 수 없는 것은 정신과 혼백에 통할 수 있는 길이 없는 경우이다. 성인 또한 사람이다. 사람의 정신과 혼백이 통할 수 없는 것은 비록 성인이라도 또한 어찌 알겠는가?(『성리설』 권8, 「답동문」)

대기를 큰 껍질이 둘러싸고 있다는 것은 추론을 통해 내린 결론일 뿐 직접적으로 경험 가능하지 않다. 그럼에도 여헌의 생각에는 그 추론이 궁극적으로 직접적인 경험에 기초한 것이므로 합리적인 추론이며, 그런 점에서 전혀 근거 없는 공상空想과는 다르다. 반면에 껍질 바깥의 세계는 경험적 근거가 전혀 없기 때문에 합리적 추론의 대상이 아니다. 인간의 지적 능력으로 추론할 수 있는 우주공간은 지구, 지구를 둘러싼 대기, 그 대기를 둘러싼 껍질까지이며, 그 껍질 바깥에 대해서는 구체적으로 알 수 없다는 것이 「답동문」에 보이는 여헌의 견해인 셈이다.

이와 같은 견해는 「우주설」의 것과 다르다. 「우주설」에서는 대기 바깥쪽에 큰 껍질이 있고, 그 껍질 바깥에 '대원기'라는 매우 큰 기가 있다고 했다. 그렇다면 여헌은 왜 경험적 근거가 없는 천지의 바깥 세계에 대해 확정적인 말을 했을까?

그는 천지 바깥에 '대원기'가 존재한다는 것에 대해 일종의 우주론적 증명을 했다. 천지가 하나의 존재인 이상 그것은 무엇인가로부터 만들어 졌다는 논리가 그것이다. 천지 사이에 존재하는 만물은 천지 사이에 가득한 기, 즉 천지의 원기로부터 만들어진다. 천지의 원기가 만물의 물질적 기원인 셈이다. 그렇다면 천지 역시 하나의 존재인 이상 물질적 기원이 있어야 하는데, 그 기원은 천지보다 먼저 존재하고 천지보다 커야 한다. 그것이 바로 '대원기'이다.

역으로 말하면, 먼저 '대원기'가 존재했고 그것으로부터 천지가 생겨 났으며 천지의 원기로부터 만물이 생겨났다는 것이 여헌의 생성론이다. 공간적으로 보자면 '대원기'는 시간·공간적으로 유한한 천지가 그 안에서 생성과 소멸을 반복하는, 공간적 한계를 알 수 없을 만큼 큰 기이다.

여헌의 우주설은 '대원기'를 천지의 물질적 기원이자 천지를 둘러싼 현실의 존재로 설정하는 데서 끝나지 않는다. 왜냐하면 당연히 '대원기'의 기원에 대한 질문이 제기될 수 있기 때문이다. 물론 그는 천지 바깥의 '대원기'가 무극태극無極太極의 리理에서 나온 것이라고 하였다. 달리 표현하면, 기가 끊임없이 생겨나는 것은 무극태극의 리가 기를 생겨나게 하기 때문이다. 이와 관련하여 여헌은 만일 '대원기'의 극한을 미루어 가고자 한다면 막연하여 연구할 만한 단서가 없다고 하면서, '대원기'가 무극태극의 리에서 나온다는 것은 탐구의 말을 용납하지 않는다고 하였다. 이렇게 되면 그의 우주설은 자연학의 범위를 넘어서 형이상학이 된다.

다음은 여헌이 태극을 논한 한 대목이다.

> 천지의 상하사방의 극한에는 모두 그 바깥이 있으며, 천지의 시작 또한 그 이전이 있었고 종말 또한 그 이후가 있다. 하늘이 있고 땅이 있어 그 우가 되고 주가 되는 것, 우주의 안이 되고 우주의 밖이 되는 것, 우주의 전이 되고 우주의 후가 되는 것, 그것들을 누가 거느릴 수 있으며 누가 포괄할 수 있는가? 이것이 이른바 태극의 리이다. 리가 태극이 되는 까닭은 그것이 무극 즉 극이 없기 때문이다. 무극 안에 스스로 허다한 대소 변화의 무궁한 것이 있다. 그래서 그것을 무극이면서 태극이라고 한다. 그러므로 우주는 비록 크지만 또한 태극 안에 갇혀 있다.(『성리설』권8, 「우주설」)

여헌이 말하는 태극의 리는 시간적·공간적으로 무한한 존재이다. 리는 처음부터 존재했고 소멸하지 않으며, 천지의 안과 밖 어디에도 존재한다. 그리고 그 리에서 기가 나온다. 그렇다고 기는 없고 리만 있었던 때가 있었던 것은 아니다. 기는 리를 준거로 하기 때문에 처음부터 리와 기는 같이 있었다. 다만 논리적으로 보자면 기가 리에서 나오므로 리가 먼저이고 기가 나중이라는 것이지, 시간적으로 선후가 있는 것은 아니다. 리와 기는 서로 떨어져서 존재하지 않는다.

천지가 생기기 전에 존재했던 것은 리와 기이다. 여기서 리는 천지를 포함한 온갖 존재를 그 존재이게끔 하는 근본 원리이며, 기는 그 근본 원리가 현실에서 구체적으로 실현되도록 하는 재료이다. 기의 운동 변화를 통해 만들어지는 천지와 만물은 리의 표현이고 실현인 셈이다. 달리 말하면 리가 기라는 재료를 통해 자신의 가능성을 구체화한 것이 천지만물의 생성과 작용이라고 할 수 있다. 결국 천지의 개벽, 만물의 생성과 변화, 천체의 운행과 같은 이 세계의 모든 존재와 그 운동은 리에 내재된 가능성이 현실화된 것이고, 그런 점에서 리는 천지만물의 존재를 가능하게 한 존재론적 근원이자 현실에서 그 존재를 그 존재이게 끔 규제하는 준거이기도 하다.

4. 여헌 우주설의 의미 : 조선의 신유학적 우주설의 체계화

여헌의 우주론적 사유는 이 우주의 한계에 대한 질문으로부터 시작되었다. 이 우주는 영원할까, 아니면 특정한 시간에 생겨나서 일정한 시간이 지나면 소멸하는 존재일까? 이 우주는 공간적으로 무한할까? 아니면 그 끝이 있는 유한한 존재일까? 이 우주가 유한하다면 우주의 바깥은 무엇일까? 왜 이 땅덩이가 추락하지 않을까? 이와 같은 의문을 해결하기 위해 여헌은 장재, 소옹, 주희 등 선유先儒들의 학설을 흡수하여 당시로서는 매우 체계적인 우주설을 제시했다.

여헌이 「우주설」에서 그린 이 우주(천지는 물론 그 바깥까지 포함한 넓은 의미의 우주)의 모습은 이렇다. 땅이 가운데 있고 그 땅을 둘러싼 기가 빠른 속도로 회전하고 있으며, 그 결과 땅은 추락하지 않고 제 자리를 지킬 수 있다. 그리고 기의 바깥쪽에 커다란 껍질이 기를 흩어지지 않게 가두고 있다. 기와 껍질을 합한 것이 하늘인데, 여헌이 말하는 우주공간은 큰 껍질과 그 내부, 즉 천지를 의미한다.

이 우주 즉 천지는 1원 즉 129,600년을 주기로 생성과 소멸을 반복한다. 하나의 우주가 생겨나서 소멸하기까지의 시간주기가 1원인 셈이다. 더 구체적으로 말하자면, 12회로 이루어진 1원 가운데 자회에 하늘이 열리고 축회에 땅이 열리며, 인회에 만물이 생겨나 점차 번성하다 쇠퇴하며, 술회와 해회를 거치면서 천지가 소멸한다. 그러나 하나의 천지가 소멸했다고 존재 자체가 소멸하는 것은 아니다. 천지가 소멸한 뒤 일정한 시간이 지나면 다시 하늘이 열리면서 새로운 1원이 시작되고 새로운 천지가 생겨난다.

하나의 천지가 소멸되고 그 다음의 천지가 생기기 이전은 당연히 하늘도 없고 땅도 없기 때문에 단지 기만 존재한다. 우주공간을 가득 메운 기(원초적인 기라는 의미로 元氣로 불리기도 하는 기)가 작동하면서 하늘이 생기고 땅이 생기는데, 이것이 하나의 천지이고 하나의 우주이다. 정리하면 이 우주(넓은 의미의 우주)는 기(원기)로 가득 차 있고, 그 기 안에서 유한한 천지가 생성과 소멸을 반복한다. 그것은 마치 무한한 바다 속에서 하나의 얼음덩이가 얼었다 녹는 과정을 반복하는 것과 같다. 그래서 하나의 천지가 생긴 후에도 천지의 바깥에는 여전히 원초적인 기로 가득 차 있다. 천지 밖에서 천지를 둘러싸고 있는 기를, 천지 안에 있으면서 만물을 빚어내는 원기와 구분해서 '대원기'(커다란 원기)라고 부른다.

이 큰 원기는 시간적으로 천지보다 먼저 존재하면서 천지를 빚어내는 천지의 물질적 기원인 동시에 공간적으로 천지를 둘러싸고 있는 현실의 존재이다. 그렇다면 '대원기'는 어디에서 왔고 '대원기'의 바깥에는 무엇이 있을까? 이 질문에 대한 대답은 경험에 기반한 추론을 넘어서는 것이기에 다분히 형이상학적이고 철학적일 수밖에 없다. 결국 그는 '대원기'가 무극태극의 리에서 나온다는 형이상학적인 설명을 했는데, 이는 주자학의 리기론을 바탕으로 한 우주설의 당연한 귀결이었다.

여헌은 이황의 리기호발설과 이이의 기발일도설이 대립하고 있던 시기에 어느 한쪽을 지지하기보다는 그들 학설이 지닌 한계를 극복하고자 했고, 그래서 탄생한 것이 그의 '리기경위설'이다. 그는 리가 기를 매개로 이 세계를 엮어 나가는 과정이 '날실'(經)과 '씨실'(緯)이 교차하면서 직물을 짜 나가는 과정과 비슷하다고 생각했다. 그의 리기경위설은 리를 존재론적 본체로 상정하면서도 리와 기의 관계를 통일적으로 이해했던 주희 리기설의 핵심을 적확하게 포착했다고 평가할 수 있다.

여헌의 이론체계에 의하면 천지만물의 전개 과정에서 실제로 운동하는 존재는 기이다. 현실의 끊임없는 변화의 과정은 곧 기의 운동을 통해서 이루어진다. 그러나 그 과정은 곧 리의 자기성취 과정이다. 한마디로 리는 기를 매개로(기로 전화하면서) 자신의 본질을 구체화하고 현실화하고 물질화한다. 리는 처음부터 기, 천지, 만물로 자신을 표현하면서 이 세계를 엮어 왔고, 앞으로도 영원히 그러할 것이라는 것이 여헌의 생각이었다. 이와 같은 리기론적 지반 위에서 여헌은 우주구조론, 우주시간론, 천지만물생성론, 인간관, 역사관 등이 망라된, 다시 말해 자연학, 인간학, 형이상학을 포괄하는 우주설을 제시했던 것이다. 이로써 조선의 신유학적 우주설은 비로소 온전한 체계를 갖출 수 있었다.

도덕실천과 문화에 대한 주체의식 강조

박 학 래

1. 실학으로서의 유학의 여러 갈래

한국유학에서 '실학'에 대한 논의는 일제강점기인 1930년대에 제기되었다. 흔히 알고 있듯이 조선 후가에 성리학을 비판하면서 새롭게 제기된 유학의 특정한 학문 조류를 '실학'으로 지칭하는 것에 대한 논의는 조선 후기부터 있었던 것이 아니라 1930년대 정약용丁若鏞의 사상을 조명하면서 조선 후기 유학사상의 특징적 면모를 '실학'으로 부르면서 시작된 것이다. 하지만 조선유학의 특정 조류를 '실학'이라고 부르기 시작한 1930년대의 논의 이후 1950년대에 들어서 다시 실학개념논쟁이 진행되었고, 이 논쟁은 1980년대까지 단속적으로 계속되었다.

실학개념논쟁이 촉발되고 지속된 데에는 여러 내용적 요소가 개재되어 있었다. 그리고 중심 내용 중 하나는 '우리가 알고 있는 조선 후기의 실학만을 실학으로 지칭할 수 있는가?'라는 것이었고, '조선 후기 실학이라고 분류하는 학문 조류가 모두 성리학에 대해 적대적인가?'라는 문제도 하나의 논란거리가 되었다.

이러한 실학개념논쟁은 기본적으로 유학이 가지는 특성과 결부되어 있다. 유학사상은 기본적으로 실제성을 추구하는 특성을 가지고 있으며, 조선 후기 실학이 비판의 대상으로 삼았던 성리학도 그들 스스로는 실학이라고 자부할 정도로 실제성 추구 정신이 결여되어 있지 않다. 따라서 우리가 흔히 사용하는 실학의 개념은 단순히 적용하기 어려운 측면이 개재되어 있는 것이다. 따라서 본고에서는 실학개념논쟁에서 제기되는 여러 문제를 차치하고, 유학이 가지는 실질적인 측면을 '실학'의 특징으로 이해하여 논의를 전개하고자 한다.

1) 선진유학의 실제성 중시 경향

공자孔子는 귀신과 죽음에 대한 제자들의 질문에 대해 "사람도 섬기지 못하면서 어찌 귀신을 섬길 수 있겠는가?", "삶에 대해서도 알지 못하는데 어찌 죽음을 알겠는가?"(『논어』, 「선진」)라고 반문하면서 구체적인 현세의 삶에 주목할 것을 강조하였다. 이렇듯 유학은 그 출발 때부터 현실과 동떨어진 귀신이나 죽음에 대해 주목하지 않았다. 물론 종교성을 철저히 배제하지는 않았지만, 유학은 현세주의적 특성을 바탕으로 구체적인 현실에서 생활과 결부된 도덕과 정치에 주목하였다.

주나라의 인문주의적 전통을 계승하여 '문질빈빈文質彬彬'을 추구한 공자의 정신이라든가, 인성에 주목하면서도 구체적인 일상생활과 결부시켜 도덕의 실현과 도덕정치의 실현을 위해 개혁사상을 제기했던 맹자孟子와 순자荀子의 사상은 모두 실제성을 중시하는 경향이 드러난 구체적인 사례이다. 고답적인 형이상학을 추구하기보다는 일상성에 기초하여 구체적인 삶의 문제에 골몰하면서 이상을 향해 부단히 전진하려는 선진유학의 정신은 이후 유학에 깊이 각인되어 유학의 가장 주목되는 면모 중 하나가 '실제성 중시 경향'이라는 점으로 각인되었다.

우리가 흔히 거론하는 '실사구시實事求是' 즉 "실질적인 일에 나아가 옳음을 구한다", "사실을 얻는 것을 힘쓰고 항상 참 옳음을 구한다"는 언표는 그 출전이 『후한서後漢書』 「하간헌왕덕전河間獻王德傳」이다. '실사구시'가 비록 청대 고증학자들에 의해 제기된 학문방법론으로 알려져 있지만, 그 출전에서 보듯이 유학 내부에서 일찍이 제기된 특징이었다.

한편, 유학의 실제성 중시 경향은 타 사상에 대한 비판의 근거가 되기도 하였다. 선진시대부터 유학에서는 이 세상을 버리고 은둔하려는 은자隱者의 피세주의 내지 출세간주의를 정면에서 비판하는 경향을 보여 왔다. 구체적인 삶의 현장을 빗겨 서려는 경향, 구체적인 일상에서 제기되는 문제를 피하려는 사상적 면모는 유학에서 용납될 수 없었다. 그래서 불교가 유입된 후에도 유학의 이러한 경향은 지속되었다. 그래서 현실의 구체적인 문제를 탈피하려는 경향으로 비쳐진 불교의 출세간주의적 성격은 유학자들의 비판 대상이 되었고, 더불어 피세주의적 성격을 드러낸 노장류의 사고도 여지없이 비판에서 벗어나지 못하였다. 물론 배불론이라든가 도가류의 사고에 대해 비판을 가한 유학자들의 정신이 모두 실제성을 강조하는 입장에서만 출발한 것은 아니지만, 적어도 그 밑바탕에는 '수기치인修己治人'으로 요약되는 유학의 실제성 중시 경향이 자리하고 있었다.

유학이 궁극적으로 추구하는 이상理想은 개인의 도덕적 수양과 도덕적인 사회를 현실에서 구현하는 것이다. 그리고 이러한 이상은 구체적인 현실의 개혁을 통해 이루어질 수밖에 없다고 보는 것이 유학자들의 일반적인 생각이다. 안일하게 현실의 상황을 수용하여 현실에 안주하기보다는, 현실의 문제점을 구체적으로 드러내고 이를 개혁해야 한다는 것이 일반적인 유학의 생각이다. 인간에 내재된 도덕성을 구체적인 현실에서 드러내기 위해서는 끊임없는 현실의 개조가 요청될 수밖에 없고, 따라서 유학자들은 적극적인 개혁의 방법을 택하여 세상의 변화를 추구하여 왔다.

2) 성리학과 실학의 실학관

실제성 중시 경향을 두고 적지 않은 유학자들은 '실학實學'이라는 이름을 붙여 왔다. 특히 한국유학 내부에서는 원나라로부터 성리학을 수용한 이후부터 자신의 학문 즉 성리학을 '실학'으로 자칭하며 성리학이 추구하는 실제성 중시 경향을 부각하였다.

고려 말 성리학 수용기를 대표하는 성리학자인 이제현李齊賢, 그리고 조선 초 정치와 학문의 권병權柄을 쥐었던 정도전鄭道傳과 권근權近은 모두 불교나 훈고訓詁 및 사장詞章에 치우친 한당풍漢唐風의 유학을 비판하면서 성리학이 곧 '실학'임을 역설하였다. 이때 이들이 성리학이 불교에 비해 실질적인 학문임을 강조한 근거는 불교나 한당유학에 비해 성리학이 가지는 강한 인륜의 학습과 실천이었다. 즉 유학이 가지는 가장 실제적인 면모인 수기치인의 특성이 출세간의 불교나 훈고나 사장류의 한당유학에 비해 실제적이고 실용적이라고 규정한 것이다. 이러한 측면에서 정도전은 불교를 '편벽되고 방탕하며 사특하고 도피적'이라고 규정하고 성리학을 '옛 성현의 명덕과 신민의 실학(古人明德新民之實學)'으로 설명하였다.

조선 성리학의 특징적인 면모가 부각되었던 16세기 이후에도 성리학을 실학으로 이해하는 경향은 두드러졌다. 퇴계의 경우는 '실학'보다 '성학聖學'이라는 개념을 통해 수기치인의 학문으로서의 성리학을 부각하였지만, 대개의 성리학자들은 자신의 학문 즉 성리학을 실학으로 이해하고 '실학'이라는 용어를 빈번하게 사용하였다. 특히 율곡은 '성학'의 개념을 사용하면서도, 현실에 대한 개혁과 관련하여 '무실務實'을 강조하면서 실제성을 더욱 부각하였다. 실효實效·실공實功을 가져오도록 힘쓰는 '무실'을 통해 자신의 학문정신을 제시한 율곡의 이러한 실제성 중시 경향의 밑바탕에는 물론 수기치인이라는 유교의 근본 목표가 전제되어 있다. 따라서 율곡을 비롯한 성리학자들의 실학관은 도덕성 실현과 도덕사회 구현을 위한 구체적이고 실질적인 정신이 자리 잡고 있다고 하겠다.

율곡의 무실론적 입장을 계승하면서도 정통 성리학자들과 차별화되는 학문적 입장을 드러내는 학자들이 17세기부터 드러나기 시작하였고, 18세기에 이르러서는 '북학파北學派', '성호학파星湖學派'로 불리는 성격을 달리하는 학자들이 배출되었다. 이들은 정통 성리학자들의 리기심성론理氣心性論을 비롯한 성리설性理說 담론에 대해 비판적인 입장을 견지하면서 유학이 본래 가지고 있던 실제성 중시 경향에 주목하였다. 북학파의 중심인물인 홍대용洪大容은『의산문답毉山問答』을 통해 자신들이 추구하는 학문을 '실옹實翁의 학' 즉 실학이라고 지칭하고, 공리공론에 빠진 성리학자들이 학문을 '허자虛子의 학' 즉 허학虛學에 비유하기도 했다.

흔히 조선 후기 성리학과 구분되는 학문적 경향의, '실학파'로 불리는 이들이 추구하는 학문은 기본적으로 수기치인을 목표로 하는 유학이었다. 그래서 그들은 유학의 기본 목표에 동의하였다. 하지만 성리학자들과는 구분될 정도로 구체적인 현실의 근본적인 개혁에 주목하였고, 우리 문화에 대한 애정 어린 관심을 표명하였다.

2. 여헌학의 실학적 풍모

여헌旅軒 장현광張顯光(1554~1637)의 학문은 기본적으로 현실세계에 대한 체계적인 이해로부터 비롯된 것이었다. 그는 우주자연에 대한 유학의 전통을 충실히 계승하면서, 동시에 경전經典에 대한 치밀한 분석과 이해를 통해 인간과 자연에 대한 자신의 생각을 구체화하였다. 그의 학문은 유학 전통에 대한 단순한 계승이나 유학 전통의 학문에 대한 편집 단계를 뛰어넘은 것이었으며, 이에 따라 그의 학문은 여느 성리학자와 비교하여 그 독자적인 면모가 뚜렷이 드러나는 것이었다. 그리고 그의 학문의 토대로 기능하는 방대하고 치밀한 역학易學체계를 비롯하여 경위설經緯說에 입각한 리기론理氣論과 심성론心性論 등은 유학이 본래 추구하는 도덕적 이상사회의 실현을 위한 설계도이자 당대에 드러난 사회적인 문제를 극복하기 위한 모색의 기반이었다. 이런 여헌의 방대한 학문체계는 조선 성리학의 향방을 가늠한 퇴계退溪와 율곡栗谷의 성리학적 학문체계 및 경세론經世論에 비견될 수 있을 정도였다. 그리하여 여헌은 인조반정 이후에는 영남嶺南을 대표하는 산림학자山林學者로서 정치적 영향력을 발휘하기도 하였다.

여헌이 활동하던 선조 대부터 인조 대에 이르는 시기의 조선사회는 사회적 병폐가 곳곳에서 발생하고 있었으며, 이에 따라 새로운 변화와 개혁이 요청되고 있었다. 여헌에 앞서 율곡이 16세기 후반의 조선사회를 중쇠기中衰期로 규정하고 무실務實과 경장更張을 강조한 것도 당시 조선사회가 안고 있었던 병폐에 대한 인식과 이에 대한 대안의 모색이었다. 하지만 이후 조선사회는 안정된 사회질서의 수립과 공고화를 이루기도 전에 임진왜란壬辰倭亂(1592~1598)을 겪고 또 광해군 대를 거쳐 인조 대에는 병자호란丙子胡亂(1636~1637)을 겪는 등, 크고 작은 전란들로 인한 외환外患의 위기까지 맞이하였다. 성리학적 지배질서가 해이해지고 사회의 병폐가 가속화되는 상황에서 전란은 그 혼란과 동요를 더욱 부채질하였다.

여헌旅軒은 어느 성리학자보다 인간의 주체적이고 능동적인 도덕실천을 강조했으며, 당대의 시대 문제에 대해서도 깊은 관심을 기울였다. 유학적 세계관에 기초하여 방대한 학문체계를 구축했을 뿐만 아니라 당대의 문제 해결을 위한 현실적 대안을 모색하였던 그는 전란을 거치면서 도덕적 실천을 통해 사회질서의 회복과 재건을 꾀하였고, 이를 통해 더욱 뚜렷해진 국가에 대한 인식은 그로 하여금 구체적이고 실용적인 학풍을 제시하고 구체화하게 하였다. 특히 그는 향촌사회의 구체적인 현실에 착목하여 그 내용을 구체화하고자 했으며, 우리 문화와 국토에 대한 긍정적인 시선을 통해 전란으로 무너진 사회기강의 회복과 문화의 복원을 시도하였다.

이러한 여헌의 관심과 노력은 그의 학문에서 실학적 면모를 부각시키는 요소로서, 여헌 사후 문인들을 통해 결실을 맺은 여러 문화사업들은 영남지역의 성리학풍에 새로운 기운을 불어넣는 계기가 되었다.

1) 주체적 도덕실천의 강조

여헌의 방대한 학문이 추구하는 목표는 도덕적 이상사회의 구현, 즉 도道의 실현이었다. 우주를 관통하고 천지만물에 깃든 원리이자 인간사회에 실현해야 할 가치인 도의 실현을 위해 그가 무엇보다 강조한 것은 인간의 주체적이고 능동적인 실천이었다.

오직 인간만이 천지 사이에 위치하고 만물의 으뜸 자리에 있어, 인의예지仁義禮智의 덕德을 본성으로 삼고 사람이 지켜야 할 도리를 맡고 있다. 인간은 천지를 편안하게 하고 만물을 낳아서 기르며 옛 성인聖人을 계승하고 후학後學들을 열어 주는 것을 사업으로 삼는다.(『旅軒先生文集』권6, 「文說」)

인간에 대한 긍정적인 사고를 바탕으로 인간 스스로의 주체적인 노력을 통한 도의 실현을 강조하는 여헌은 인간을 천지자연과의 관련 속에서 위치 짓고, 인간 행위와 사회규범으로 자리 잡은 도덕질서가 우주자연의 이법理法에 근거하며 서로 상통한다는 유학 전통의 사고를 계승한다. 그러면서 그는 인간의 주체적인 자발적 행위를 통해서만 천지자연의 이치가 의미를 가질 수 있다는 점을 무엇보다 강조한다. 이와 같은 그의 생각은 "우리 인간이 인간에게 있는 사업을 다한 뒤에야 천지의 사업이 그 사업을 이루고 우주가 우주다운 우주가 될 수 있다"(『旅軒先生文集』권7, 「孔聖」)라는 언명을 통해서도 확인할 수 있다. 인간에게 잠재된 자질을 개발하여 주체적인 노력을 통해 현실에서 그 내용을 실현시킬 때 비로소 우주의 질서가 올바로 드러난다고 파악하는 것이다.

인간의 주체적인 실천을 강조하는 여헌에게 있어 인간이 해야 할 실천의 내용은 다름 아닌 현실세계에서의 도덕이었다. 그래서 그는 "사업 가운데 크고 중한 것은 선행善行을 하는 것보다 더한 것이 없기 때문에, 선행을 하는 것을 칭하여 덕업德業이라고 한다"(『旅軒先生文集』권6, 「學部名目會通旨訣」)라고 하여 인간이 목적을 가지고 의식적으로 행해야 할 사업의 요체가 도덕의 실천임을 강조하였다. 그래서 그는 명리名利를 추구하는 풍토를 날카롭게 비판하였으며, 인욕을 제거하고 천리를 밝혀 인간 본래의 도덕적 완전성을 실현해야 함을 역설하였다.

그가 인간의 도덕실천을 통해 이루고자 하는 세계는 어떤 모습이었을까? 그는 인간이 선행을 실천하면 인간관계의 친소親疎가 구분되고 상하上下가 밝아지며 내외內外가 구분되고 선후先後의 질서가 정해지는 사회가 이룩될 것이라고 보았다. 그리고 유학이 추구하는 오륜五倫적인 질서, 즉 아버지는 아버지답고 자식은 자식다우며 군주는 군주답고 신하는 신하다우며 남편은 남편답고 부인은 부인다우며 어른은 어른답고 어린이는 어린이다우며 선한 사람을 옳게 여기고 악한 사람을 미워하는 사회질서가 이룩될 것이라고 파악하였다. 이러한 인간사회의 도덕적 질서의 수립은 단순히 인간사회에만 그 효용이 머무는 것이 아니라 지나친 것을 억제하고 부족한 것을 보충하여, 인간이 천지의 운행에 참여하여 천지가 제자리에 위치해서 만물을 길러 주는 궁극적인 도의 실현을 이룩할 수 있게 된다고 규정하였다. 그만큼 여헌의 학문적 실천은 도덕과 결부되어, 문명의 교화를 통해 천지만물의 조화를 이루는 것이었다.

이러한 측면에서 여헌은 일상적으로 하는 일체 행위의 법도, 인간으로서 떳떳하게 지켜야 할 도리, 교화의 규범, 그리고 만물을 발육하여 그 높고 큰 것이 하늘에까지 다하는 것을 인간이 실현해야 할 내용이라고 규정하였다. 그리고 이러한 내용의 실천은 일상에서의 구체적인 행위로부터 출발해야 함을 강조하였다. 일상에서의 인류질서, 즉 부모를 잘 섬기고 형제를 보호하며 남자는 의로운 일에 종사하고 여자는 죽음으로써 절개를 지키며 배가 고파도 뜻을 지키고 부유하면 남을 살리는 것은, 그 크기가 천지와 같고 그 밝음이 해와 달과 더불어 함께하는 것으로서 사시가 변함없이 갈마듦과 같이 항상된 것이라고 강조하였다.

2) 지지地誌의 편찬과 사회적 치용治用에 대한 관심

향촌사회의 질서 수립과 연관하여 여헌은 지지地誌의 편찬에도 많은 관심을 기울였다. 그가 제시한 지지 편찬의 의의와 필요성은 문인 신열도 申悅道의 다음 술회에서 확인할 수 있다.

> 갑술년(1634) 2월 나는 남산에 와서 선생을 뵙고 여러 친구들과 여지興地의 일에 대하여 언급하였다. 선생은 분부하시기를, "우리나라는 전적典籍이 구비되지 못하였으니, 이 고을에 살면서 이 고을의 고사故事를 모른다면 되겠는가? 제군은 각기 지지地誌를 편찬하여 권하고 징계하는 바가 있게 하는 것이 좋다" 하시고는, 인하여 나에게 명하여 『문소현지聞韶縣誌』를 편찬하도록 하였다. 이는 선생이 일찍이 문소현聞韶縣(의성현의 별칭)의 현령이 되시어 수집할 뜻이 있었으나 성취하시지 못한 까닭이었다.(『여헌선생속집』 권9, 「拜門錄」)

위에서 보는 바와 같이 고을 수령으로서 백성들로 하여금 고을의 역사와 옛일을 소상히 알게 할 필요가 있다고 생각한 여헌은, 지지 편찬을 통해 백성들에게 지역에 대한 통찰은 물론 권선징악의 유교적 가치관을 심고자 하였다. 그가 지지 편찬을 통해 목적한 것은, 단순히 고을의 역사적 사실을 확인하는 데 그치는 것이 아니라 지역의 역사와 기풍을 확인하고 이를 통해 향촌사회의 건전한 기풍을 진작시키는 데 있었다. 이러한 목적은, 그가 비록 직접 실행에 옮기지는 못했지만 의성현령 재임 시에 읍지 중수에 각별한 관심을 가지고 펼쳤던 정사와 관련된 내용을 통해 확인할 수 있다.

여헌은 의성현령으로 재임하면서 무엇보다 백성의 풍속과 선비의 풍습을 변화시키는 데 관심을 기울였다. 그리고 그 실질 내용은 윤리를 밝히고 풍속을 좋게 하는 것(明倫善俗)이었다. 여헌은 백성들이 농사와 누에치기에 힘쓰고 부역에 부지런할 것을 권면하면서 풍속의 변화를 이끌고자 하였다. 이러한 그의 정사와 관련된 읍지 편찬에 대한 관심은, 지역사회에 대한 통찰의 내용을 구체화하고 이를 바탕으로 향촌의 도덕질서 수립과 지치至治의 혜택을 나누고자 한 것으로 요약된다.

여헌의 지지 편찬에 대한 관심은 구체적으로 그의 문인들에게 계승되어 현실화되었다. 『동경지東京志』(경주)는 1623~1649년에 여헌의 문인 권응생權應生·정극후鄭克後에 의해 편찬되었고, 『문소지聞召誌』(의성)는 신열도申悅道·안응창安應昌 등에 의해 1656년 편찬되었으며, 『경산지京山志』(성주)는 1677년 이원정李元禎·이도장李道長 등에 의해 편찬되었다. 이 밖에도 『밀주지密州誌』(밀양, 1623~1649), 『오산지鰲山誌』(청도, 1627), 『일선지一善志』(선산, 1618), 『천령지天嶺誌』(함양, 1656), 『선사지仙槎誌』(울진, 1640), 『양양지襄陽誌』(양양, 1623~1649) 등이 여헌의 권유에 따라 그의 문인에 의해 편찬되었다.

대체적으로 인조 연간에 여헌 문인들에 의해 편찬된 이 지지들은 향촌사회의 질서를 구축하려는 현실적인 치용의 반영이었다. 신열도가 울진현령으로 재임하면서 『선사지』 편찬을 주도했다는 사실에서 확인되듯이, 여헌 문인들은 지지 편찬을 통해 여헌이 이루고자 했던 윤리강상의 부식扶植에 관심을 가졌다. 특히 여헌 문인들에 의해 구체화된 지지는 여헌의 경세적 학풍이 가지는 실용적 면모의 발현이었다. 한 예로 1677년 이중경이 청도의 지리와 사적을 기록한 『오산고금사적鰲山古今事蹟』 1책은 편목과 편제의 경우 『동국여지승람東國輿地勝覽』과 같은 전통적인 지리지의 체제를 계승하고 있으나, 17세기 당시의 농업경제적 시대 상황과 요청을 반영하여 '청도 지방의 제언堤堰과 방천관개防川灌漑', '토지의 비옥함과 척박함'(土地沃瘠) 등 당시의 농경기술과 농법에서 필요한 수리水利시설에 대한 항목을 실어 실용적 관심을 충족시키고 있다.

아울러 여헌 문인들이 편찬한 지지에는 여헌의 영향을 받아 풍수적 입지 이해와 비보裨補적 인식의 실용적 적용이 두드러졌다. 이중경은 위의『오산고금사적』의 '산천형세' 항목에서 풍수적인 인식으로 청도읍의 산천을 설명하면서 명승 구역임을 강조하면서 조산祖山인 단석산斷石山에서 비롯하여 소조산小祖山인 갑봉甲峯을 거쳐서 주산主山인 오산鰲山에 이르는 내맥來脈을 상세히 기록하였고, 이러한 산세에 따라서 관기官基는 마땅히 북향이어야 한다는 세주細註도 달았다. 또 '도선답산기道詵踏山記' 항목에서는 도선道詵(827~898)에 가탁하여 고을의 명당지에 대한 정보를 담았으며, 두 곳의 명당에 대한 대략적인 위치와 형국을 기재하였다. 그리고 청도의 풍수적 비보숲인 율림栗林을 기록하여 상율림과 하율림은 각각 군의 허한 곳과 수구水口를 막고 갈무리하는 뜻으로 조성하였다고 기재하였다.

이렇듯 여헌에게서 비롯된 17세기 영남지역 특히 성주권을 중심으로 한 지역의 지지 편찬은 여헌이 지녔던 사회적 치용治用의 성향과 정신이 구체화된 것이었다. 그리고 이러한 지지 편찬은 사적지 편찬으로까지 확대되었다. 여헌의 명으로 경주 서악서원의 원지院誌인『서악지西岳志』가 정극후에 의해서 저술되었고, 여헌의 관심을 반영하여 문인 안응창安應昌(1603~1680)은『정릉지貞陵誌』,『서원지書院誌』등을 편찬하였다.

3. 주체 의식의 강조와 우리 문화에 대한 애호

1) 우리 문화와 문헌에 대한 관심

여헌의 학풍에서 두드러지는 것 중 하나는 그가 평생토록 기약한 도덕 실현을 위한 관심과 노력이 향촌사회 질서의 회복에만 국한되지 않았다는 점이다. 그는 전란 이후 사회의 도덕질서 회복을 위해 다양한 측면에서 경세적 입장을 표명함으로써 이를 구체적으로 실현하고자 하였다. 이러한 그의 노력 가운데 눈에 띄는 것 중 하나는 그의 문인 김휴金烋(1597~1638)에 의해 이룩된 우리나라 최고最古의 도서해제 집대성으로 평가받고 있는 『해동문헌총록海東文獻總錄』이다. 김휴에 의해 완성을 본 이 저작은 여헌의 권유가 결정적인 계기였고, 당시 시대적 상황이 더욱 이러한 작업을 요청하고 있었다.

김휴가 이 저작의 집필을 위해 본격적인 작업을 시작한 때는 임진왜란과 정유재란을 겪은 지 얼마 지나지 않은 때였다. 당시는 오랜 전란으로 인해 우리의 각종 문화유산이 파괴되고 소실된 때였으며, 특히 적지 않은 전적들이 소실되고 유실된 상태였다. 그래서 왕명으로 전적수집령典籍蒐集令이 내려지기도 했으며, 수집된 전적류를 홍문관弘文館에 보관하고 심지어 안전을 위해 강화도에 수장收藏하기도 했다. 그만큼 우리 문화유산, 특히 전적에 대한 정리와 보관이 당면한 문화적 과제였으며, 주요 전적에 대한 정리와 목록 작업이 자연스럽게 요청되었던 것이다.

이러한 때 여헌은 김휴에게 『해동문헌총록』의 편찬을 권유하였고, 20여 년에 걸친 각고의 노력 끝에 그 작업은 결실을 보게 되었다. 여헌이 이 저작의 편찬을 권유한 내용을 김휴는 다음과 같이 밝히고 있다.

병진년(1616년) 겨울에 내가 원당遠堂에서 여헌 선생을 배견拜見했을 때 선생께서 서책 수권을 보이면서 말씀하시기를, "이것이 『문헌통고文獻通考』「경적고經籍考」이다. 이 한 책을 살펴보면 고금古今 문헌文獻의 성쇠盛衰를 알 수 있다" 하셨다. 선생은 또 "그 가운데 경적 부분을 발췌하여 부록으로 가지고 있다"라고 했으며, "우리는 동국東國 사람이면서 동국의 문헌에 대해 잘 알지 못하고 있다"라고 말씀하셨다. 그리고 계속해서 "그대는 박식하고 재량이 있는지라, 그대가 살고 있는 주변 지역이 병화兵火를 면한 곳이어서 온전한 서적들이 많이 남아 있을 것이니 조사 수집하여 기록으로 남긴다면 우리나라의 문헌을 널리 밝힐 수 있고 또 고증의 자료로 활용할 수 있을 것이다. 그 공은 옛사람에 못지지 않을 것이다"라고 하시면서 그 작업을 권유하셨다.(金烋, 『海東文獻總錄』, 「序」)

앞서 지적한 바와 같이 국가에 대한 의식이 자연스럽게 자리하고 있었던 여헌은 전란을 거치면서 피폐해진 사회현실 속에서도 우리 문화유산을 정비하고 체계화하는 데 관심을 기울였다. 우리 문화를 이해하고 보존해야 한다는 자주의식이 그의 생각 속에 깊이 자리하고 있었으며, 이러한 의식은 자연스럽게 그의 문인에게 이어져 현실화되었던 것이다. 전란을 거치면서 자연스럽게 표출된 국가의식은 이후 국학정신으로 현저하게 표출되고 앙양된 것이다.

국가에 대한 의식이 우리 문화에 대한 애호로 드러난 여헌의 문헌에 대한 생각은 20여 년간 지속된 김휴의 편찬 작업에 고스란히 녹아들었다. 여헌은 김휴가 전적을 수집하고 검토하면서 자문을 청해올 때, "문헌을 고증하고자 하는 사람은 그 인물의 성쇠, 문장의 고하, 세도의 승강을 알고자 한다"(金烋, 『海東文獻總錄』, 「序」)라고 권면하였고, 이러한 충고를 받아들여 김휴는 『해동문헌총록』을 편집하면서 여헌의 뜻에 부합할 수 있도록 하기 위해 최선을 다하였다.

여헌의 우리 문화 애호 의식은 단순히 우리의 문헌을 수집 보존하는

데 머무는 것이 아니었다. 그는 인간과 천지만물의 이치가 고스란히 경전經典에 담겨 있고, 경전으로 인해 사람들이 금수禽獸로 돌아가지 않게 되었다고 보았다. 이러한 측면에서 그는 인간이 실현해야 할 도가 담겨진 문장만이 의의를 가질 수 있으며, 덕행이 전제되지 않은 언사로서의 문장은 공허할 뿐 아니라 문장으로서의 의의가 없다고 규정하였다. 따라서 여헌이 파악하는 문헌은 단순한 글의 집산으로서의 의미를 갖는 것이 아니라 언사로 표현된 도의 현현顯現, 즉 도덕 실현의 매개인 것이다. 그래서 그는 "도道는 문文의 근본이 되니, 덕행에 드러나는 것은 문의 실이고 언사로 발로되는 것은 문의 문"(『旅軒先生文集』 卷6,「文說」)이라고 하여, 경전을 비롯한 문헌을 덕행과 관련지어 규정하였다. 이러한 측면에서 그가 문헌에 대해 관심을 기울인 이유를 확인할 수 있다.

여헌은 천지의 도와는 달리 인간의 도는 세대에 따라 오르내림이 있고 사람에 따라 간사함과 바름의 차이가 있다고 보았다. 그리고 「문설 文說」을 통해 이러한 도의 변화는 역대의 글을 통해 확인할 수 있다고 이해하였다. 이러한 점에서 육경을 비롯한 경전 이외에 역사적으로 드러난 여러 글들도 나름의 의의를 가지게 된다. 그래서 여헌은 정통 성리학자로서 천 년간 끊어진 육경의 의미를 밝히고 성인의 도가 훌륭한 도임을 알아 도의 실현을 이끈 송유宋儒의 글이 의의를 가진다고 규정하면서, 동시에 우리 문화에 대한 자긍심을 바탕으로 우리 문헌에 대해서도 또한 의미가 있다고 파악하였다.

우리 문헌이 의미를 가질 수 있다는 점을 여헌은 우리 역사 속에서 확인하고자 하였다. 그는 무위無爲의 교화로 나라를 세우고 다스린 단군檀 君, 홍범구주를 전한 기자箕子를 거론하여 우리나라에 일찍이 교화가 이루어졌음을 확인하고, 삼한과 삼국을 거치면서 전쟁이 없지 않았지만 고려에는 왕업이 불만하였다고 평하였다. 그리고 조선에 이르러서는 성스러운 다스림이 구비되어 훌륭한 군주가 있음을 제시하였다. 특히 그가 주목한 것은 우리나라는 도덕을 실천하는 선비가 끊이지 않아 서로 유학의 도통道統을 계승하였으며, 유교의 정통을 계승한 학자와 문장으로 뛰어난 인물이 많았다는 점이었다. 그래서 그는 「청구도설靑邱圖說」(『旅軒先生續集』권4)를 통해 우리 문화에 대한 자부심을 우리 역사 속에서 실현된 교화와 유교의 정통 계승에서 찾았다. 따라서 우리의 문헌도 도의 양상을 살필 수 있는 자료인 동시에, 도덕과 교화의 내용이 담긴 소중한 자산이 되는 것이다. 이처럼 여헌은 누구 못지않게 우리 문헌에 대한 애착을 드러내었으니, 그 의지가 『해동문헌총록』으로 결실을 맺게 된 것이다. 이 저작은 단순히 우리 문화의 애호에만 그치는 것이 아니라, 도의 실현과 결부된 여헌의 생각이 반영된 결과였다.

한편, 여헌의 뜻을 받들어 김휴가 완성시킨 『해동문헌총록』속에 포괄되어 있는 문헌은 670여 종에 달한다. 시기적으로 고려를 포함한 이전 시기의 전적이 3분의 1을 차지할 정도로 서지학적 가치가 높다. 현재 서명만으로 접할 수 있는 문헌이 다수 포함되어 있는데, 절대적으로 부족한 고려 이전의 문헌들을, 비록 실물을 보고 정리한 것은 아니지만 전래 문헌을 인용하여 해제한 것은 망실된 문헌에 대한 개략적인 이해를 돕는다는 점에서 의미가 적지 않다.

더구나 유가의 전적 이외에 불가나 도가의 전적도 상당수 망라되어 있다는 점에서 객관적인 입장을 취했다는 점도 특기할 만하다. 성리학적 입장에만 매달려 타 학문에 대해 배타적인 입장을 취하지 않았다는 점은 그만큼 포용적인 태도가 전제되어 있음을 의미하는데, 이러한 태도 또한 여헌에게서 비롯된 것이었다. 여헌은 일찍이 자신을 찾아온 김휴에게 『역학유설易學類說』의 목록을 건네며, "천문天文, 지리地理, 음양陰陽, 복서卜筮, 의학醫學, 병법兵法등 여러 술가術家에 이르러서도 혹 상象을 본받아 뜻을 취한 내용이 있으면 모두 채집하여 부록附錄을 만들고 명칭을 방류旁流라 하였으니, 이는 역도易道가 광대廣大하여 있지 않은 곳이 없기 때문"(『旅軒先生續集』권9, 「敬慕錄」)이라고 하는 등 포용적인 학문적 입장을 취하였다. 이러한 점에 영향 받아 김휴는 불가의 서적 해제를 객관적으로 기술하고, 그 내용이 훌륭하다고 판단될 경우에는 과감히 높은 찬사를 보내기도 했다. 또 임진왜란 때 활약한 승려 유정의 행적과 업적을 높이 칭송하는 등 의미 있는 행적을 남긴 승려에 대해서는 그 공적을 밝히고 귀감이 되도록 찬사를 보냈다.

정통과 이단의 구별이 엄격하였던 당시의 시대적 상황에 비추어 객관적이고 포용적인 편집 태도는 이후 후학들에게 독서의 지침 역할을 하였으며, 보다 넓고 완숙한 학문을 습득하도록 그 기초를 제공하였다고 할 수 있다. 그래서 『해동문헌총록』은 후대 학자들에게 적지 않은 영향을 미쳤다. 이는 이규경李圭景(1788~?)의 『오주연문장전산고五洲衍文長箋散稿』 곳곳에서 『해동문헌총록』이 인용되고 있다는 사실에서도 확인할 수 있다. 이규경은 「경사편經史編」의 '원효元曉와 의상義相에 대한 변증설'에서 『해동문헌총록』의 「석가류釋家類」에 실린 관련 내용 전체를 인용하였으며, 「소학小學의 고금이학古今二學에 대한 변증설」, 「가례家禮에 대한 변증설」, 「신증향약집성방新增鄕藥集成方에 대한 변증설」 등에서도 『해동문헌총록』을 인용하고 있다. 그만큼 서적의 유통이 제한적이었던 상황에서도 여헌에게서 비롯된 김휴의 『해동문헌총록』은 우리 문헌에 대한 이해를 넓히고 우리 문화에 대한 관심을 드높이는 데 기여하였다.

2) 우리 국토에 대한 긍정

여헌은 우리 문화에 대한 애호와 더불어 우리 국토에 대한 인식에서도 다른 성리학자와는 구별되는 면모를 드러내었다. 대체적으로 성리학적 지식인들의 국토 인식은 그들이 추구한 세계관과 맞물려 있으면서 동시에 문화적 표상과도 관련이 깊다. 이러한 측면에서 이전 시기의 성리학자들 대부분의 우리 국토에 대한 인식이 대체로 소극적 내지 부정적이었던 것과는 달리, 여헌은 우리 국토에 대한 긍정적인 시선을 바탕으로 자신의 입장을 표명하였다.

여헌은 "한 방안에 앉아 있으면서도 만 리의 넓은 구역을 모두 볼 수 있는 것은 반드시 이용할 만한 그림 지도가 있어서"라고 하여 지도가 가지는 유용성을 인식하고 있었다. 그는 42세 때인 1596년, 당시 청안靑安 (현 충북 괴산군 청안면)현감으로 재직 중이던 친구 서사원徐思遠(1550~1615)으로부터 받은 「청구도」를 열람하면서 우리 국토의 지형 개관, 산수 이해, 도읍 입지, 지역 이해, 풍토론, 그리고 현실인식을 통해 자신의 국토 이해에 대한 입장을 제시하였다.

그는 우선 우리 국토를 '오동지강역吾東之疆域'이라고 하여 중국과의 대비를 통해 이해하고자 하였다. 그리고 우리 강역을 큰 범위에서부터 확인하여, 삼면이 바다인 점을 확인한 후 지맥을 중심으로 국토의 대체적인 형세形勢를 파악하는 데 관심을 기울였다.

> 지기地氣와 토맥土脈과 산수山水의 정영精英이 멀리 중국과 바다를 격해 있지만 서로 통하고 구역을 달리하지만 함께 부합하니, 참으로 이른바 작은 중원(小中原)이다.(『旅軒先生續集』 권4, 「靑邱圖說」)

여헌이 형세를 중심으로 파악한 우리의 국토는 중국과 비교해도 손색이 없을 정도로 뛰어나다. 다만 중원보다 규모가 작을 뿐이라는 측면에서 '소중원小中原'이다. 우리 국토를 '소중원'이라고 규정한 여헌의 이해는 다른 학자들에게서는 찾아보기 어려운 국토관이다. 일례로 18세기 성리학자인 한원진韓元震의 "우리나라는 동쪽 모퉁이에 치우쳐 있고 땅의 넓이가 중국의 한 주 크기와 겨우 비슷하다"라는 지적처럼, 대체적으로 우리 국토는 중국의 변방에 처하여 편협하고 규모가 작다는 부정적 인식이 자리하고 있었다. 하지만 여헌은 다만 크기의 측면에서 중국과 차이가 있을 뿐 우리 국토는 중원의 그것과 같은 차원에 놓여 있다는 긍정적인 인식을 가지고 있었다. 그래서 그는 우리 국토에 "용이 나는 듯 봉황이 춤추는 듯하고 범이 웅크리고 앉은 듯 기린이 뛰는 듯한 형세"가 깃들어 있는데 "이는 모두 하늘이 아껴 두었다가 나타내고 땅이 숨겨 두었다가 열어 놓은 것"이라고 하여, 뛰어난 형세와 기운을 풍수적인 인식과 표현 방식을 빌려 긍정적으로 파악하였다. 나아가 그는 "상서로운 구름과 기운이 울창하게 모였으니, 당연히 우리 동방의 흥왕하고 쇠하는 큰 운수가 대략 중국과 같다"라는 말로써 우리 국토에 대한 자긍심을 드러내었다.

중국과 부합하는 '소중원'으로 인식된 우리 국토에 대해 여헌은 중국과의 대비를 통해 산수의 특징적인 면모를 제시한다. 중국의 오악五嶽과 마찬가지로 우리 국토에 묘향산妙香山·구월산九月山·금강산金剛山·지리산智異山·태화산太華山이 있으며, 중국의 사독四瀆과 같은 형세로 낙동강洛東江·한수漢水·대동강大同江·압록강鴨綠江이 있다는 것이다. 같은 맥락에서 영남嶺南과 호남湖南을 포함한 양남兩南은 중국의 강남江南에 비견되고, 경도京都(서울)는 낙양洛陽과 비슷하며, 관서와 관동 지방은 중국의 함양咸陽과 농우隴右라 할 만하다고 파악한다. 산수 및 토지환경, 인물과 지리적 위치, 교통 조건과 통상의 이익, 미풍양속 등의 여러 측면을 대비하여 그는 우리 땅에 대한 긍지를 표현하였다.

여헌이 제시하는 우리 국토에 대한 긍지의 바탕에는 중국과 비견될 만한 자연환경이 자리한다. 그는 중국의 땅이 먼저 이루어졌지만 우리의 땅도 중국과 같은 맥락에서 만들어졌으며, 그에 따라 방위도 같고 기후와 같은 자연적인 환경도 우수하다고 파악한다. 그리고 우리 강토는 좋은 기운이 모이고 양덕陽德이 집합하였기 때문에 기후가 순일하고 물산이 풍부하며 괴이한 일이 발생하지 않는다고 하여, 인간의 삶을 영위하기 위한 좋은 터전이라고 파악한다. 그러므로 우리나라는 "가는 곳마다 낙토樂土가 아닌 데가 없고, 들어가는 곳마다 아름다운 지역(嘉地)이 아닌 데가 없다"(『旅軒先生續集』 권4, 「靑邱圖說」)는 것이다. 즉 우리 국토는 천혜의 자연환경을 갖추었을 뿐만 아니라 그 지리적·환경적 조건에서 조성된 풍속 또한 중국과 비교해도 뒤지는 것이 별로 없을 정도로 좋고 아름답다는 것이 여헌의 판단이다.

자연적인 지리환경에 더하여 여헌이 주목한 것은 우리 강토에서 나고 자란 우리나라 사람이 중국인 못지않게 좋은 성정과 자질을 갖추고 있다는 점이었다. 그에 따르면, 우리나라 사람은 형모形貌가 단정하고 곧으며 성정性情이 화평하고 순하여 강유剛柔의 자질을 겸하고 중화中和의 덕을 구비하고 있으며, 의식주를 비롯한 풍속은 물론이거니와 군자가 많고 소인이 군자를 따르며 남자가 선창하면 부인이 화답하여 그 풍속이 예의와 겸양을 숭상하고 선비들이 학문을 독실하게 한다는 것이다. 나아가 그는 우리나라 사람들이 갖추고 있는 자질과 우리가 이룩한 도덕규범에 대한 자부심을 드러내었다.

사람은 중국에서 태어나지 않았으나 똑같이 천지의 이치를 받았고, 나라는 큰 나라가 아니나 똑같이 통행하는 도리가 있으며, 땅은 비록 해외이나 똑같이 이 하늘의 아래에 있다. 중국 사람들의 성性이 인의예지신仁義禮智信일 뿐인데 우리나라 사람들 또한 모두 인의예지의 떳떳한 본성을 간직하고 있지 않음이 없다. 중국 사람들의 도가 부자 간에 친하고 군신 간에 의롭고 부부 간에 분별이 있고 장유 간에 차례가 있고 붕우 간에 믿음이 있는 것일 뿐인데, 우리나라 사람들 또한 모두 부자·군신·부부·장유·붕우의 떳떳한 도리가 있지 않음이 없다. 그렇다면 어찌 해외라 하여 스스로 소외할 것이 있으며, 나라가 작다 하여 스스로 하찮게 여길 것이 있겠는가?(『旅軒先生續集』 권4, 「靑邱圖說」)

여헌의 국토관은 국토의 위치나 대소에 따라 결정되는 것이 아니라 백성이 이룩한 문화체계를 중심으로 평가되어야 한다는 것으로 요약된다. 우리 문화는 중국과 비견해도 결코 손색이 없다 하여, 지리적 환경인 땅의 위치나 대소가 그 나라를 평가하는 잣대일 수는 없다고 강조하는 것이다. 그래서 그는 거듭해서 "땅이 해외에 있고 나라가 작다 하여 손해가 될 것이 있겠는가?"라고 하면서 우리 문화에 대한 자긍심을 드러내었다.

여헌의 우리 강토와 문화에 대한 자부심은 당시의 시대적 상황과 결코 무관하지 않은 것이었다. 「청구도」를 통해 제시된 그의 국토 인식은 전란을 거치면서 당한 치욕에 대한 그의 소회와 맞닿아 있기 때문이다. 그는 "근년 이래로 우리 동방의 구역은 오랫동안 북상투를 하고 이빨에 검은 칠을 한 오랑캐들에게 더럽힘을 당하여, 산하山河가 분노의 기운을 띠고 풍운風雲이 부끄러운 기색을 머금고 있다"라고 지적하고, 그 원인에 대해 "재앙을 부른 것이 우리 자신들에게 있었는 가? 아니면 우리 동방의 기수氣數가 피하기 어려웠던 것인가?"(『旅軒先生續集』 권4, 「靑邱圖說」)라고 반문하였다. 이러한 언급에는 암울한 시대 상황을 초래한 우리 자신에 대한 자책이 담겨 있다. 그래서 그는 "오늘날의 산천은 곧 옛날의 산천이요, 오늘날의 영토는 곧 옛날의 영토"라고 전제한 뒤, "똑같은 산천이고 똑같은 영토인데, 다스리고 혼란함의 자취가 크게 다르고 흥하고 망함의 운수가 이처럼 판이함은 어째서인가?"라고 하여 난국 극복에 대한 주체적인 의지와 노력을 강조하고 있다. 이것은 우리 국토에 대한 애호를 바탕으로 현실 난국의 극복을 위한 주체적 노력을 역설한 것으로서 그의 경세적 입장이 구체적인 사회현실 속에 투영된 것이다.

여헌은 우리 국토에 대한 애호 의식을 제시하면서 풍수 및 술가術家의 법에 대해서도 극단적인 배척의 태도를 취하지 않는 면모를 보였다. 풍수적인 인식과 표현 방식을 통해 국토에 대한 자신의 인식 일단을 드러내었듯이, 여헌은 풍수에 대해 긍정적인 태도를 보이며 남다른 조예를 드러내었다. 일례로 문인 신열도가 자신이 평소 의문을 가졌던 예법에 대해 질문하면서 풍수설의 병폐를 질정하자 여헌은 다음과 같이 대답하였다.

> 산천의 풍기는 모인 곳이 있고 흩어진 곳이 있고 응집하여 맺힌 곳이 있으니, 기운이 모이면 산세가 뭉치고 기운이 흩어지면 산세가 흩어지는 것이 진실로 당연한 이치이다. 그러나 만약 한결같이 풍수설을 믿어서 때를 지나도 장례하지 않음에 이른다면 크게 옳지 않다. 다만 풍기의 모이고 흩어짐과 산천이 응집되어 맺혀 있는 곳을 살펴서 쓰면 불가하지 않을 것이다.(『旅軒先生續集』 권9, 「拜門錄」)

여헌은 산천 지형의 취산聚散을 고려한 형세론적 풍수론의 이치와 용도를 수긍하면서도, 발복發福을 기하려고 장례를 늦추는 술법적 행태에 대해서는 비판하고 있다. 그의 사상체계의 근간을 이루는 방대한 역학易學의 체계 내에서 기의 취산을 중심으로 하는 풍수를 수용하면서

도, 도덕적 근간을 훼손하는 풍수의 행태를 용납하지 않으려는 것이다. 그만큼 그의 인식 저변에는 도덕적 질서의 강화를 통한 사회질서의 수립이 자리하고 있었다.

한편, 여헌은 「입암정사기立巖精舍記」(『여헌선생속집』 권9)를 통해 풍수에 대한 수용적 태도를 근거로 은거지인 입암정사立巖精舍의 입지를 정하고 풍수적인 해설을 제시하였으며, 고향 인동을 비롯하여 선산 등의 연고지와 인동향교 및 종가에 대한 풍수적 견해를 제시하기도 하였다. 「입암정사기」의 경우에는 지형의 형세 개관과 더불어 풍수적인 사신사四神砂(청룡·백호·주작·현무)의 입지 조건을 매우 구체적이고 사실적으로 기술하고 있으며, 다른 글인 「기몽記夢」(『여헌선생속집』 권4)을 통해서는 주산主山·수구水口 등의 풍수 용어와 인식 방식을 통해 자신의 풍수관을 표현하기도 하였다. 특히 옥산현玉山縣(인동)에 대해서는 「인의방설仁義坊說」(『여헌선생속집』 권4)을 통해 고을의 터를 풍수적으로 보완하기 위해 비보숲을 조성 관리해야 한다고 표명하기도 하였다. 이렇듯 여헌은 풍수설을 통해 실용적인 태도를 취하였고, 이를 통해 향촌사회의 건전한 기풍 진작을 꾀하면서 사회질서 재건에 대한 관심을 구체화하였다.

4. 여헌학의 실용적 특징과 그 영향

여헌 학문의 목표는 우주의 원리에 대한 앎과 인간 도덕성에 대한 자각, 그리고 이를 바탕으로 한 인간의 능동적인 도덕실천이었다. 특히 그는 인간의 도덕실천을 근간으로 인간의 역할과 책임을 강조하였으며,

이를 기반으로 현실 문제를 타개해 나가고자 하였다. 유학적 전통을 계승하여 도덕 중심의 지향성을 가진 경세적 입장을 근본으로 삼아서 그것을 당대의 현실 문제에서 구현하려던 여헌은 구체적 현실 속에서의 도덕 실현을 위해 많은 노력을 기울였다. 그리고 이러한 과정 속에서 우리 문헌과 국토에 대한 애호와 관심을 표출하였다.

무엇보다도 여헌의 관심은 인간의 도덕실천에 맞추어져 있었다. 왜란과 호란을 거치면서 피폐해진 사회현실 속에서 그가 주목한 것은 인륜의 실천과 사회기강의 확립이었다. 따라서 전란 이후 여헌의 경세적 입장은 피폐한 백성들의 도덕성을 회복하는 것에 모아졌으며, 향약 시행의 강조를 비롯한 그의 향촌사회 재건 노력은 사회질서의 안정화를 통한 국가의 재건으로 이어졌다. 특히 관 주도 향약의 전국적인 시행을 강조한 여헌의 구상은 전란 이후 국가체제를 정비하는 일환이었고, 이런 과정 속에서 자연스럽게 우리 국가에 대한 인식이 부각되었다. 이 지점에서 그의 경세론이 가지는 실용적 측면이 자연스럽게 구체화되었다. 다시 말해, 전란을 통해 국가의 존망을 경험한 뒤 내정內政의 쇄신을 통한 국가 면모의 일신을 추구하는 과정에서 국가에 대한 인식이 보다 부각된 것이다.

전란 이후 여헌 경세론의 지향은 그가 평생 추구했던 인간의 능동적 도덕실천과 국가의식이 결합된 것이었다. 여헌의 권유에 따라 그 결실을 보게 된 『해동문헌총록』은 도덕 실현의 매개로서의 전적에 대한 그의 입장과 더불어 전란을 거치면서 유실된 우리 문헌 복원의 의지, 그리고 우리 문화에 대한 자긍심이 결합된 결과였다. 특히 배타적인 입장에서 벗어나 유학 이외의 전적을 망라한 편집체제는 여헌과 그의 문인이 보여 준 개방적이고 포용적인 태도의 한 사례였다.

그가 보여 준 우리 국가에 대한 강한 의식은 국토관에서 여실히 드러났다. 그는 우리 국토가 중국 못지않은 지리적 환경을 갖추고 있으며, 우리 국토에서 배태된 풍속과 문화는 중국과 비견된다고 보았다. 중국과 견줄 수 있는 '소중원'으로 우리 국토를 규정한 그는, 우리 역사 전통에 드러난 도덕실천의 모습과 우리가 이룩한 문화에서 그 근거를 찾았다. 특히 그는 우리의 풍속이 예의와 겸양을 숭상하고 선비들이 학문을 독실하게 한다고 규정하였다. 나아가 우리나라 사람들이 갖추고 있는 자질과 우리가 이룩한 도덕규범에 대한 자부심을 드러내면서 전란 이후 난국을 극복하고자 하는 주체적인 노력을 강조하였다. 그만큼 여헌은 우리나라에 대한 주체의식을 강하게 견지하였으며, 현실 문제의 극복을 통한 도덕질서의 회복을 기대하였다.

여헌의 실용적 면모는 지지의 편찬, 풍수설에 대한 우호적 태도에서 확인되기도 한다. 국토에 대한 애호 의식과 결부하여 그는 향촌사회의 도덕질서 재건을 위해 지지의 편찬을 강조하였는데, 이러한 생각은 그의 문인을 통해 구체화되었다. 또한 그는 지역사회에 대한 지리적 통찰을 통해 권선징악의 사회적 기강을 재건하고자 하였으며, 지리 인식의 사회적 치용에 주목하였다.

여헌의 경세관에서 부각되는 우리 문화에 대한 애호와 이에 결부된 실용적 특징은 여헌에게만 한정된 것이 아니라 그의 문인들을 통해 확산되고 구체화되었다. 그리고 여헌의 실용적 학풍은 영남지역 내부에서 퇴계 학풍이 강하게 영향력을 미치는 안동지역이나 남명의 학풍이 영향력을 발휘하던 진주지역과는 다른 구미·선산지역의 학풍을 조성하는 데 적지 않은 영향을 미쳤다. 그리고 개방적이고 실용적인 여헌의 학풍은 그의 문인을 거쳐 조선 후기 일부 실학자들에게 영향을 주기도 했다. 여헌의 학풍 내에는 우리 문화와 역사 전통에 대한 관심과 문화·지리적 환경에 대한 애호가 깊숙이 자리하고 있었고, 이러한 학풍은 여헌과 그의 문인을 통해 지역사회와 후대 사상가에게 지속적으로 영향을 끼쳤다.

도덕적 주체의 정립과 인문정신의 구현

안 세 현

1. 문학의 개념과 도문론

오늘날 '문학文學'이라고 하면 시나 소설 등의 문예적인 글을 떠올리기 마련이다. 그러나 이러한 '문학' 관념은 근대 이후 서구의 'literature'의 번역어로서 형성된 것이다. 전근대 동아시아 한자문화권에서 '문학'은 문필文筆・저술著述・문헌文獻 등을 포괄하는 개념이었다.

한문 문헌에서 '문학'이라는 말은 『논어論語』「선진先進」편에 처음 보인다. 공자孔子는 자신의 제자 중에 "문학에 뛰어난 이는 자유子游와 자하子夏이다"라고 하였다. 이때 '문학'이라는 말은 '고대의 문헌' 또는 '문장박학博學'의 의미로 사용되었다.

근대 이전에는 '문학'이란 말보다 '문文', '문사文辭', '문장文章' 등의 용어가 더 많이 사용되었다. 이때 '문'은 문자・문장・문학・문헌으로부터 문화・문명에까지 이르는 폭넓은 개념이었다. 언어문자 분야로 한정하더라도, '문'은 오늘날의 '문학'(literature)을 포함하여 언어표현 전반을 가리키는 포괄적인 개념이었던 것이다. 오늘날 문학으로 간주되지 않는 상소문, 편지글, 논설문, 책의 서문과 발문, 일기, 비문 등이 전근대에는 모두 문학의 범주에 들어 있었다. 따라서 전근대 동아시아의 문학론을 논의할 때에는 문학의 개념이 오늘날보다 광의의 개념이었음을 전제할 필요가 있다.

전근대 동아시아에서 문학은 중요하게 인식되었다. 『좌전左傳』에 입덕立德・입공立功과 함께 삼불후三不朽의 하나로 입언立言을 제시한 기록이 보인다. 입언이 바로 문학에 해당된다. 물론 좋은 글을 짓는 것이 덕을 쌓고 공을 세우는 것보다 후순위이긴 하지만, 입언을 인간이 추구해야할 중요한 가치로 본 것임에는 틀림없다.

다만 전근대 동아시아에서 문학은 문학 자체가 가지고 있는 예술적 가치를 독자적으로 인정받기 어려웠다. 그보다는 문학이 심성수양이나 정치교화와 같은 철학적・정치적 행위에 얼마나 기여하고 효과적이냐에 따라 그 가치가 정해졌다. 다시 말해 문학의 상위에 있는 '도道'와의 관계 속에서 문학의 위상이 정립되었던 것이다. 여기서 말하는 '도'는 유학儒學을 지칭한다.

전근대 동아시아 문학론의 핵심은 바로 '도'와 '문'의 관계를 어떻게 정립하느냐의 문제, 이른바 '도문론道文論'으로 귀결된다. 중국 당나라의 문장가 이한李漢은 「창려선생집서昌黎先生集序」에서 "문은 도를 꿰는 그릇이다"(文者, 貫道之器)라고 하였는데, 이를 '관도론貫道論'이라 부른다. 송나라 성리학자 주돈이周敦頤(1017~1073)는 『통서通書』「문사文辭」에서 "문은 도를 싣는 그릇이다"(文者, 載道之器)라고 하였는데, 이를 '재도론載道論'이라고 한다.

관도론은 '문이 아니면 도는 꿰어질 수 없다'는 논리를 전제로 하고 있는 만큼, 도 못지않게 문 역시 중요하다는 인식이 담겨 있다. 이에 반해 재도론에서의 문은 도를 실어 전하는 단순한 도구에 불과하다.

특히 성리학을 집대성한 주희朱熹는 문은 모두 도에서 나오는 것이기 때문에 '문으로 도를 꿴다'는 주장은 본말本末이 전도된 것이라고 비판하였다.(『朱子語類』권139, 「論文上」) 관도론과 재도론의 차이는 문장가와 성리학자라는 차이에서 기인한 것으로 이해할 수 있다. 그러나 관도론과 재도론은 모두 도가 문의 근본이라는 관점을 취하고 있다는 점에서는 동일하다.

고려 말에 성리학이 본격적으로 수용되면서 재도론은 사대부 문인들의 지배적인 문학론으로 자리 잡았다. 조선시대 문인학자에게 중요한 것은 도의 구명究明과 실천이며, 문은 도를 전달하는 방편으로서 종속적인 존재에 불과하였다. 만약 도를 탐구하고 충실히 실천한다면 굳이 시문을 창작할 필요가 없으며, 시문을 창작하더라도 그것들은 성리학적 이념을 설파하는 교학敎學으로서 기능할 때 의미가 있었다. 자칫 지엽에 불과한 시문창작에 탐닉하여 본분인 존심양성存心養性(본래의 순수한 마음을 보존하고 본성을 키움)을 해쳐서는 안 되는 것이었다.

그러나 재도론으로 대변되는 성리학적 문학관을 문학에 대한 전면적 부정으로 이해해서는 안 된다. 『시경詩經』은 오경五經의 하나로서 전근대 동아시아에서 그 권위가 흔들린 적이 없었다. 주희 역시 방대한 시문을 남겼으며, 『시경』뿐만 아니라 굴원屈原이 지은 시가집詩歌集인 『초사楚辭』에 주석을 달기도 하였다. 성리학자들이 남긴 시문 중에는 사상적으로 깊이 있고 미학적으로 세련된 글들이 많다. 특히 도덕적 주체의 확립의지와 유자儒者로서의 책임의식은 가벼이 보아 넘길 것이 아니다.

여헌旅軒 장현광張顯光(1554~1637)은 『역학도설易學圖說』·『성리설性理說』을 저술한 조선 중기의 대표적인 성리학자이다. 여헌이 살았던 시대는 붕당의 분화에 따라 당쟁이 격화되고 임병양란의 국란이 발생하였던 정치적·사회적으로 조선사회의 일대 전환기였다. 여헌의 문학론은 크게 보면 재도론의 범주에 속한다. 그러나 여헌은 도덕적 주체를 인문정 신의 구현을 통해 정립하려고 했다는 점에서 주목된다. 이는 도의 절대적 가치를 추구하면서도 문의 존재 의의를 강조한 것이다. 여기에 조선시대 도문론의 전개 과정 속에서 여헌의 문학론이 지니는 특징과 위상을 살펴보는 의의가 있는 것이다.

2. 조선시대 도문론의 전개 양상

조선시대 도문론의 전개 양상은 두 가지 측면을 종합적으로 고려해야 한다. 하나는 경세가經世家·도학가道學家·문장가文章家 등 문인학자 개인 의 성향이며, 다른 하나는 전기·중기·후기로 나뉘는 시대별 특성이다. 먼저 언급해 두고자 하는 것은 조선 전 시기를 통틀어 문은 도에 종속된다 는 것이 문인학자들의 주류적인 문학관이었다는 점이다. 다만 시대와 개인의 성향에 따라 문의 위상에 차이를 보인다.

조선의 건국에 지대한 역할을 하였던 삼봉三峯 정도전鄭道傳(1342~1398) 은 다음과 같이 재도론載道論을 주장하였다.

해와 달과 별은 하늘의 문(天文)이요, 산과 강과 풀과 나무는 땅의 문(地文)이요, 『시경詩經』·『서경書經』·『예기禮記』·『악경樂經』은 사람의 문(人文)이다. 그러나 하 늘은 기운(氣)으로써 그 문文을 이루고 땅은 형상(形)으로써 그 문을 이루지만 사람은 도道로써 그 문을 이룬다. 그러므로 "문은 도를 싣는 그릇이다"라고 함은 인문人文을 말하는 것이다. 인문이 바른 도를 얻으면 『시경』·『서경』·『예기』·『악경』의 가르 침이 천하에 밝게 드러나서, 해와 달과 별의 운행을 순조롭게 하고 만물의 올바른 도리를 다스릴 수 있다. 그러하니 문의 성대함은 이에 이르러 지극하다 하겠다.

선비(士)가 하늘과 땅 사이에 태어나서 하늘과 땅의 빼어난 기운을 모아 문장文章으로 발현하는데, 어떤 이는 천자의 조정에서 이름을 드날리고 어떤 이는 제후의 나라에서 벼슬을 한다.(鄭道傳, 『三峯集』권3, 「陶隱文集序」)

인용문은 조선이 개국되기 몇 해 전인 1388년에 지은 「도은문집서陶隱文集序」의 서두이다. 삼봉은 "문은 도를 싣는 그릇이다"(文者, 載道之器)라는 명제를 내세우며, 인문人文이 우주의 원리인 도를 구현하는 도구임을 분명히 하였다. 이는 도와 문의 주종主從관계를 명확하게 선언한 것이다. 그러나 삼봉은 인문이 제대로 구현될 때 천문과 지문 역시 실현된다고 보았다. 인문을 포함한 문의 존재 가치를 적극적으로 고양高揚시킨 것이다. 삼봉은 새로운 왕조의 건설을 추구한 경세가로서, 성리학을 사상적 기반으로 하면서도 조선왕조의 문물제도를 마련해야 하는 상황이었다. 이로 인해 삼봉은 성리학적 문학론의 핵심인 재도론을 주장하면서도 문이 지닌 사회적 효용성을 필요로 했던 것이며, 인문창조자로서의 선비(士)의 역할을 강조했던 것이다.

16세기에 오면 왕권이 안정기에 접어들고 성리학에 대한 학문적 이해가 심화되면서, 도와 문의 관계에서 문을 도에 종속시키려는 경향이 더욱 강하게 나타났다. 이러한 면모는 율곡栗谷 이이李珥(1536~1584)에게서 단적으로 확인할 수 있다.

도道가 드러난 것이 문文이니, 도는 문의 근본이며 문은 도의 말단이다. 근본을 얻어 말단이 근본 안에 있는 것은 성현聖賢의 문이요, 말단을 일삼고 근본에 힘쓰지 않는 것은 속유俗儒의 문이다. 옛날에 공부하는 자들은 반드시 도를 밝히는 것을 최우선으로 하였다. 만약 도를 밝혀 마음에서 터득하는 바가 있다면, 몸가짐(威儀)으로 드러나고 언어(言辭)로 표현되는 것이 도의 드러남이 아님이 없었다.(李珥, 『栗谷全書』拾遺 권6, 「文策」)

옛사람들이 말하는 문文이란 오늘날 사람들이 말하는 문과 다릅니다. 옛사람들의 문에는 문을 짓는다는 의도가 없었습니다.…… 옛날 사람들은 도로써 문을 지었습니다. 도로써 문을 지었기 때문에, 문채를 꾸미지 않아도 문채 있는 문이 되었던 것입니다.(李珥, 『栗谷全書』拾遺 권3, 「與宋頤菴」)

첫 번째 인용문에서 율곡은 "도가 문의 근본이고, 문은 도의 말단이다" (道者, 文之本也, 文者, 道之末也)라고 하여 '도본문말道本文末'을 주장하였다. 그리하여 도에 근본한 성현聖賢의 문장을 칭송하고, 문 자체를 일삼는 속유俗儒의 문장을 비판하였다. 도와 문, 그리고 성현과 속유의 문장을 대립적 관계에 놓고, 도를 통해서 문을 규제하였던 것이다.

두 번째 인용문에서 율곡은 도학에 전심하면 글이 저절로 훌륭해진다는 논리를 폈다. 이러한 논리는 "문장이 경술에서 나오며, 경술은 곧 문장의 근본이다"(文章者出於經術, 經術乃文章之根柢也; 『佔畢齋文集』권1, 「尹先生祥詩集序」) 라고 주장한 점필재佔畢齋 김종직金宗直(1431~1492)을 계승한 것이다. 이 때문에 율곡은 정자程子나 주자朱子와 같은 도학가의 글이 한유韓愈와 구양수歐陽修 같은 문장가의 글보다 훨씬 낫다고 보았던 것이다.

심지어 16세기 성리학자 중에는 글을 짓는 행위가 도를 공부하는 데에 방해가 된다는 주장을 펴기도 하였다. 남명南冥 조식曺植(1501~1572) 은 시를 짓는 것이 완물상지玩物喪志(쓸데없는 물건을 가지고 노는 데 정신이 팔려 소중한 자기의 의지를 잃음) 중에 가장 해로운 것일 뿐만 아니라, 마음을 교만한 데로 유도하기 때문에 자신은 수십 년간 시를 짓지 않았다고 하였다.(『南冥集』권2, 「答成聽松書」) 이는 북송北宋 때의 도학가 정이程頤가 제기 한 작문해도설作文害道說을 수용한 것이다. 정이는 오로지 글을 짓는 데 마음을 몰두하면 도를 지향하는 뜻을 잃기 때문에 글 짓는 공부는 도에 해가 된다고 주장하였다.(『二程全書』권18, 「伊川先生語」) 이처럼 16세기의 도학가들은 도본문말론道本文末論과 완물상지설玩物喪志說에 입각하여 문을 도에 더욱 종속시키고 글을 짓는 행위가 도를 구현하는 데에 방해가 됨을 지적하였다.

한편 17세기 한문사대가漢文四大家의 한 사람으로 일컬어지는 상촌象村 신흠申欽(1566~1628)은 도와 문의 관계를 다음과 같이 말하였다.

> 문장文章은 작은 재주(小技)에 불과하니, 도道에 필적할 수 없는 것이다. 그러나 문文을 기리는 자가 문을 두고 '도를 꿰는 그릇'(貫道之器)이라 지목한 것은 무엇 때문인가? 대개 아무리 지극한 도가 있다 하더라도 저 홀로는 펼쳐질 수 없고 문을 빌려서야 전할 수 있기 때문이다. 그렇다면 도와 문은 상수相須의 관계라고 말하지 않을 수 없는 것이다.(신흠, 『象村稿』 권50, 「晴窓軟談」上)

상촌은 문장이 작은 재주에 불과하다고 하며, 기본적으로 도에 비해 문의 가치가 떨어지는 것을 인정하였다. 그러나 관도론에 입각하여 도와 문을 상수相須의 관계, 곧 서로 필요로 하는 관계로 보았다. 관도론은 문이 아니면 도를 꿸 수 없다는 논리를 전제로 하고 있기 때문에, 재도론 보다는 문의 가치를 중요하게 생각하는 이론이다. 상촌은 상위의 가치인 도를 구현하기 위해서는 문이 반드시 필요하다고 하여, 문이 지닌 역할과 가치를 적극적으로 인정한 것이다. 이러한 주장을 폈던 것은 상촌이 기본적으로 문장가이기 때문이다.

18~19세기에 들어 몇몇 문인들에 의해 도에서 문을 분리시키려는 주장이 제기되었는데, 대표적인 문장가로 동계東谿 조귀명趙龜命(1693~1737)을 들 수 있다.

> 삼대三代 이전에는 문文과 도道가 하나였지만, 진한秦漢 이후로는 두 갈래로 나누어지고 말았습니다. 그런 까닭에 정자程子 · 주자朱子 등 여러 선생들은 덕德으로는

이윤伊尹·주공周公·공자孔子·맹자孟子와 짝할 수 있었지만 이윤·주공·공자·맹자의 문文을 지을 수는 없었습니다. 그리하여 한유韓愈와 유종원柳宗元이 도리어 문의 정통正統을 물려받았던 것입니다. 그런데 지금의 공부하는 자들은 걸핏하면 문과 도가 하나라고 얘기하며 모두들 스스로 자부하니, 어린아이도 속일 수 없는 노릇입니다. 그러므로 문은 문이고 도는 도이니, 서로 섞일 수 없는 것입니다.(조귀명, 『東谿集』 권10, 「答稚晦兄書」)

"리理가 지극하면 문文은 저절로 뛰어나게 된다"라고 한다면, 정자와 주자처럼 리가 지극하고서도 문이 그다지 훌륭하지 못한 것은 대체 무엇 때문입니까? 그렇기 때문에 "리는 사辭와 관계가 없다"라고 한 것입니다. 대개 문장의 오묘함은, 샘 중에도 뜨거운 온천溫泉이 있고, 불 중에도 차가운 한염寒炎이 있으며, 돌 중에도 보옥寶玉인 결록結綠이 있고, 쇠 중에도 지남철指南鐵이 있는 것과 같습니다. 그리하여 하늘로부터 독특하게 부여 받은 기氣가 있어야 하고 또 스스로 터득한 식견識見을 가지고 문장을 이루어야 하는 것이지, 군이 이윤·주공·공자·맹자의 공공公共의 리를 지향할 필요는 없는 것입니다.(조귀명, 『東谿集』 권10, 「復答趙盛叔書」)

첫 번째 인용문에서 동계는 도와 문의 분리를 주장하였다. 그렇다고 동계가 도를 우위에 둔 도문일치道文一致를 부정한 것은 결코 아니다. 왜냐하면 이윤伊尹·주공周公·공자孔子·맹자孟子 등의 성인은 도문일치를 실현하였기 때문이다. 다만 동계가 보기에 진한秦漢 이후로 도문일치는 실현된 적이 없었으며, 현실적으로 불가능하다는 것이다. 주공과 공자가 성취한 도문일치에서, 도는 정자나 주자와 같은 도학가가 계승하고 문은 한유나 유종원 같은 문장가가 정통을 이어받게 되었다는 논리이다. 따라서 도문일치를 주장하는 것은 허황된 이상일 뿐이며, 도와 문은 서로 간섭할 수 없는 독자적 영역이라는 것이다.

두 번째 인용문에서 동계는 리理와 사辭는 별개의 영역임을 주장하면서, 리의 수준이 곧바로 문의 성취로 이어진다는 도학가의 주장을 반박하였다. 왜냐하면 문학은 도학과는 다른 원리에 의해 작동되기 때문이다. 동계는 문학에서 중요한 것을 하늘로부터 독특하게 부여받은 기氣와 후천적으로 터득한 식견識見으로 보았다. 이러한 동계의 논리는 경술經術을 열심히 수련하면 자연스레 문장이 뛰어나게 된다고 주장하는 도학가들의 도문론과는 다른 것이다. 또한 동계는 문장가가 굳이 공공公共의 리를 지향할 필요가 없다고 하였다. 이런 점에서 문이 지닌 사회적 효용성을 주장하였던 삼봉의 재도론과도 다르다.

조선시대 문인학자들이 일반적으로 견지하였던 도문론은 재도론과 도본문말론이었다. 다만 도학가는 상대적으로 도를 중시하고 문을 경시한 반면, 문장가와 경세가는 도를 중시하면서도 문의 독자적 가치를 인정하였다. 도학가인 율곡과 문장가인 동계가 양 극단에 위치하고 있으며, 그 사이에 경세가인 삼봉과 문장가인 상촌이 위치해 있다. 시기별로 보면 조선 전기에는 재도론, 중기에는 도본문말론과 도문상수론으로 특징지을 수 있다. 조선 후기로 가면서 도에서 문을 분리시켜 문의 독자적 영역을 구축하려는 도문분리론이 나타났다.

3. 여헌의 인생 지향: 도덕적 주체의 정립

앞에서 살펴본 바와 같이 조선시대 도문론의 전개는 문인학자 개인의 성향과 시대에 따라 차이를 보였다. 문인학자 개인의 성향은 기본적으로 인생의 지향을 어디에 두느냐와 연관된다. 여헌은 정치적으로 붕당의 대립이 격화되고 국가적으로 임병양란을 겪은 격동기를 살았다. 여헌은 자기 인생의 포부를 다음과 같이 말한 바 있다.

남아가 이 세상에 태어났으면 마땅히 우주간의 사업을 자신의 임무로 삼아야지, 자기 주변이나 눈앞의 일 따위에 국한되어서는 안 되며 또한 하루나 일 년이나 한 세대로 제한되어서도 안 된다.(장현광, 『旅軒續集』 권5, 「標題要語」)

여헌은 자기 주변의 좁은 공간이나 한 세대와 같은 짧은 시간이 아닌, 공간적으로 장대하고 시간적으로 영원한 우주간의 사업을 자신의 소임으로 삼았다. 여기서 말한 '우주간의 사업'은 여헌의 삶과 학문, 그리고 문학 전체를 관류하는 지향점이었다. 이것이 바로 여헌이 개인적 불행과 국가적 어려움 속에서도 자신의 길을 의연하게 지켜 갈 수 있었던 힘이었고, 인문人文을 밝히기 위해 역학易學과 성리학에 침잠하고 성리학적 문학관을 재정립하려고 노력했던 이유였다.

여헌은 44세에 쓴 「여헌설旅軒說」에서 자신의 삶을 반추하며 삶의 지향을 드러내었다. 이 글은 혹자或者와 여옹旅翁 간의 논쟁적 문답으로 이루어져 있는데, 논쟁의 핵심은 '나그네'라는 뜻을 지닌 '여旅'라는 헌호軒號를 짓게 된 이유가 무엇인가 하는 것이다. 여헌은 어릴 적 아버지를 여의고 임진왜란 때 고향집이 소실燒失되면서, 이후 친척과 친구들의 집을 전전하며 떠돌이 삶을 살았다. 자신의 헌호를 '여旅'라고 한 것은 일차적으로 이러한 개인적 삶의 역정을 대변한 것이다. 그러고는 다음과 같이 논설을 이어갔다.

만약 천지의 시각에서 본다면, 천지 사이에 붙어사는 모든 것이 어느 것인들 나그네(旅)가 아니겠는가? 천지는 만물의 여관(逆旅)이다. 천지 사이에 태어난 것들이 홀연히 왔다가 홀연히 죽어 가서, 가는 자가 지나가고 오는 자가 계속 와서 일찍이 한 사람도 천지와 더불어 시종始終을 함께하는 자가 없으니, 천지 사이의 모든 것이 나그네가 아니고 무엇이겠는가? 천지에 사는 자도 나그네라고 한다면, 그 도리를 다할 것을 생각하여 일생동안 천지간에 부끄럽지 않게 하는 것을 힘쓰지 않을 수 있겠는가? 사람이 사람들 사이에서 나그네가 되어 한세상을 지나갈 때에, 도리를 지키고 의리를 잃지 않아서 안으로는 자신의 마음에 부끄럽지 않고 밖으로는 또한 세상 사람들에게 부끄럽지 않게 된다면, 나로서는 마음에 만족할 수 있고 남들도 내가 나그네 노릇을 잘한다고 칭찬할 것이다.(『旅軒集』 권7, 「旅軒說」)

여헌은 이백李白이 「춘야연도리원서春夜宴桃李園序」에서 말한 "천지는 만물이 잠시 깃드는 여관"(天地者, 萬物之逆旅)이라는 구절을 인용하면서 세속 적 삶의 속박으로부터 벗어나는 자유로움을 보여 주고 있다. 인간의 삶이 유한한 이상, 단지 정도의 차이가 있을 뿐 인간 모두가 이 세상에서 나그네에 불과하기는 마찬가지이다. 이처럼 시야를 천지의 차원으로 확장하면 세속적 영리나 불행 따위는 소소한 문제가 되고 만다. 그리하여 여헌은 불우한 처지에 좌절하거나 세상에 대한 불만을 표출하지 않고, 오히려 세속적 불행을 굳건한 도덕적 의지로 초극하는 호방함을 보여 주었다.

한편 여헌과 동시대를 살았던 상촌 신흠과 같은 문인은 장자적莊子的 사유를 수용함으로써 세속적 가치에 연연하지 않고 현실적 비애를 잊는 것으로 정신적 위안을 얻으려고 하였다.(『象村稿』 권54, 「江上錄」) 다시 말해 그는 장자가 지닌 현실초극의 자유정신을 통해 정치적 소외에서 오는 불우함을 해소하였다. 그러나 여헌이 택한 길은, 도리를 지키고 의리를 잃지 않아서 자신의 마음에 부끄러움이 없는 도덕적 주체를 확고하게 정립하는 것이었다.

가장 영특한 우리 인간을 들어 말한다면, 나의 형기形氣는 객客이고 마음의 리理는 곧 주인이며, 밖으로부터 이르는 화복禍福과 영욕榮辱은 객이고 내 마음에 지키는 것은 주인이다. 이치는 가는 곳마다 있지 않은 데가 없으므로 몸이 가는 곳마다 편안하지 않음이 없다. 그러하니 화복과 영욕이 나를 어찌겠는가? 혹시라도 이치가 형기에 제재를 받고 형기가 한 몸의 주인이 되어서 밖으로부터 오는 화복과 영욕이 내 마음의 지키는 바를 동요시켜 내 마음이 스스로 천명을 따르지 못한다면, 이는 한 몸이 주인을 잃어 육신이 화복과 영욕의 객관客館이 되는 것이니 가련하지 않겠는가? 이제 나의 이 한 몸은 비록 살 곳을 잃었으나, 내 마음을 주관하는 것은 이치이다. 여헌에서의 즐거움이 모두 이 이치에 근본하여 생기니, 이것이 이른바 '사람의 편안한 집'이라는 것이다. 나의 편안한 집이 있은 뒤에야 나의 여헌을 즐길 수 있으니, 만약 편안한 집의 즐거움이 없다면 여헌이 어찌 내 마음을 즐겁게 할 수 있겠는가?(장현광, 『여헌집』권7, 「旅軒說」)

「여헌설」의 마지막 부분이다. 여헌은 '형기形氣'를 객客으로 돌리고 '마음의 리理'를 주主로 확고하게 정립시킴으로써 현실적 명리名利나 고난을 극복하고자 하였다. 여헌의 삶에서 화복이나 영욕 따위의 세속적 문제는 부차적인 것일 뿐이다. 연속된 세 번의 반어의문문에서 내면적 갈등을 돌파하고자 하는 여헌의 의지를 느낄 수 있다. 인용문의 말미에서는 맹자가 말한 "인仁은 사람의 편안한 집이다"(仁者, 人之安宅也; 『孟子』「離婁上」)라는 구절을 인용하며, 도덕적 주체의 확립 의지를 더욱 확고하게 피력하였다.

여헌에게 리기理氣는 진리를 탐구하는 학문 영역의 문제이기에 앞서, 개인적 불행과 국가적 위기 속에서 자기 삶의 의미를 찾는 존재론적 문제였다. 이 때문에 「여헌설」은 성리학적 개념을 동반하며 만연체의 문장으로 글이 전개되었음에도 불구하고 전혀 추상적인 사변思辨으로 느껴지지 않는 것이다.

여헌의 인생 지향은 16세기 도학가들과 크게 다르지 않다. 그러나 우리가 주의 깊게 살펴야 할 것은 3,700여 자에 달하는 「여헌설」의 방대한 분량이 웅변적으로 말해 주듯이, 여헌의 이러한 결론이 거처의 전소全燒라는 개인적 불행과 임진왜란이라는 국가적 위기 상황 속에서 고심 끝에 나온 것이었다는 점이다. 다시 말해 여헌이 지향한 도덕적 주체의 정립은 난세를 살아가는 지식인의 깊은 고민과 실천의지 속에서 이룩된 것이었다.

임진왜란이 일어난 이후로는 세도가 날로 더욱 혼탁해지고 인심이 더욱 사나워졌다. 이러한 때를 당하여 비록 바른 도를 지키고 예의를 몸소 실천하는 자라 해도 제 고향에 있으면서 일체 올바른 법도로 다스릴 수 없다. 하물며 나처럼 떠돌아다니며 타향에 나그네로 부쳐 사는 자가 어찌 세속을 따라 스스로를 감추는 도가 없겠는가? 이에 억지로 온화하고 유순한 안색을 하고서 강경한 표정을 힘써 제거하여, 비록 종과 비첩婢妾, 아동과 하우下愚를 만나더라도 반드시 온화한 얼굴로 대하고 따뜻한 말로 상대하였다. 하물며 마을 사람들을 능가하며 감히 기세를 내는 자를 대함에 있어서랴.…… 나는 때때로, '내가 난세에 살면서 말속末俗을 따르는 것이 나 자신을 보존하는 방법으로는 잘하는 것이다. 다만 더러운 세속과 영합하여 날로 물들어 가면서도 스스로 깨닫지 못하는 것이 아닌가' 하는 생각이 들었다. 그러고는 곧바로 다음과 같이 스스로를 해명하였다. 바깥에서 따르는 것은 자취이고, 중심에서 지키는 것은 마음이다. 변할 수 없는 것은 도이고, 변할 수 있는 것은 세상일이다. 나는 중심을 올곧게 지킬 뿐이니, 바깥의 자취를 따르는 것이 어찌 나쁘겠는가? 나는 변할 수 없는 것을 변치 않을 뿐이니, 또 변할 만한 것을 변하는 것이 어찌 나쁘겠는가?(장현광, 『여헌집』 권8, 「同塵錄」)

인용문은 「동진록同塵錄」의 일부이다. 제목의 '동진同塵'은 『노자老子』의 '화광동진和光同塵'(자기의 뛰어난 才德을 드러내지 않고 세속을 따름)에서 따온 것이다. 그러나 여헌의 처세관은 결코 노자와 같지 않다. 전란으로 인해 사람들의 삶은 피폐해졌으며, 세도는 타락하고 인심은 흉흉해졌다. 이런 상황에서 지식인은 사람을 대할 때 엄격한 도덕률을 고수하기가 쉽지 않다. 그렇다고 하여 세속의 타락상에 눈감고 모른 척할 수도 없다. 여헌의 고민은 바로 여기에 있었다. 여헌은 자신의 내면에 도덕적 주체를 올곧게 확립하면서도 시속時俗의 흐름에 알맞게 대처하는 유연한 지성의 길을 택하였다. 여기에서 현실 상황에 적극적으로 대응하고 행동하는 실천적 지성의 면모를 엿볼 수 있다.

여헌이 지향한 도덕적 주체의 정립은 16세기 도학가들이 지향한 핵심 사안이었다. 16세기 도학가들이 인성론의 측면에서 도덕적 주체의 정립을 논의했다면, 여헌은 우주적 사업의 일환으로 인간의 주체성을 강조했다는 점에서 차이가 있다. 또한 여헌이 추구한 도덕적 주체의 정립은 결코 이론적 차원에 머무르지 않았으며, 이를 현실에서 실천하려는 고민과 의지를 보여 주었다.

4. 여헌 도문론의 특징: 인문 정신의 구현

여헌은 삶의 목표를 도덕적 주체의 정립에 두었으며, 그의 학문적 성과는 『역학도설易學圖說』과 『성리설性理說』에 집약되어 있다. 이런 점에서 여헌은 기본적으로 도학가의 위치에 서 있다. 그러나 여헌이 추구한 도덕적 주체의 정립은 이론적·추상적 영역에 국한되지 않고, 현실 상황에 적극적으로 대응하고 실천하는 것을 지향하였다. 여헌의 이러한 면모는 『역학도설』의 서문에도 잘 나타나 있다.

> 사람이면서 이 도리를 알지 못한다면, 이 역시 새와 짐승일 뿐이요 풀과 나무일 뿐이다. 서되 마땅히 서야 할 땅을 알지 못하고 행하되 마땅히 행하여야 할 길을 알지 못한다면 어찌 삼재三才의 도에 참여할 수 있겠는가?(장현광, 『여헌집』 권8, 「易學圖說序」)

여헌은 우주론에 입각하여 역학易學에 침잠하게 된 이유를 밝히면서, 인간존재에 대한 반성적 성찰을 통해 인간의 책무를 역설하고 있다. 여헌은 하늘과 땅과 함께 삼재三才의 하나로서의 인간이 우주간의 사업에 참여하는 길로 나아갔다. 여헌은 인간의 책무로 도덕적 주체를 세우는 것과 더불어 인문人文을 밝게 드러내는 것을 중요하게 생각하였다.

> 사람들은 비로소 글 가운데 『역易』을 통해 천지의 역易을 알게 되었고, 모상模象한 천지를 통해 본래부터 존재하였던 천지를 알게 되었으며, 우리 인간의 사업이 이로부터 정해지게 되었다. 그러하니 인문人文이 『역』을 얻어 밝게 드러났고, 물칙物則(사물의 법칙)이 『역』을 얻어 궁극에 이르렀으며, 인륜이 『역』을 얻어 펼쳐지게 되었을 뿐이다. 이에 이르면 이 『역』의 공용功用을 어찌 다 헤아릴 수 있겠는가? 하늘과 땅이 있는 한 이 책은 당연히 하늘과 땅과 함께 남아 있을 것이며 하늘과 땅과 더불어 시종始終을 함께할 것이다.(장현광, 『여헌집』 권8, 「역학도설서」)

여헌은 「역학도설서」의 첫 머리에서 "역은 바로 천지이다"(夫易卽天地也)라고 하였다. 하늘과 땅과 함께 삼재三才의 일원으로 우주간의 사업에 참여하는 인간으로서, 인문人文을 드러내기 위해서는 『역易』을 공부하지 않을 수 없다. 왜냐하면 인문은 역을 통해 밝게 드러나기 때문이다. 이 때문에 여헌은 역학에 침잠하였던 것이다. 그렇다면 여헌은 문과 도의 관계를 어떻게 보았을까? 「문설文說」이란 글에서 그 해답을 찾을 수 있다.

> 문文은 도道가 공용功用에 발현되고 모상模象에 드러난 것이니, 등급이 이로 인해 순서가 잡히고 조리가 이로 인해 구별되는 것이다. 도의 운행이 우주 사이에 퍼져 있는데, 이를 귀로 들을 수 있고 눈으로 볼 수 있으며 마음으로 이해할 수 있는 것은 문이 있기 때문이다. 만약 문이 없다면 도가 어떻게 도가 될 수 있겠는가? 그러므로 하늘에는 하늘의 문(天文)이 있고 땅에는 땅의 문(地文)이 있으며

사람에게는 사람의 문(人文)이 있다. 하늘과 땅의 문은 저절로 그렇게 되는 이치에 뿌리를 두고 저절로 드러나는 기氣에서 이루어진다. 사람의 문 또한 저절로 그렇게 되는 이치에 말미암고 저절로 드러나는 기에 말미암는다. 그러나 이것을 분별하여 층위를 나누고 꾸며서 밝게 드러내는 것은 사람이 스스로 하는 것에 달려 있을 뿐이다.(장현광, 『여헌집』 권6, 「文說」)

문은 도가 발현된 것이라 하였고 또 천문·지문·인문을 언급하였는데, 이는 삼봉 정도전의 재도론을 연상시킨다. 여헌은 삼봉과 마찬가지로 도가 본질적인 것이기는 하지만 문이 없이는 제대로 구현될 수 없다고 보았다. 또한 인문을 이루기 위해 인간의 역할이 중요함을 강조하였다. 그렇기 때문에 천문·지문·인문이 모두 저절로 그렇게 되는 이치 즉 리理와 기氣에 의해서 이루어지지만, 인문은 사람이 어떻게 하느냐에 달려 있다고 한 것이다. 이에 여헌은 인문의 중요성과 인간의 역할을 다음과 같이 역설하였다.

오직 사람은 하늘과 땅 사이에 위치하고 만물의 으뜸이 되어 인의예지의 덕을 본성으로 삼고 윤리와 강상綱常의 도를 맡고 있다. 그리하여 천지에 제자리를 찾아주고 만물을 생육生育하며 옛 성인을 계승하고 후학들을 열어 주는 것으로 사업을 삼는다. 그러니 사람에게 있어 문文이 무겁고도 크지 않겠는가? 그러므로 인문人文이 분명하게 드러난 뒤에야 친함과 소원함이 구분되고 위와 아래가 드러나며 안과 밖이 구별되고 앞과 뒤로 질서가 잡혀서, 아버지는 아버지답고 자식은 자식다우며 군주는 군주답고 신하는 신하다우며 남편은 남편답고 부인은 부인다우며 어른은 어른답고 어린이는 어린이다우며 선한 사람을 좋아하고 악한 사람을 미워하게 된다. 그리하여 마름해서 이루고 곁에서 보좌하여 하늘과 땅의 사업에 참여하고 도우니, 만물이 제자리를 찾아 길러지는 도가 바로 인문에 있는 것이다. 그러나 사람은 누구나 똑같은 사람이지만, 오직 유자儒者만이 이 도를 풀이하고 구명하고 이를 확장하여 교화를 행한다. 이렇게 하면 온 세상의 백성과 사물이 모두 문명의 교화에 들어가게 되는 것이다.…… 천문天文이 하늘에서 문이 되고 지문地文이 땅에서 문이 되는 것은 실로 모두 인문人文이 올바른 문文을 얻어서 능히 문이 되기 때문이다.(장현광, 『여헌집』 권6, 「文說」)

여헌이 보기에 인간은 천지가 제자리를 찾고 만물이 생육生育하게 하는 막중한 사업을 부여받았다. 그리고 이를 위해서는 인문을 밝히고 바로 세워야 한다. 결과적으로 인문이 바로 설 때 천문과 지문 또한 제대로 구현된다는 것이다. 여헌은 특히 인간 중에서 유자儒者만이 인문을 구현할 수 있는 능력을 지녔으며, 그렇게 해야 하는 책무가 있다고 강조하였다. 삼봉과 마찬가지로 여헌은 인문이 지닌 가치와 이를 구현해야 하는 유자의 역할을 중요하게 인식하였던 것이다.

여헌이 제시한 방법은 육경六經에 근간하여 사회의 질서와 가치를 재정립하는 것이었다. 여헌이 사서四書보다 육경을 앞세운 것은 특기할 만하다. 주지하다시피 사서는 송대 성리학자들이 중시한 유가 경전이었으며, 이는 16세기 조선에서도 마찬가지였다. 그러나 여헌에게는 사서의 학습을 통해 도덕적 주체를 정립하는 것도 중요하지만, 보다 시급한 것은 유가적 철학체계와 사회체계를 담고 있는 육경을 통해 인문정신을 구현하는 것이었다. 이에 여헌은 육경을 주목하지 않을 수 없었으며, 당연히 그 첫째는 우주의 질서를 담고 있는 『주역周易』이 되었다. 이 때문에 여헌은 「문설」에서 육경의 순서를 나열하면서 『서경書經』・『시경詩經』・『춘추春秋』・『예경禮經』・『악서樂書』보다 『주역周易』을 앞세웠던 것이다.

대개 도道는 문文의 근본이 되는데, 덕행에 드러나는 것은 문의 실질(文之實)이고 언사言詞에 발로되는 것은 문의 문(文之文)이다. 그러므로 오직 실질적인 덕행이 있는 자만이 훌륭한 말을 토해 낼 수 있는 것이니, 성인聖人이 말한 "덕이 있는 자는 반드시 훌륭한 말이 있다"는 것이 이것이다. 만약 실질적인 덕행이 없으면서 한갓 지엽적인 문자文字에만 종사한다면, 비록 분 바르고 수식하여 그 말을 과장하려 하거나 괴이하고 허탄한 말을 늘어놓아 사람들의 눈을 현혹시키려 한들, 어찌 식견 있는 자의 눈을 가릴 수 있겠는가?…… 아! 어떻게 하면 본말本末을 모두 다하고 훌륭한 덕행과 언사를 모두 소유하여, 이 도의 대용大用을 밝혀서 경천위지經天緯地하는 문을 볼 수 있겠는가?(장현광, 『여헌집』 권6, 「文說」)

인용문은 「문설」의 후반부이다. 여헌은 문을 '덕행에 드러나는 문'(文之實)과 '언사言辭에 발로되는 문'(文之文)으로 나누어, 한갓 수식만 일삼는 무익한 글에 대해 경계를 표시하였다. 여헌의 아들인 장응일張應一(1599~1676)의 전언에 따르면, 여헌은 기이하거나 괴벽한 문장을 추구해서는 안 되며, 의미를 명료하게 전달하는 데에 목적을 두고 장중한 표현에 힘써야 한다고 하였다.(『聽天堂集』 권4, 「趨庭錄」) 여헌의 구도는 율곡이 도에 근본한 성현聖賢의 글과 문 그 자체를 일삼는 속유俗儒의 글을 구분한 것과 비슷하다. 또한 도에 근원을 두고 글을 짓는다면 자연스럽게 훌륭한 글이 된다는 16세기 도학가들의 논리를 계승한 것이다.

그렇지만 여헌은 문이 없이는 도를 실현할 수 없다는 입장을 끝까지 견지하였다. 인용문의 마지막 문장에서 여헌은 본本과 말末, 덕행과 언사가 모두 갖추어진 문장을 추구하였다. 도와 문을 경위經緯의 관계로 보아서 이 둘의 조화를 강조하였던 것이다. 다음의 「잡술서雜述序」에서도 그는 경위설에 입각하여 잡다한 글(雜述)이 지닌 가치를 인정하였다.

내 가만히 천지의 조화를 보니, 그 변화함이 또한 많았다. 종縱과 횡橫이 뒤엉켰다가 질서 있게 모이고, 경經과 위緯가 합해졌다가 흩어지곤 한다. 따라서 행함이 어찌 반드시 모두 긴관緊關(긴요한 관건)한 곳일 뿐이며, 그 쓰임이 어찌 반드시 모두 중대한 것일 뿐이겠는가? 행함에는 반드시 헐후歇後(긴요하지 않은 것을 이름)한 것을 겸하고, 쓰임에는 반드시 미세한 것을 함께하는 것이다.…… 그러나 의리는 다함이 없으니, 어찌 한갓 안만 닦고 밖이 없거나 한갓 큰 것만 하고 작은 것이 없거나 한갓 무거운 것만 하고 가벼운 것이 없거나 한갓 근본만 하고 지엽이 없을 수 있겠는가?(장현광, 『여헌집』권8, 「雜述序」)

여헌은 이 세계를 종縱과 횡橫, 경經과 위緯가 변화무쌍하게 운동하는 것으로 보았다. 여헌의 사유체계 속에서 경위는 대단히 중요한 개념이다. 여헌은 상호 대립적인 측면에서 논의되었던 리理와 기氣를 경위의 관계로 파악함으로써 둘의 상호의존성을 강조하였다.(『性理說』권3, 「經緯說」) 경經이 우선순위에 있고 가치우위에 있는 것은 당연하나, 위緯 또한 나름의 존재 의의를 지니고 있다는 것이다. 또 「문무일체론文武一體論」(『여헌집』권10)에서는 문文과 무武를 경위의 관계로 보아 무武의 중요성을 논하기도 하였다. 그렇기 때문에 여헌은 존심양성存心養性에 도움이 되는 저술 못지않게, 잡다한 내용으로 채워져 있는 글 역시 의미가 있다고 한 것이다.

여헌은 기본적으로 율곡과 같은 도학가이지만 도문론에 있어서는 경세가인 삼봉에 더 가까운 주장을 폈다. 도를 구현하기 위해 문이 필요하다고 한 점, 천문·지문·인문을 거론하며 인문의 중요성을 부각시킨 점, 인문 구현의 책임자로서 유자儒者의 역할을 강조한 점 등이 그러하다. 이는 16세기 율곡으로 대변되는 도학가의 도문론과는 다르다. 임진왜란은 조선왕조의 근간을 흔든 사건이었다. 이런 시대에는 새로운 왕조의 건설에 버금가는 지식인의 역할이 필요하다. 이 때문에 여헌은 도덕적 주체를 확고하게 정립하는 한편, 인문정신의 구현을 강조하였던 것이다.

5. 여헌 문학론의 위상

　여헌 학문의 핵심은 역학易學과 성리학性理學에 있다. 「문설」에서 제시
된 문의 이상적 모범 역시 육경과 도학가들의 글을 지칭하는 것이었다.
따라서 여헌이 말하는 진정한 문은 『역학도설』과 『성리설』이고 여타의
시문은 이른바 '잡술雜述'이라 할 수 있다. 그러나 여헌은 「문설」에서
문의 존재 의의를 역설하였으며, 「잡술서」에서는 도를 담고 있는 글
못지않게 잡다한 내용으로 채워진 글의 가치 또한 인정하였다. 이 점은
16세기 도학가들이 지니고 있었던 문학관과는 분명히 차이가 있는
것이다.

　여헌이 살았던 시대에는 신흠申欽(1566~1635)·장유張維(1587~1638) 같은
한문사대가를 비롯하여 최립崔岦(1539~1612)·유몽인柳夢寅(1559~1623) 등 걸
출한 문장가들이 많이 배출되었다. 도학가든 문장가든 이 시기 문인학자
들은 공통적으로 자기 존재에 대한 불안감을 가지고 있었다. 이 불안감은
붕당의 분화·대립이라는 정치구조의 변화와 임진왜란이라는 전쟁을
겪으면서 생긴 것이었다. 붕당정치는 개인의 능력이나 도덕성과는 무관
하게 정치적 소외자를 양산할 수밖에 없었으며, 전 국토를 휩쓴 전쟁은
전투에 참여하든 피난을 가든 상관없이 죽음을 직면하지 않을 수 없게
만들었다.

　이러한 상황에서 문인학자들은 기존의 삶과 신념에 대해 다시 생각하
게 되었고, 삶의 방향을 재정립하려는 나름의 시도를 하였다. 문장가들
은 주자학朱子學 이외의 사유에 관심을 보이면서 새로운 길을 모색하였다.
신흠이 상수학象數學을 공부하고 장유가 양명학陽明學에 관심을 가진
것도 이러한 맥락에서 이해할 수 있다. 또 한편으로는 최립과 유몽인처럼

도문론에서 빗겨 서서 선진양한先秦兩漢의 고문古文을 활용하여 산문의 문예미를 제고提高시키는 데에 집중하는 이들도 나타났다.

반면 여헌은 시야를 우주적 차원으로 확장하여 인문정신을 실현해야 할 책임자로서 유자儒者의 역할을 재인식함으로써 이러한 국면을 돌파하고자 하였다. 여헌은 16세기 도학가들과 마찬가지로 도덕적 주체의 정립을 인생의 지향점으로 설정하였다. 아울러 삼봉과 같은 경세가처럼 인문이 지닌 가치와 도를 실현하기 위한 문의 중요성을 강조하였다. 요컨대 여헌은 삼봉의 재도론과 율곡의 도본문말론을 반성적으로 고찰한 위에서 자기 나름의 도문론을 구축한 것이다.

이는 임진왜란 이후 사회체계를 다시 회복시키고자 하는 책임의식과 실천의지의 발로이다. 단적으로 여헌은 임진왜란 때 목도한 참상을 『용사일기龍蛇日記』에 기록해 두었으며, 「수예백골문收瘞白骨文」에서는 임진왜란 때 죽은 백성들의 유골을 거두면서 그들이 겪은 고초에 가슴아파하였다. 이런 점에서 여헌의 문학론이 보여 주는 도덕적 주체의 확립 의지와 유자儒者로서의 책임의식은 충분한 시대적 의미를 지닌다.

【여헌의 문학세계】
도덕적 주체의 완성과 도학문학

박 종 우

1. 조선의 창업과 도학문학의 대두

주지하듯이 조선은 창업과 동시에 성리학을 통치이념으로 채택하였다. 따라서 문학을 바라보는 관점도 성리학이 문학의 위에 놓이는, 이른바 재도載道의 관점이 주도하게 되었다. '재도'란 글자 그대로 성리학의 핵심 이념인 '도道'를 문학작품에 '싣는다'(載)는 의미이다. 곧, 문학이란 '도'를 전달하는 수단 내지 도구라는 생각이다. 이러한 견해는 일견 문학이 가지는 많은 장점과 가능성을 제한할 위험이 많아 보인다.

그럼에도 불구하고 우리는 성리학적 문학관의 유행이 결코 문학의 풍성한 생산을 막는 데까지 이르지 않았다는 점에 유의할 필요가 있다. 조선의 성리학자들은 깊이 있는 자아성찰과 사물의 관조를 통해 문학작품을 지속적으로 창작하였다. 이는 조선시대를 관통하는 문학의 중요한 특징의 하나로서 개성적이고 다양한 모습으로 전개된다.

우리 문학사를 이야기할 때 이러한 경향의 문학을 우리는 도학문학道學

文學이라고 부른다. '도학道學'은 그 함의에 대한 사상사적 해석에 따라 '리학理學' 또는 '성리학'과 구분하는 경우가 있으나, 여기서는 주돈이周敦頤, 정호程顥·정이程頤 형제, 주희朱熹 등으로 대표되는 중국 송대의 신유학이라는 의미로 사용하였다.

도학자에게 있어 시문을 짓는 일이 필수적으로 요구되었던 것은 물론 아니다. 그러나 도학의 사유에는 확실히 사물에 대한 심미적인 정조를 유발할 계기가 충분히 있다. 생성生成과 화해和諧를 특징으로 하는 세계관, 인격 함양의 과정이나 결과에서 얻는 체험, 그리고 직관적이고 지각적인 사물 인식의 방식은 사유하는 주체로 하여금 미적 정감을 이끌어 낸다. 그리고 이러한 과정을 통해 산출된 작품은 내용과 주제 그리고 풍격에 있어 자연히 일정한 특성을 지니게 마련이다. 이 도학문학은 진선미의 가치를 유기적 맥락에서 통합적으로 사유해 온 동양적 사유 전통의 형상화이자 성과인 것이다.

조선 전기 도학문학의 대표적 인물로는 회재晦齋 이언적李彦迪(1491~1553), 퇴계退溪 이황李滉(1501~1570), 율곡栗谷 이이李珥(1536~1584) 등을 들 수 있다. 이들의 문학적 특성은 도학적임에 틀림없다. 그러나 개인이나 도학의 역사적 전개에 따라 도학적 사유 총체에서 자신이 특히 중시하는 국면을 문학작품으로 나타냄으로써, 각각의 표현이 갖는 개성적 국면은 결코 천편일률로 귀결되지 않는다.

여헌의 문학세계도 기본적으로 이들의 도학과 문학을 계승하고 있다. 그런데 이론적으로나 구체적 작품창작에 있어서는 여헌만의 개성적인 특징이 분명히 감지된다는 점에서 문학사적 가치의 해명과 그 위상의 재검토는 중요한 과제라 할 수 있다.

2. 여헌의 도학적 시 세계

주지하듯이 여헌의 삶은 오로지 도학의 실천을 위한 것이었다고 해도 과언이 아니다. 도학의 이념을 체득하고 일상에서 그것의 실천을 추구한 그는 진정한 의미의 도학자라고 할 수 있을 것이다. 그가 남긴 문헌도 모두 한결같이 도학의 체현體現에 입각하고 있다. 도학의 이론을 연구한 저술은 물론이고, 인간의 정감을 주로 다루는 시에서도 이러한 특징은 쉽게 간취된다. 그에게 시 창작은 바로 도학의 문학적 실천에 다름 아니었다. 따라서 그의 시를 이해하는 단서를 문예미학적 특성보다는 도학이라는 이념적 자질에서 찾으려 한 시도는 적절해 보인다.

여헌의 시작품에서 자신의 철학적 탐색과 지향을 작품 형식을 빌려 표현한 점, 실용성이 강한 화운和韻 또는 차운시次韻詩·만시挽詩·증답시贈答詩 등이 많은 점, 문필 활동 전체에서 시가 차지하는 비중이 적은 점 등을 근거로 하여 여헌 문학이 도학파 문인의 한 전형임을 지적한 연구는 온당한 견해이다. 그리고 뒤이어 여헌 한시의 다양한 주제와 소재를 점검한 여러 연구들을 통해 여헌 문학에 대한 윤곽이 대체로 확인되었다. 최근에 연구 시야를 보다 확장하여, 당대의 문학적 특징인 자연 중심의 '계산풍류溪山風流'의 흐름 속에서 여헌 문학을 고찰하고 도학문학이 각 개인의 성향에 따라 보이는 다양한 변주의 편폭을 해명하려는 시도는 여헌 문학의 연구가 나아갈 한 방향을 제시한 것이라고 할 수 있다.

이러한 연구사적 맥락에서 우리가 생각해 볼 만한 과제는, 여헌 시에 어떠한 도학적 이념이 어떠한 방식으로 형상화되었는가에 대한 해명이다. 우선 해명을 위한 한 가지 단서로서 '경敬'의 이념을 들 수 있다. 기실 도학자의 삶과 문학을 이해하는 출발점으로 '경'이 새삼스러울 것은 없다. '경'은 도학적 가치를 삶의 지표로 삼고 실천하는 문인이라면 대부분 공유하는 기본 자질의 하나이기 때문이다. 그럼에도 불구하고 여기에서 '경'에 주목하는 이유는, 그의 시문에서 '경'이 유독 자주 사용되며 반복적으로 강조되고 있다는 데 있다.

1) 청정한 세계의 희구

「감흥」

이 마음은 물과 같고 뜻은 파도와 같으니	此心如水意如波
움직이면 절강이요 고요하면 멱라수로다.	動是浙江靜汨羅
만약 경 공부를 시종 변함없이 한다면	若做敬功終始一
고래가 숨고 풍랑이 멈춰지듯 얼마나 깨끗할까.	鯨藏風止淨如何

(『여헌선생속집』 권1, 「感興」)

'이념'의 사전적 의미가 '한 개인이 이상적인 것으로 여기는 생각이나 견해'라고 한다면, 이 시의 3구에서 보듯 여헌이 일생 공부의 대주제이자 이념적 지표로 설정한 것은 역시 '경'이라고 할 수 있다. 그런데 1~2구에 흥미 있는 비유가 있어 주목할 만하다. '마음(心)=물(水)'과 '뜻(意)=파도(波)'도 그렇지만, '움직임(動)=절강浙江'과 '고요함(靜)=멱라수汨羅'는 독특한 상관관계이다. 멱라수汨羅水는 중국 장사지방에 있는 물 이름으로, 주자가 연못(汨羅淵)이라고 표현할 만큼 잔잔한 물이다. 그리고 절강은 중국 절강성에 있는 강 이름으로, '곡강曲江'이라고도 불릴 만큼 갈래와 굽이가 많은 강이다. 마지막 구에서도 알 수 있듯이 마음과 뜻의 물결은 잔잔하고 깨끗한 것이 중요한 가치를 갖는다. 여기서 '고요함'(靜)과 '청정함'(淨)의 이미지가 '경'의 형상화에 있어서 대표적인 표현 방식임을 알 수 있다. 다음의 시를 보면 이러한 이미지들을 통한 형상화 방식이 보다 구체적으로 확인된다.

「앞 시내」

작은 시냇물 재실 아래로 흘러	小澗流齋下
밤낮으로 졸졸 흐르누나.	日夜響潺湲
근원은 깊은 곳에서 나와	源從底處出
나와도 나와도 어려움이 없고	出出會無艱
흐름은 깊은 곳 향해 돌아가	流向底處歸
돌아가고 돌아가 그치지 않네.	歸歸且不慳
처음에는 꽃잎 떨어져 떠감을 보았는데	始見花爛浮
문득 황톳물 가득히 흘러가며	旋作黃流灣
금방 깨끗한 집이 담겨 있음을 보았는데	纔觀玉宇涵
다시 얼음 밑에 여울소리 듣노라.	復聽冰下灘
상쾌함은 솔바람이 이는 듯하고	爽或起松籟
노할 때에는 우주에 뇌성벽력이 치는 듯하네.	怒或雷凝寰
지나가면 다시 이어짐은 나약한 이 뜻을 세우게 하고	過續足立懦
깨끗하고 시원함은 완악한 이 청렴하게 하는구나.	潔淸能廉頑
누가 권하기에 끊임없이 흘러가며	誰勸往無已
누가 재촉하기에 바삐 달려가는가.	孰催忙未閒
때에 따라 온갖 태도 드러내나	隨時呈百趣
쉬지 않음은 끝내 일반이라오.	不息終一般
사랑스레 보느라 매양 물가에 임하는데	愛玩每臨流
모르는 새 몸에 아픈 병이 있는 듯하네.	不覺身恫瘝

(『여헌선생문집』 권1, 「前澗」)

이 시는 재실 아래로 흐르는 작은 시냇물을 관찰하면서 느낀 감흥을 노래한 것이다. 여기서 시냇물은 비록 작지만 깊은 근원과 끝없는 유수를 이어가는 존재이다. 그러한 속성은 보는 사람의 마음을 길러 주는 대상이기도 하다. 마지막 구의 '모르는 새 몸이 아파오도다'(不覺身恫瘝)에 유의할 필요가 있다. 애정 어린 시선으로 물가에 다가가 관찰하다가 화자가 얻은 것은 무엇인가. 그것은 바로 경의 일상적 실천이다.

'통환恫瘝'은, 『서경書經』「강고康誥」에 "왕이 말씀하셨다. '아아! 소자 봉아. 아픈 병이 몸에 있는 것처럼 삼가고 조심할지어다. 천명은 두려워 해야 하지만 정성스러우면 도와주는 법이니라'"(王曰: 嗚呼! 小子封, 恫瘝乃身, 敬哉! 天畏, 棐忱)라는 말에서 온 것이다. 따라서 이 구절은 시냇물의 청정한 덕성을 깨닫고 새삼 경의 중요성을 환기한 표현으로 이해된다.

「이부천李缶川의 유거에 짓다」

두어 칸 초가집 작은 시냇가에 있으니	數間茅屋小溪濱
고요한 가운데 늙은 몸 붙여 있기 좋다오.	靜裏端宜着老身
파란빛은 이미 남쪽 시냇가 버들에 어우러지고	翠色已交南澗柳
시원한 그늘은 북쪽 창가의 대나무에 머무네.	凉陰欲合北窓筠
의취 이루어지니 절로 말 잊는 경지에 도달하고	趣成自到忘言地
뜻 맞으니 참으로 세상 오만히 여기는 사람인 듯하네.	意得眞如傲世人
송료주松醪酒 다 마시고 그대로 취해 잠드니	飲罷松醪仍醉睡
베갯가에 들려오는 새 울음소리 자주 잠을 깨우나.	枕邊啼鳥喚醒頻

(『여헌선생속집』 권1, 「題李缶川幽居」)

시제에서 알 수 있듯이 이 시는 '그윽한 거처'(幽居)를 주제로 한 것이다. 1~4구는 바로 그곳의 환경을 제시하고 있다. 앞의 두 구는 '고요함'(靜)을 나타내고, 뒤의 두 구는 '청정함'(淨)을 제시한다. 이러한 환경은 바로 화자인 여헌이 지향하는 이상적 공간이다. 그래서 5~6구에서처럼 의취 意趣가 이루어지고 들어맞으며 절로 '말을 잊는 경지'에 도달하고, '세상

을 오만히 여기는 사람'이 된 듯한 느낌을 가질 수 있는 곳이다. 다음의
시작품도 유사한 시상으로 지어진 작품이다.

「박대암朴大庵의 시에 차운하다」

꽃이 피든 잎이 지든 누워서 분수에 맡겨 두니	花開葉落臥分時
산 밖의 분분함 내 어이 알겠는가.	山外紛紜豈我知
집 위에 솔바람 소리 귀에 좋게 들려오고	宅上松聲來耳可
뜰 앞의 돌 사이 시냇물에 얼굴을 비추누나.	階前石澗照顏宜
사립문 항상 닫아건 곳에서 구역의 아늑함 보고	扉常掩處看區邃
사람들 다투지 않는 때에 사업의 기이함 깨닫네.	人不爭時覺業奇
오히려 조섭하던 끝에 병이 더칠까 염려하여	猶慮調餘還有病
편벽된 성품 다스려 좋은 의원 되려 한다오.	却從偏性作良醫

(『여헌선생속집』 권1, 「次朴大庵」)

2구의 '산 밖의 분분함'(紛紜)은 다름 아닌 혼탁한 세속이다. 그러한
세속으로부터 격리된 공간이 화자가 진정으로 원하는 곳이다. 3~4구의
듣기 좋은 솔바람 소리와 거울같이 맑은 시냇물은 적절한 배경이 된다.
이런 곳에 있으면 다른 때 잘 떠올리지 못하는 일들이 저절로 떠오르게
마련이다. 문을 닫아걸고 앉아서야 비로소 자신이 처한 곳이 꽤나 깊고
아늑한 곳임을 깨닫는다. 그리고 남들과 다툴 일이 없는 때에야 비로소
사업의 기이함을 알게 되는 것이다. 이러한 맥락에서 마지막 구의 "편벽
된 성품을 다스려 좋은 의원 되고자 한다"라는 말은 바로 마음을 다스리
는 사람이 되고 싶다는 희구의 표현으로 읽힌다.
    이처럼 경을 삶의 실천 이념으로 삼고 속세와 분리된 청정한 세계의
추구하는 모습을 형상화하는 것은 여헌 시의 특징적 일 국면이다.

2) 고고한 기상의 강조

혼탁한 속세를 거부하고 청정한 세계의 추구하려는 시적 화자와 더불어 고고한 기상의 강조도 여헌 시에 자주 보이는 특징이다. 시작품에서 대나무, 소나무, 학鶴, 산山 등과 같은 '고고孤高'의 이미지에 부합하는 제재가 빈번하게 시로 그려지는 것은 그러한 특징과 연계하여 이해할 필요가 있다.

「오산吳山의 감흥感興」

······	······
소나무는 만고의 정취 남아 있고	松留萬古趣
대나무는 천년의 기색 간직하였네.	竹是千年色
너에게 묻노니 무슨 정취와 기색이	問爾何趣色
나의 마음과 정신 각별하게 하는가.	使我心神別
소나무와 대나무는 말이 없고	松與竹無語
바람 따라 소리만 더욱 깨끗하네.	隨風聲更潔
이 맑은 의취를	一般淸意味
어찌 읊어 형용해 낼까.	那得吟形出
······	······

(『여헌선생문집』 권1, 「吳山感興」)

이 시는 시제에서 보듯 자연경물에서 느낀 정감과 흥취를 노래한 작품으로, '경'을 직접적으로 나타내는 어휘나 구절은 표면에 드러나 있지 않다. 화자가 흥취의 제재로 바라보고 있는 것은 소나무와 대나무이다. 주변에서 흔히 보이는 것인 데다 사시사철 내내 별다른 변화 없이 서 있는 존재로서, 시적 흥취를 일으키는 경물로서는 밋밋한 감마저 드는 소재이다.

하지만 화자는 경물의 외양보다는 바로 그러한 나무의 본성에 주목한다. 이러한 시각은 단지 사물의 겉모습만을 바라보는 것이 아니다. 이미 화자의 안목이 사물의 본성을 파악하여 성찰하는 경지에 있음을 반증한다. 자신의 '심신에 각별하게 다가오는 것'(心神別)은 무엇인지를 화자는 송죽에게 묻는다. 하지만 송죽은 '말이 없고'(無語) 바람에 '더욱 맑은 소리'(聲更潔)를 내보일 뿐이다. '말 없음'의 '고요함'(靜)과 '맑은 소리'의 '청정함'(淨)의 이미지는 앞서 말한 '경'의 형상화를 위한 주된 표출 방식이다.

이어지는 두 구에서 보듯 화자는 "이 맑은 의취를 어찌 읊어 형용해 낼까"라는 시구로써 넘쳐 오르는 흥취를 드러내고 있다. 관물을 통한 공부 곧 심성수양의 과정에서 오는 정서적 고양을 형상화한 것으로 이해할 수 있다. 이러한 공부는 바로 '경'의 이념을 체화하고 실천해 가는 도학자만의 '맑은 의취'이며, 마음과 정신을 각별하게 하는 기상을 기르는 과정인 것이다. 다음의 시도 유사한 사례로 들 수 있다.

「금오산金烏山을 방문하다」

대는 당해의 푸른빛 지니고 있고	竹有當年碧
산은 옛날의 드높은 모습 의구하도다.	山依昔日高
청풍에 아직도 머리털 송연한데	淸風猶竪髮
누가 옛사람이 멀다 하는가.	誰謂古人遙

(『여헌선생문집』 권1, 「訪金烏」)

이 시는 시제에서 알 수 있듯이 금오산을 방문하고 느낀 것을 적은 것이다. 5언절구의 짧은 형식이고 문면만으로는 그다지 특기할 만한 내용은 없어 보이지만, 내면의 시적 의취와 풍격으로 볼 때 여헌 시의 개성이 잘 드러난 작품이다. 우선 1~2구는 세월의 흐름과 상관없이 지속하는 존재에 대한 화자의 감흥을 노래한 것이다. 대나무와 산은 분명 변함없이 자신의 가치를 지켜 나가는 존재인데, 화자의 시상은 그러한 사물들이 지니고 있는 기상에서 발동한다. '푸른빛'(碧)과 '드높은 모습'(高)은 기상의 시각적 형상화에 다름 아니다.

조선 말기의 문신 이유원李裕元(1814~1888)은 이 시를 평하여 "회오리바람을 타고 구만 리를 올라간다"(搏扶搖而上者九萬里;『林下筆記』권35, 「薛荔新志」)라고 한 바 있다. 『장자莊子』제1편 「소요유逍遙遊」의 구절을 인용한 것으로, 위의 시가 대붕의 드높은 기상과 같은 풍격임을 칭찬한 평어이다.

대나무와 함께 소나무도 유사한 제재로 종종 등장한다. 다음의 작품은 노송의 기상을 읊은 시이다. 매서운 서릿발에 뜰 안의 화초들이 모두 시들어 버린 가운데서도 푸른빛을 유지하고 있는 모습은 바로 화자의 정신적 지향점이다.

「와유당臥遊堂에서 11수를 읊다 – 노송老松」

하룻밤 동안 풍상 겪으니	風霜一夜經
온갖 화초 모두 누렇게 시드는데	百卉皆黃落
뜰 가에 홀로 우뚝 솟아	庭畔獨偃蹇
창연한 옛 빛 의구하구나.	蒼然依舊色

(『여헌선생문집』권1, 「臥遊堂十一詠 · 老松」)

1구의 '풍상'을 세속의 어두운 현실과 연계시켜 보면 2구의 '온갖 화초'는 바로 현실의 외압이나 욕망에 떠밀려 자신의 의지나 지조를 지켜 내지 못하는 소인배들임을 쉽게 연상할 수 있다. 하지만 '경'의 이념을 삶의 지표로 삼는 도학자라면 홀로 늘 푸른 소나무처럼 그러한 외물에 결코 굴복하지 않을 것이다.

이렇게 보면 시제인 '노송'은 바로 화자가 목표로 삼는 이념적 표상이다. 드높은 도학적 기상의 체현은 송죽 이외의 제재에서도 보인다. 다음의 인용 작품은 학의 이미지를 통해 고절^{高絶}한 도학자의 기상이 보다 확장·심화된 모습으로 제시되어 있어 주목할 만하다.

「학욕담^{鶴浴潭}」

두 산이 칼로 자른 듯 골짝 이루어	兩峽劈作洞
한 못 돌로 이루어졌네.	一潭成以石
위의 물줄기 폭포에 매달려 있고	上注懸於瀑
아래로는 가득히 모였다가 넘쳐흐르네.	下流盈出積
깊고 또 깨끗하니	淵泓更澄澈
한 티끌인들 어찌 용납하겠는가.	一塵寧容得
속세의 종적 가까이할 수 없으니	凡蹤不可近
못 이름을 바로 학이 목욕한다 하였네.	潭名卽浴鶴
학은 새 중의 신선으로	鶴爲鳥中仙
물이 맑지 않으면 목욕하지 않는다오.	水不淸不浴
놀 때에는 반드시 구름 높은 거리에 날고	遊必騰雲衢
둥지는 반드시 인적이 없는 곳에 마련하지.	巢必無人跡
어찌 오리 따위를 따라다녀	肯從鵝鴨群
더러운 못 가리지 않겠는가.	不擇池汚濁
날고 멈춤 절로 청고하니	飛止自淸高
누가 높이 나는 나래 길들일까.	誰能馴逸翮
참으로 세상에 은둔하는 선비	眞如遯世士
진세에 처하지 않음과 같다오.	不處塵埃域
지금 학은 어느 곳에 있는가	而今鶴何處
못은 비고 산 그림자만 저녁에 드리워	潭空山影夕
내 와서 처음으로 갓끈 씻으니	我來始濯纓

정신과 혼이 하늘 높이 상쾌하여라.   神魂爽碧落

밤에 돌아와 꿈을 꾸니 신선이   夜歸夢仙客

○○○(원문 빠짐) 나와 맑은 약속을 함께 하였네.   ○我同淸約

(『여헌선생속집』 권1, 「鶴浴潭」)

화자인 여헌의 장쾌한 기상이 작품의 전편에 뚜렷하게 나타나는 작품이다. 우선 문면을 따라 시상의 전개를 살펴보자. 1~8구는 시제의 배경을 설명한 것이다. 가파른 지형과 깨끗한 환경은 이곳이 속세와 격절된 곳임을 말한다. 9~16구는 학의 고고한 품성을 노래한 부분이다. 그러한 탈속적 공간에서 사는 학은 오리 따위와 같은 소인배들과 어울리지 않고 청고한 삶을 살아가는 존재이다. 17~24구는 학과 화자 자신을 일체화시키는 대목이다.

세속적 현실에 타협하지 않고 깊은 산속에 은거하며 지내는 선비는 바로 화자이다. 그리고 꿈의 세계에서 신선을 만나는 것은 고양된 흥취에 비롯된 비약적 상상력에서 나온 것이다. 따라서 전체적으로 학의 청고한 기상을 흠모하며 희구하는 화자의 노래로 읽히게 된다.

3. 여헌의 산문 세계

여헌은 1,000여 수의 한시 외에 다수의 산문을 남기고 있다. 장르만을 보아도 사상적 성향을 강하게 드러내는 설說, 기記, 논論 등의 논설류에서부터 일상적 삶의 모습을 보여 주는 서간문, 산수유기山水遊記, 제문 등의 서기류에 이르기까지 다양하게 남아 전한다. 따라서 한시와 더불어 산문도 여헌의 삶과 생각을 보다 깊이 이해하는 데에 중요한 자료임이 분명하다. 그리고 이 자료를 연구하는 과정에서 16세기 도학문학의 흐름 속에서 여헌의 산문 작품이 가지는 개성적인 국면은 무엇이며 그러한 문학적 특질이 동시대 내지 후대 문인의 그것과 변별되는 부분은 어떠한 것인지 해명할 수 있을 것이다.

1) 도덕적 주체의 정립

조선의 지식인들은 어떠한 삶을 살려고 노력하였을까. 간단하게 말하자면 옛 성현이 남긴 경전을 늘 반복하여 익히고, 거기에 담긴 도학적 이념을 매일 실천하는 것이었다. 그리하여 혼탁한 세상에 살아가면서도 스스로를 올곧게 지켜 나갈 수 있는 고절高絶한 정신의 주체를 완성하기 위해 힘썼다. 이러한 삶의 태도는 여헌의 산문에서도 쉽게 확인된다.

「여헌설旅軒說」은 지나온 자신의 삶을 반추하는 내용이 담긴 글이다. 제목에서 보듯 여헌이라는 호가 지어진 유래를 알 수 있는 산문 작품으로 44세(1597)에 지은 것으로 전한다. 여헌은 어릴 적 아버지를 여의고 임진왜란 때 고향집이 소실되면서 이후 친척과 친구들의 집을 전전하며 떠돌이의 삶을 살았다. 당호堂號인 '여旅'는 바로 당시에 일정한 거처 없이 떠돌았던 자신의 삶의 역정을 비유한 것이다.

만약 천지의 시각에서 본다면 천지 사이에 붙어사는 모든 물건이 어느 것인들 나그네(旅)가 아니겠는가? 천지는 만물의 여관(逆旅)이다. 그 사이에 태어난 것들이 갑자기 왔다가 갑자기 죽어가서, 가는 자가 지나가고 오는 자가 계속하여 일찍이 한 사람도 천지와 더불어 시종을 함께하는 자가 없으니, 천지 사이의 모든 것이 나그네가 아니고 무엇이겠는가? 천지에 사는 자도 나그네라고 이른다면, 그 도리를 다할 것을 생각하여 일생동안 천지간에 부끄럽지 않게 하는 것을 힘쓰지 않을 수 있겠는가? 사람이 사람들 사이에서 나그네가 되어 한세상을 지날 때에, 도리를 지키고 의를 잃지 않아서 안으로는 자신의 마음에 부끄럽지 않고 밖으로는 또한 세상 사람들에게 부끄럽지 않게 된다면, 나로서는 마음에 만족할 수 있고 남들도 내가 나그네 노릇을 잘한다고 칭찬할 것이다.(『여헌선생문집』 권7, 「旅軒說」)

여헌은 이 글을 통해 세속적 삶의 속박으로부터 벗어나는 자유로움을 보여 주고 있다. 정도의 차이가 있을 뿐 인간의 삶이 유한한 이상 인간 모두가 이 세상에서 나그네에 불과하기는 마찬가지이다. 시야를 천지의 차원으로 확장하면 세속적 영리나 불행 따위는 소소한 문제가 되고 만다. 반어의문문을 연속적으로 배치하여 문장의 기세를 강하게 하였는데, 이는 세상에 대한 불만에서 오는 강개함이 아니라 세속적 불행을 초극하는 데에서 오는 호쾌함을 더해 주고 있다.

여기서 유의할 부분은 불우한 지식인에게 흔히 보이는 하늘에 대한 원망이나 삶에 대한 비애가 거의 보이지 않는다는 점이다. 예컨대 생질 노경임盧景任을 잃고 쓴 제문(『여헌선생문집』 권11, 「祭盧甥[景任]文」)에서도 여헌은 뛰어난 재능이 있는 이가 일찍 죽은 것에 대해, 천리天理를 알 수 없다고 하면서도 이를 개인적 슬픔으로 감내할 뿐 천리에 대한 회의나 불평을 드러내지는 않았다. 여헌이 택한 삶의 길은 도리를 지키고 의를 잃지 않아서 자신의 마음에 부끄러움이 없는 도덕적 주체를 확고하게 정립하는 것이었다.

물론 이러한 생각은 16세기 성리학자들과 그다지 다를 바가 없다고 할 수 있다. 그러나 우리가 주의 깊게 살펴야 할 것은 3,700여 자에 달하는 이 글의 방대한 분량이 웅변적으로 말해 주듯이, 여헌의 이러한 결론이 거처의 전소라는 개인적 불행과 임진왜란이라는 국가적 위기 상황 속에서 고심 끝에 나온 것이었다는 점이다. 여헌은 임진왜란 때 자신이 겪었던 시련을 『용사일기龍蛇日記』에 기록해 두었으며, 「수예백골문收瘞白骨文」(『여헌선생문집』권11)에서는 임진왜란 때 죽은 민의 유골을 묻어주면서 백성들이 겪은 고초를 가슴아파하기도 하였다.

이처럼 여헌은 도학자로서 자기 수양에 늘 전념하면서도 어지러운 현실 문제를 대할 때에 결코 피하거나 외면하지 않고 항상 직시하고자 하였다. 그리하여 자신이 추구하는 도학적 이념을 현실에 구현하고자 하는 실천적 지식인으로 살아가는 데 삶의 목표를 두었던 것이다.

2) 인문정신의 구현

앞서 살펴본 바 도덕적 주체의 정립은 여헌의 핵심적 삶의 과제였다. 이와 더불어 우리가 주목해야 할 부분은 이러한 과제가 궁극적으로 지향한 것은 무엇인가이다. 결론부터 말하자면 그것은 우주론적 사유에 기반한 인문정신의 구현이었다. 이는 다음에 살펴볼 여헌의 산문 작품들을 통해 구체적으로 확인할 수 있다.

여헌에게 리기理氣는 진리를 탐구하는 학문 영역의 문제이기에 앞서, 자기 삶의 의미를 찾는 존재론적 문제였다. 이 때문에 여헌의 산문이 성리학적 개념을 동반하면서 만연체의 문장으로 전개한 경우가 많음에도 불구하고 전혀 추상적인 사변적 논설로 느껴지지 않는 것이다. 아래의 인용문은 여헌의 주저인 『역학도설』에 붙인 서문의 일부이다.

사람이면서 이 도리를 알지 못한다면 이 역시 새와 짐승일 뿐이요 풀과 나무일 뿐이다. 서되 마땅히 서야 할 땅을 알지 못하고 행하되 마땅히 행하여야 할 길을 알지 못한다면 어찌 삼재三才의 도에 참여할 수 있겠는가?(『여헌선생문집』 권8, 「易學圖說序」)

이 글에서 여헌은 우주론의 견지에서 역학에 침잠하게 된 이유를 밝히면서, 인간존재에 대한 반성적 성찰을 통해 인간의 책무를 역설하고 있다. 여헌은 하늘, 땅과 함께 삼재三才의 하나로서의 인간이 우주간의 사업에 참여하는 길로 나아간다. 여헌에게 도덕적 주체를 세우는 것과 함께 우주간의 사업으로 중요한 것은 인문人文을 밝게 드러내는 것이다. 다음 부분도 이와 같은 맥락으로 이해할 수 있다.

> 사람들은 이에 비로소 글 가운데 역을 통해 천지의 역을 알고, 모상模像(형상을 본뜸)한 천지를 통해 고유한 천지를 알아서 우리 인간의 사업이 이로부터 정해지게 되었으니, 인문人文이 역을 얻어 밝게 드러나고 물칙物則(만물의 법칙)이 역을 얻어 궁극에 이르렀으며 이륜彝倫(사람으로서 떳떳하게 지켜야 할 도리)이 역을 얻어 펼쳐지게 되었을 뿐이다. 이에 이르면 이 역의 공용을 어찌 다 측량할 수 있겠는가? 천지가 남아 있으면 이 책은 당연히 천지와 함께 보존되고 마땅히 천지와 더불어 시종을 함께할 것이다.(『여헌선생문집』 권8, 「易學圖說序」)

여헌은 「역학도설서」의 서두에서 "역은 바로 천지이다"(夫易卽天地也)라고 하였다. 천지와 함께 삼재의 일원으로 우주간의 사업에 참여하는 인간으로서, 인문을 드러내기 위해서는 역을 공부하지 않을 수 없다. 왜냐하면 인문은 역을 통해 밝게 드러나기 때문이다. 이 때문에 여헌은 역학에 침잠하였던 것이다. 여헌의 산문 중에 역학에 기초한 우주론에 입각하여 논지를 세우는 경우가 많은 것도 이와 연관된다. 심지어 노년기의 학문 활동에 대해 서술한 「노인사업老人事業」(『여헌선생문집』 권6)과 같은 글에서도 서두는 우주론과 관련된 논설로 시작하였다.

여헌은 「문설文說」에서 인문의 중요성과 유자의 역할을 다음과 같이 논설하였다.

오직 사람은 천지의 사이에 위치하고 만물의 으뜸 자리에 있으면서 인·의·예·지의 덕을 본성으로 삼고 윤리와 강상의 도를 맡고 있어서, 천지에 제자리를 찾아 주고 만물을 생육하며 옛 성인을 계승하고 후학들을 열어 주는 것으로 사업을 삼으니, 사람에게 있어 문文이 무겁고 또 크지 않겠는가? 그러므로 인문이 이미 분명하게 드러난 뒤에야 친親(친함)·소疎(소원함)가 구분되고 상·하가 밝아지며 내·외가 구별되고 선·후가 질서를 잡아서, 아버지는 아버지답고 자식은 자식다우며 군주는 군주답고 신하는 신하다우며 남편은 남편답고 부인은 부인다우며 어른은 어른답고 어린이는 어린이다우며 선한 사람을 옳게 여기고 악한 사람을 미워한다. 그리하여 재성裁成(재량껏 조처하여 일을 이루어 냄)하고 보상輔相(도와줌)해서 천지에 참여하여 도우며 천지를 편안하게 하고 만물을 길러 주는 도가 여기에 있는 것이다. 그러나 사람은 누구나 똑같은 사람이지만, 오직 유자만이 이 도를 강명하고 교화를 미루어 행해서 온 세상의 백성과 물건을 모두 문명의 교화에 들어가게 한다.(『여헌선생문집』 권6, 「文說」)

여헌은 재도載道의 문학론과 인문을 다시금 제기하고, 천문·지문이 인문을 통해야만 제대로 드러날 수 있다고 하였다. 또한 인문을 밝히기 위해서는 유자의 역할이 무엇보다 중요하다고 역설하였다. 삼봉보다 인문에 대한 의미 부여가 더 강하며, 인문을 세우는 책임자로서의 유자의 역할을 강조하고 있다.

여헌이 제시한 방법은 육경에 근본하여 사회의 질서와 가치를 재정립하는 것이었다. 여기서 여헌이 사서보다 육경을 앞세운 것은 특기할 만하다. 주지하다시피 사서, 특히 『대학』과 『중용』은 송대 성리학자들이 중시한 유가 경전이었으며, 이는 16세기 조선에서도 마찬가지였다. 그러나 여헌에게 있어서는 사서의 학습을 통해 도덕적 주체를 정립하는 것도 중요하지만, 보다 시급한 것은 유가적 철학체계와 사회체계를 담고 있는 육경을 통해 인문정신을 구현하는 것이었다. 이 때문에 사서를 넘어 육경을 주목하지 않을 수 없었던 것이며, 육경의 순서를 『주역』,

『서경』, 『시경』, 『춘추』, 『예경』, 『악서』의 순, 즉 우주의 질서를 담고 있는 『주역』을 첫 번째로 한 것이다.

여헌이 말한 바 '우주간의 사업'은 도덕적 주체의 정립과 인문정신의 구현으로 집약될 수 있다. 도덕적 주체의 정립은 16세기 성리학자들이 지향한 핵심 사안이었다. 16세기 성리학자들이 인성론의 측면에서 도덕적 주체의 정립을 논의했다면, 여헌은 우주적 사업의 일환으로 인간의 주체성을 강조했다는 점에서 차이가 있다. 더 큰 차이는 여헌이 도덕적 주체를 인문정신의 구현을 통해 정립하려고 했다는 점이다. 이에 여헌은 문을 통해야만 도가 실현될 수 있다고 보았는데, 이는 16세기 성리학자들에 비해 문의 존재 가치를 보다 강조한 것이라는 점에서 의미가 있다.

4. 여헌 문학의 특징과 역사적 위상

이상에서 우리는 여헌의 문학세계에 대해 크게 시와 산문으로 나누어 간략하게나마 살펴보았다. 이제 여헌 문학이 가지는 특징적 국면과 역사적 위상에 대해 정리해 보기로 한다.

우선 우리는 여헌이 정이에서 주희까지 이어지는 도학사적 맥락에서 실천 이념으로서 '경敬'을 강조하였음을 확인하였다. 경의 공부가 만선萬善의 근본이자 위학爲學의 강령으로 더욱 강조되는 것은 바로 주희에 의해서이다. 그는 이 개념을 보다 확장·심화하여 '거경居敬', '지경持敬' 등을 강조하였다. 곧, '거경'을 '궁리窮理'와 함께 거론하여 마치 사람의 두 발처럼 서로 돕는 관계인 것으로 보았고, '지경'을 '궁리'의 근본이라고 하여 인욕을 제거하고 천리를 궁구하는 도학의 실천 이론으로 확립하였다. 여헌의 경의 이념은 이러한 도학적 개념사와 궤를 같이한다. 그는 경을 학문과 삶에 있어서의 실천 이념으로 받아들인 것으로 보인다. 여헌이 경의 실천을 중요시한 것은 이론적 산문뿐만 아니라 시문에 직접 나타나기도 한다.

가까운 사례로 퇴계 이황의 경우에서도 '경'의 중시를 확인할 수 있다. 퇴계는, 자신의 학문에 대한 총체적 집약이라 할 『성학십도』에서 임금에게 '경은 성학의 처음이자 끝'이라고 강조했던 것처럼, '경'의 정신으로 학문과 삶을 일관해 온 거유巨儒이다. 여헌 또한 비록 성학이라고까지는 지적하지 않았으나 같은 도학자의 한 사람으로서 이러한 '경'을 삶의 대전제로 삼았을 것임은 짐작하기 어렵지 않다. 여헌이 다른 곳(『여헌선생속집』 권5, 「標題要語」)에서 "도 밖에 어찌 도를 구하겠나, 공부는 모두 '경'자로 말미암아 이루어진다네"(道外何求道, 功由敬字成)라거나 "경은 천 가지 사악함을 대적하고, 성은 만 가지 거짓을 소멸한다"(敬敵千邪, 誠消萬僞)라고 말한 것도 같은 문맥으로 이해된다.

이러한 경 이념의 시적 형상화는 '청정의 추구'와 '기상의 강조'로 구체화된다. 잔잔하고 맑은 냇물과 같은 깨끗한 덕성을 가진 사물은 여헌 시의 중요한 제재이다. 여기서 냇물의 '고요함'과 '청정함'의 이미지는 '경' 이념의 시적 형상화와 깊이 연계된 것임을 알 수 있었다. 아울러 깊은 산속과 같은 속세와 분리된 무구의 세계에 대한 희구도 그와 같은 삶의 태도를 형상화한 것으로서 여헌 시의 특징적 국면을 이루고 있음을 밝혔다.

다음으로 혼탁한 속세를 거부하고 청정한 세계의 추구하려는 시적 화자와 더불어 고고孤高한 기상의 강조도 여헌 시에 자주 보이는 특징임을 확인하였다. 대, 소나무, 학, 산 등 '고고'의 이미지에 잘 부합하는 제재들이 여헌 시에 빈번하게 나타나는 것이 고고한 기상의 강조와 밀접한 관계가 있음을 살펴보았다. 그리하여 고고한 도학자로 일생을 마치고자 진력한 여헌의 삶의 자세와 더불어 고양된 시적 흥취와, 그로부터 비롯된 비약적 상상력 등은 여헌의 시 세계를 깊이 이해하는 단서임을 확인할 수 있었다.

한편 여헌의 산문 세계에 대해 살펴보았다. 그는 같은 시기를 살았던 유몽인柳夢寅(1559~1623), 신흠申欽(1566~1635), 허균許筠(1569~1618), 장유張維(1587~1638) 등의 문장가에 비하면 문예적 산문이 양적으로 대단히 적다. 또한 이들 문장가들이 보여 주는 풍자와 역설을 통한 사회비판 정신, 선진양한의 고문을 활용한 문예미의 제고, 다양한 형식적 실험 등에 비하면, 여헌의 산문은 주제의식이나 형식적 측면에서 다채로움이 떨어지는 것이 사실이다.

성리학자든 문장가든 이 시기 문인학자들은 공통적으로 자기 존재에 대한 불안감을 안고 있었다. 이 불안감은 붕당의 분화·대립이라는 정치구조의 변화와 임진왜란이라는 전쟁을 겪으면서 온 것이다. 붕당정치는 개인의 능력이나 도덕성과는 무관하게 정치적 소외자를 양산할 수밖에 없으며, 전 국토를 휩쓴 전쟁은 전투에 참여하든 피난을 가든 상관없이 죽음을 직면하지 않을 수 없게 만들었다.

이러한 상황에서 문인학자들은 기존 삶의 방식이나 성리학적 신념에 대해 다시 생각하게 되었고, 삶의 방향을 재정립하려는 나름의 시도를 하였다. 문장가들은 주로 노장적 사유를 수용함으로써 우수를 극복하거나 당대 정치현실에 대한 불만을 드러내는 경향을 보였다. 예컨대 신흠이 상수학象數學을 공부하고 장유가 장자莊子나 양명학陽明學에 관심을 가진 것도 이러한 맥락에서 이해할 수 있다. 반면 여헌은 시야를 우주적 차원으로 확장하여, 인문정신을 실현해야 할 책임자로서 유자의 위상을 재인식함으로써 이러한 국면을 돌파하려고 하였다. 이런 점에서 그의 산문에 관류하는 우주론적 사유와 유자로서의 책임의식은 문예적 성취의 여부를 떠나 충분한 시대적 의미를 지니고 있는 것이다. 특히 여헌은 교조적敎條的인 언술이 아니라 구체적 자기 경험에 기반하고 있다는 점에서 더욱 그러하다.

이 점은 16세기 성리학자들이 지니고 있었던 문학관과는 분명히 차이가 있는 것이다. 또한 여헌이 전대 성리학자들의 시나 산문을 계승하면서도 변용한 면모를 보면, 여헌을 비롯한 17세기 이후 성리학자들의 문학이 전대에 비해 훨씬 엄격하고 단순화되었다고 단정해서는 곤란하다. 17세기 성리학들의 문학이 결코 16세기의 아류亞流나 경화硬化에 불과한 것은 아니었으며, 전대의 문학론과 문학적 성취를 반성하여 갱신한 측면이 없지 않았다. 우리는 여헌을 통해 이러한 면모를 보게 되는 것이다. 이 특징은 이후 조선 후기 도학문학의 새로운 분화分化의 양상을 예고하는 것으로서 주목할 필요가 있다.

역의 사유논리에 기초한 유교 교육철학의 성숙

신 창 호

1. 조선 초·중기 성리학자들의 교육관

　조선은 성리학을 바탕으로 유학의 황금시대를 구가한 나라이다. 나라를 건설하던 초기 단계부터 성리학은 정치와 교육의 기본 바탕이었고, 학문과 교육의 실천을 통해 국가이념은 더욱 공고한 단계로 나아갔다. 조선의 기틀을 마련하는 데 기여한 정도전鄭道傳(1342~1398)과 권근權近(1352~1409)을 비롯하여, 조광조趙光祖(1482~1519), 이언적李彦迪(1491~1553), 서경덕徐敬德(1489~1546), 조식曺植(1501~1570), 이황李滉(1501~1570), 이이李珥(1536~1584) 등, 조선 초·중기 유학의 거장들은 모두 이러한 전철을 밟았다. 시대적으로 이들을 뒤이어 활동한 여헌旅軒 장현광張顯光(1554~1637)의 교육적 사유도 그것의 연장선에서 심화를 거듭해 나갔다.

　조선 초·중기, 특히, 1592년 임진년 전쟁 이전의 조선유학은 사회 상황이나 사상가에 따라 나름대로의 특징을 지니고 있다. 조선 초기의 경우, 유학이념은 크게 혁명론革命論과 강상론綱常論으로 대별할 수 있고, 16세기 이후에는 도학道學과 리학理學, 예학禮學 등 강조점에 따라 색다른 유학의 면모를 보인다. 혁명론은 조선왕조의 건국을 정당화하기 위한 것으로 "제왕帝王에게 부여한 천명天命을 변혁한다"라는 의미이다. 강상론은 "인간의 성품에 부여된 천명에 따라 올바른 삶의 기준과 실천을 제시한다"라는 주장이다. 이러한 사상적 대립과 화해, 발전의 과정은 다양한 변주를 통해 조선사상사의 흐름을 이루었고, 정치와 교육의 실천으로 직결되었다.

중국이건 한국이건, 전통 유학의 목표를 한마디로 표현하면 '수기치인修己治人'이다. 이는 수신修身·제가齊家·치국治國·평천하平天下의 이상을 실현하기 위한 정치적·교육적 장치이다. 수기는 "자기의 몸을 닦는다"라는 의미이고, 치인은 "자신이 닦은 몸을 바탕으로 다른 사람을 다스린다"라는 말이다. 현대적 의미에서 교육과 정치로 나누어 본다면, 수기는 교육적 차원에, 치인은 정치적 차원에 비유해 볼 수도 있다.

그러나 수기치인을 '자기 수양을 바탕으로 타인을 다스리는' 인생 전체의 과정으로 이해할 때, 수기는 삶의 근본 바탕으로 자리하고 치인은 그 궁극 목표가 된다. 근본을 중시하는 차원에서 유학을 한마디로 요약하면 '자기를 위하는 학문'이라는 뜻의 '위기지학爲己之學'이라고도 한다. 이는 다른 사람에게 보이기 위한 가식적이고 허례허식적인 학문이 아니라, 자신의 진실한 삶을 위하여 내면의 주체의식을 기르는 참 공부이다. 그렇다고 유학은 자신만을 수양하는 작업에 머무르지 않는다. 그것은 철저하게 타인에게로 다가가 나와 너, 우리 모두가 함께 살아가려는, 인간의 건전하고 합리적인 어울림을 꾀한다. 그런 사회의 모습을 조금 편안한 소강小康이라 하고, 보다 이상적으로 태평성대를 누리는 사회를 대동大同이라고 한다.

교육적 측면에서 인식하면, 수기와 치인은 타인에 대한 이해와 관심, 배려의 차원으로 승화할 때 자연스럽게 연결된다. 유학은 위기지학에 터하여 자기를 완성하고 타인의 완성까지 추구하는 '성기성물成己成物'의 교육체계를 만들었고, 내면적으로 성스러운 영혼을 지니고 외면적으로 왕도정치를 갈망하는 '내성외왕內聖外王'이라는 정치체제를 꿈꾸었다. 다시 말하면, 자기로부터 타자에게로, 내면으로부터 외면으로 나아가는 점진적·점층적 학문을 구축하였다.

특히, 유학은 "인간의 본성은 착하다! 혹은 착할 가능성으로 존재한다!"라는 맹자의 성선설性善說 혹은 선단설善端說을 전통으로 하여, 착한 마음을 가다듬어 타고난 그대로 보존하고 확장해 나가려는 존심양성存心養性의 정신을 매우 중시하였다. 그러면서 착한 인간성의 근거를 확인하기 위해 자연스럽게 세상의 이치와 우주자연의 근본 원리, 하늘과 인간의 관계 등을 파악하는 데 주력하였다. 세계와 인간을 깨우치기 위해 배우고 생각하며 탐구하는 공부, 그것이 다름 아닌 궁리窮理였다. 이런 차원에서 보면, 성리학은 '존심양성'(존양)과 '궁리'라는 두 가지 목표를 지니게 된다.

이 공부의 과정에서 인간이 추구한 최고의 모델은 성인聖人이었다. 물론, 온전한 인격자인 성인의 경지에 이르는 작업은 쉬운 일이 아니다. 그렇더라도 유학은 그것을 지향해 나가는 삶을 기본 목표로 하고, 현실적으로 도달 가능한 군자君子나 현인賢人을 염원하였다. 교육은 이런 성현聖賢을 본받아 힘쓰려는 노력에 다름 아니었다. 그런 점에서 성리학은 성현을 본받아 배우고 수양하는 교육체계이자 정치체계이다. 성인은 인간이 타고난 본래의 성품을 온전하게 보존하고 실천하는 사람으로, 자기를 완전히 실현하는 존재이다. 유학은 이런 성인을 교육의 이념으로 설정하여, 성인이라는 경지를 실현하는 작업에 학문의 기준을 두었다. 조선조는 이와 같은 성리학을 정치·경제·사회·문화의 지도이념으로 삼았으므로, 교육도 이런 관점에서 이루어졌다. 조선 초·중기에 활약한 유명한 학자들이 많지만, 여기서는 정도전, 권근, 조광조, 이언적, 서경덕, 조식, 이황, 이이 등 큰 업적을 남긴 몇몇 지성인들에 대해 간략하게 언급한다.

정도전의 경우, "학교는 국민 교화를 목표로 하는 핵심 기관이다. 그러므로 학교에서는 교육을 통해 인간이 실천해야 하는 윤리도덕을 밝히고 인재를 양성해야 한다. 정치를 잘하느냐 그렇지 못하느냐의 문제도 학교의 교육이 잘 이루어지느냐 아니냐에 달려 있다"(『三峰集』 권7, 「禮典」)라고 하여, 교육이 인간의 윤리도덕을 밝히고 인재를 양성하는 데 가장 중요한 활동임을 강조하고 있다.

권근은 조선 교육학의 기초라고 볼 수 있는 『입학도설入學圖說』을 지어 유학 교육의 이론과 실제를 보여 주었다. 특히 학문과 교육 문제에 관심을 두고 다음과 같이 강조하였다.

> 인재는 국가의 생명을 좌지우지하는 것이다. 성현의 가르침은 인재를 양성할 때 가장 중요한 기준이 된다. 나라의 인재는 인간의 착한 본성을 잘 보존하여 확충하고, 성현의 가르침으로 잘 배양하여 훌륭한 덕을 이루어야 한다. 인재가 융성해야 최고지도자인 임금의 교화가 제대로 펼쳐져 아름답게 되고, 세상 사람들이 평온하게 살아갈 수 있는 길을 올바르게 만들 수 있다.(『陽村集』 권12, 「記類」)

권근의 이런 인식에는 유학의 교육이념을 충실하게 전개하려는 노력이 번뜩인다.

이처럼 조선 건국을 주도하며 사상적 기반을 마련한 정도전과 권근의 교육적 사유는 크게 보면 '나라의 인재를 양성하는 일'에 집중되어 있다. 그것은 유학의 성현과 같은 훌륭한 리더십(leadership)을 지닌 인간 교육을 지향한 것으로 볼 수 있다.

조선조가 성립된 지 100여 년이 지나 조선 중기에 접어들면서, 유학은 초기와는 사뭇 다른 성리학적 특색을 띠기 시작한다. 조광조의 경우는 학문에 대해 매우 엄격하였다.

학문은 단순히 글자나 구절, 문장만을 외우고 쓰는 지식 습득이 아니다. 우주자연과 세상 사물의 이치를 알고, 그 이치에 맞게 처리할 줄 아는 능력을 기르는 일이다. 조정에 있으면 최고지도자인 임금을 올바르게 보필하고 지방에 있으면 지도자로서 지역 사람들에게 교화를 베풀어, 가는 곳마다 학문이 가득 차게 하여 배우는 사람이 뜻을 세울 때 스스로 성인이 될 것을 기약하게 해야 한다. 학문은 시기에 맞게 힘써야 한다. 그러므로 기개가 쇠약해지면 진척이 없게 된다. 학문은 조금이라도 잡된 것이 섞여서는 안 된다. 잡된 것이 섞이지 않아야 일처리가 모두 성현들이 실천한 올바른 도리에 맞게 된다. 학문은 마음을 차분하게 가라앉힌 상태에서 성취해 가야 한다. 학문이 견고하고 확실하지도 않은 상태에서 벼슬길에 나가기 바빠 학문을 제대로 할 겨를이 없고, 이 세상에서 벌어지는 사안은 끝없이 많은데 마음이 차분하게 안정되지 않으면 실제로 일을 당했을 때 잘못 처리할 우려가 있다.(『靜菴集』 권3 , 「經筵陳啓」)

조광조는 이처럼 사물의 이치를 바르게 인식하고, 자신의 처지에서 착실하게 직무를 수행할 것을 강조하였다. 그것은 바로 우주자연의 이법을 인식하고 인간이 살아가는 삶의 법칙인 성인의 '도'를 깨우칠 수 있는 인재 양성을 바란 것이다.

조광조와 동시대를 살았던 이언적은 세상의 이치를 연구하는 데 심혈을 기울인 학자이다. 그에게서 인간의 길은 일상의 도리를 인식하고 실천하는 일이었다. 그러므로 모든 공부는 '생활 속에서 어떻게 일처리를 정확하게 할 것인가'에 집중되었다. 삶의 합리적인 구현을 위한 공부는 내면뿐만 아니라 외면에 나아가서도 실제로 행해져야 했다. 이언적의 생활 공부는 다음과 같이 강조된다.

내 몸은 세상 그 무엇보다도 귀중하다. 다른 사물과 비교할 것이 아니다. 이렇게 생각하면서도 내 몸을 공경하지 않을 수 있겠는가! '경敬'은 어떻게 하는가? 내 몸을 바르게 하는 일이다. 용모는 씩씩하면서도 위엄스럽게 하고, 의관은 단정히 하며, 보고 듣고 말하고 동작하는 것은 예의와 법도에 맞게 해야 한다. 부귀나 빈천에 마음을 움직이지 않고, 의연하고 공정하게 일을 처리하여 올바른 길을 따라갈 뿐이다.(『晦齋集』 권6, 「元朝五箴」)

여기에서 경이란 사람의 행위를 보편적인 이치, 즉 올바른 길에 맞추는 것을 의미한다. 이언적의 교육 태도는 58세 때 유배지에서 지은 「자신잠自新箴」에서 보다 구체적으로 드러난다.

나 자신이 하늘 아래 땅 위에서 털끝만큼도 속이는 일 없이 하나의 생각이 정성스럽게 되면, 어떤 일에 종사해도 그 직책을 다할 수 있으리라. 개인적인 욕심을 이기고 사회적인 예법에 맞게 되면, 하늘을 우러러 보고 땅을 굽어보아도 부끄러움이 없으리라.

이는 유학자로서의 실천적 교육 태도를 잘 보여 준다.

이언적이 이치를 파고 들어가는 리理의 학문을 펼쳤다면, 서경덕은 우주만물의 궁극적 근원을 기氣로 파악하여 기일원론氣─元論의 철학을 펼쳤다.

천지만물이 아직 생성・변화되기 이전, 우주의 원형을 태허太虛라 한다. 그것은 맑고 형상이 없고 바깥이 너무 커서 헤아릴 수 없으며, 이미 형성되어 있지만 그 시작이 없다. 태허는 모든 사물의 궁극적 실체인 기의 원형으로서 비어 있지만, 텅 비고 없는 것이 아니라 오히려 전 우주공간을 빈틈없이 꽉 채우고 있다.(『花潭集』 권2, 「雜著」)

이러한 철학에 바탕을 둔 서경덕은 교육의 목적을 격물格物과 궁리窮理를 실천하는 데 두었다. 그는 일상에서 끊임없이 생각하는 '사색의 생활화'를 통하여 이를 달성하려고 했다. 서경덕에 의하면, 교육은 오로지 궁리와 격물을 핵심으로 전개하는 작업이다. 그러기에 그는 '스스로 배우고 얻는' 자학자득自學自得을 교육의 방법으로 중시하고, '의심을 일으켰다 다시 의심을 깨뜨리는' 역동적인 사유를 학문의 양식으로 삼았다.

평생을 관직에 나가지 않았던 조식은 자신의 철학을 매우 간단하게 요약한다.

> 내 집에 '경敬'과 '의義'라는 두 글자가 있는 것은, 하늘에 해와 달이 있는 것과 같다. 이런 이치는 영원히 변하지 않을 것이니, 성현들이 언급했던 수많은 말도 그 귀착되는 요결은 경과 의의 뜻에서 벗어나지 않는다.(『南冥集』, 「行狀」)

여기에서 그가 추구했던 교육의 목적이 경과 의, 두 글자에 집중되어 있음을 알 수 있다. 경을 붙잡고 의에 사는 '지경거의持敬居義'의 태도는 그의 생활신조요 교육이념이기도 한 것이다. 조식은 일상생활에서 늘 삼가는 실천적 태도를 지향했다. 사악함을 멀리하며 자연스럽고 진실함을 의미하는 '성誠'을 보존하는 마음가짐으로, 안으로 경에 힘쓰고 밖으로 의에 의한 행동을 실천했던 것이다. 그는 경과 의를 한 몸에 집약하는 자아를 형성하고, 그것으로 평생의 학문과 수양, 교육의 기본 철학으로 삼았다.

영남학파의 선구인 이황은 착한 본성을 실현시키는 조건으로 '경敬'을 내세웠다. 즉, 본성의 실현을 중요시하는 올바른 길로서 경을 중요시한다. 경은 정신을 집중하면서 몰입하여 마음이 흐트러지지 않는 주일무적主一無適의 상태로, 모든 사안에 대해 조심하는 태도이다. 때문에 경으로 무장되지 않은 상황에서는 올바른 행위는 물론 학문도 제대로 이루어지지 않는다. 그러기에 경은 앎과 행함, 안과 바깥에 두루 통하며 일관되는 수양의 기본 조건으로 자리매김된다. 이황에게서 경은 인간의 본성을 드러내어 주는 조건이므로, 그가 경을 중시하는 것은 다름 아닌 인간 본연의 회복에 대한 의지를 의미한다. 이런 점에서 경은 이황의 교육에서 핵심이 되는 토대이자 학문의 이념으로 자리한다. 그는 경을 주로 삼고, 또 근본으로 하였다. 경을 인격 실현의 지도이념으로 삼았을 뿐 아니라 교육과 학문 정신의 중심에 두었고 도덕적 자아실현을 위한 개념으로 설정하였다. 그러기에 그는 "잠깐이라도 경을 놓치면 개인적 욕심이 이곳저곳에서 실마리가 되어, 불을 붙이지 않아도 뜨거워지고 얼음을 얼리지 않아도 차가워진다. 이런 점에서 경은 모든 학문의 시작과 끝이 되고 알파와 오메가 역할을 하게 된다"(『聖學十圖』, 「敬齋箴圖」)라고 하였다. 이런 특징을 지닌 경은 앎과 행함을 하나로 묶는 교육 실천의 축이다. 따라서 이황의 유학 교육은 '경의 교육학'으로 이해할 수 있다.

기호학파의 선구인 이이는 이황이 '경'에 집중한 데 비해 상대적으로 '성실誠實'을 강조하였다. 즉 '성誠'을 교육사상의 핵심에 두었다. 그러기에 그는 "배우는 자는 반드시 성심으로 인간의 길을 향해야 하지, 세속의 잡된 일로 자기의 뜻을 흔들리게 해서는 안 된다. 그래야만 학문의 기초가 이루어졌다고 할 수 있다"(『擊蒙要訣』, 「持身」)라고 하였다. 이는 배움이 성실로부터 싹튼다는 사실을 깨달은 언급이다. 이이는 또한 『성학집요』에서 다음과 같이 말한다. "배움이란 성실을 귀한 것으로 여긴다. 자기 스스로 최선을 다하는 것을 충실이라 하고, 진실하게 하는 것을 신뢰라고 한다."(『聖學輯要』, 「修己」) 이런 측면에서 이이는 사람다움의 길과 인간 교육의 방법론을 구체적으로 가르쳐 주었다. 그것은 '성誠의 교육학'이라 할 수 있다.

정도전에서 이이에 이르기까지, 조선 초·중기의 교육은 유학의 핵심 내용을 시대 상황에 따라 강조되는 부분을 부각하며 적절하게 펼쳐온 듯하다. 요약하면, 수기치인이라는 유학의 기본 체계를 철저히 계승하면서도, 각각의 교육사상가들이 우주 자연과 인간 세계의 현실을 어떻게 인식하느냐에 따라, 리, 기, 성, 경, 의 등과 같은 유학 교육의 주요한 개념을 실천과 결부하여 전개해 왔다. 이를 정리하면 아래의 표와 같다.

<표> 조선 초·중기 유학 교육사상의 주요 흐름과 특징

시 기	주요 교육사상가	교육의 성격	사상적 특징	교육철학적 공통성
14세기 말 ~15세기 초	정도전 권 근	성리의 기초학	건국이념·정치사상	성인의 도道; 수기치인修己治人 ⇩ 일상의 조화와 화해 삶과 근사近思의 교육 궁리/실천/경 ⇩ 실학 자기실현·타자배려; 인재양성
15세기 말	조광조	도학道學	실천성	
16세기 초	이언적 서경덕	리학理學 기학氣學	실천성 자연주의적 실천성	
16세기 중엽	조 식 이 황	경의학敬義學 경학敬學	의리적 실천성 내면적 조화	
16세기 중·후반	이 이	성학誠學	사회적 조화	

2. 여헌 교육관의 형성 배경

여헌 장현광은 조선 중기 영남학파의 핵심 인물로, 영남학파 가운데서도 나름대로 독특한 사유를 전개하며 여헌학파旅軒學派를 형성하여 수많은 문인을 이끌었던 산림처사였다. 영남학파의 태두로 볼 수 있는 퇴계 이황과의 사승師承관계가 논의되기도 하지만, 퇴계의 학설과 상당히 다른 측면을 지닌 독창적인 사상가로 평가받는다. 정주학程朱學에 근거했지만 상당 부분 창의적인 사유의 경지를 개척하여 조선유학사에서 이채를 띤다고 평가되기도 하고, 퇴계 이황과 율곡 이이의 학설을 부분적으로 수용하면서도 리기경위설理氣經緯說과 같은 독특한 학설을 남긴 것으로 평가받기도 한다.

여헌은 14세 때 집안의 어른이었던 장순張峋에게 수학하였다고 한다. 그런데 『성리대전性理大全』「황극皇極」편을 읽고 내용을 스스로 이해하고 파악하게 되면서 그 길로 성리학에 심취하였다. 이후, 다른 스승에게 별도의 배움을 청하지 않고 나름대로 독창적인 이론체계를 세워 나갔다. 여헌을 연구하는 상당수의 학자들은 그 근거로 여헌이 18세 때 지은 「우주요괄첩宇宙要括帖」을 거론한다. 이런 측면에서 보면, 여헌의 사유는 선배학자인 퇴계나 율곡을 비롯하여 그 외 여러 학자들의 사상과는 다른 특성을 지닌다. 그러나 『성리대전』을 파고들면서 자신의 학설을 세워 나간 데서도 볼 수 있듯이, 여헌은 누구보다도 철저하게 성리학의 본령을 탐구한 성리학자였다. 따라서 그의 독창적 이론은 성리학을 심도 있게 확장하는 가운데 발현된 성숙한 학문의 모습이다.

이런 점에 기초해 볼 때, 여헌의 교육철학은 다음과 같은 두 차원에서 조명할 수 있다. 하나는 성리학이 지니고 있는 교육의 기본체계에 터하여 그의 사유를 교육학적으로 조망하는 일이고, 다른 하나는 여헌이 나름대로 제시한 교육학적 사유를 성리학의 보편적 체계에 비추어 재구명하는 일이다. 전자의 입장에서 보면, 여헌의 교육철학은 기본적으로 성리학의 교육적 사유를 담고 있다. 그것은 『역학도설易學圖說』에서 「교학敎學」 한 편을 별도로 정리한 데서 잘 드러난다. 그러나 후자의 입장에 서면 상당히 달라진다. 「만학요회晚學要會」를 비롯하여 각종 소疏 등에서 여헌은 교육의 기준과 목적, 방법의 측면에서 여타의 성리학자들과는 강조하는 내용이 다름을 보여 준다.

여헌은 교육과 관련하여 독자적으로 체계적인 저술을 하지는 않았다. 하지만 앞에서 언급한 『역학도설』「교학」을 통해 그의 교육관이 어디에 기반하고 있는지 가늠할 수 있다. 여헌은 『서경書經』과 『주례周禮』를 비롯하여 『예기禮記』의 「학기學記」·「왕제王制」, 『논어論語』, 『맹자孟子』, 그리고 정자程子, 장남헌張南軒, 여동래呂東萊, 진서산眞西山, 허형許衡, 오징吳澄 등, 중국 고대의 교육 전통을 비롯하여 송·원대의 여러 학자들에 이르기까지 각종 교육관련 학설들을 인용하여 교육이론을 정돈해 놓았다. 그것은 유학이 추구하는 일반적인 교육관과 교육체제에 대한 종합적 정리이다. 다시 말하면, 여헌 자신의 독창적인 교육 관련 저술이라기보다, 전통적인 유학의 교육이론 지식을 포괄적으로 체계화한 것이다.

『역학도설』「교학」에는 교육의 필요성과 학교의 설치, 교육의 내용과 과정, 인재등용 등 교육 전반에 대한 간략하지만 집대성한 내용을 담고 있다. 예컨대, 옛날의 교육제도 혹은 교육기관으로 집안에는 숙塾이 있었고 마을에는 상庠이 있었으며 나라에는 학學이 있었다는 내용에서부터, 부자유친父子有親에서 붕우유신朋友有信에 이르는 오륜五倫을 교육의 핵심 내용으로 한다는 것, 8세에 소학小學에 입학하고 15세에 대학大學에 입학한다는 내용 등, 종합적으로 요약·인용하여 편집하고 있다. 특기할 사항은 정자 이후 주요한 성리학자들의 학설을 집중적으로 길게 인용하고 있다는 점이다. 그것은 교육과 학문에 관한 유학 특히 성리학의 보편적 내용을 정돈한 것으로, 『성리대전』「학」편에서 언급하는 내용들과 거의 일치한다. 이런 점에서 여헌은 성리학을 사유와 실천의 핵심에 두고 있는 교육철학자임에 분명하다.

주지하다시피, 유학의 교육체계는 주자朱子의 『대학장구大學章句』와 『중용장구中庸章句』로 분명하게 정돈되었다고 볼 수 있다. 『대학장구』는 교육의 형식과 과정을 상징한다면, 『중용장구』는 교육의 내용과 본질을 담보한다. 여헌의 경우에도 실제로 자신의 교육관을 『대학』과 『중용』을 통해 강조하고 보다 심도 있게 확장하는 모습을 보인다.

주자는 『대학장구』와 『중용장구』를 통해 공부의 전모를 드러내고 있다. 『대학』은 삼강령三綱領과 팔조목八條目으로 교육의 전 체계를 규정하였고, 『중용』은 머릿장의 세 구절에서 유학 교육의 핵심을 적시하였다.

『대학』의 삼강령은 '명명덕明明德-신민新民(親民)-지어지선止於至善'이다. 명명덕은 최고지도자인 제왕이 자기의 착한 마음을 스스로 밝히는 자기성찰이자 깨달음이다. 그것은 수기의 차원에서 '자기교육'이며, 현대적 의미에서 '자기학습'의 차원으로 읽을 수 있다. 신민은 최고지도자가 자기수양을 바탕으로 타인을 이해하고 배려하며 다스리는 '치인'에 해당하는 교육 양식으로, '타자교육'의 차원이다. 세 번째 강령인 지어지선은 명명덕과 신민을 일상생활에서 실천하여 그것을 가장 착한 경지에 머물러 지속하는 '일상교육'의 차원이다. 현대적 의미에서 보면, 인간의 올바른 삶을 지속 가능하게 만드는 '교육의 효과'에 해당한다. 물론, 이 세 강령이 궁극적으로 지향하는 것은 스스로 새로움을 추구하는 '자기혁신' 혹은 '자기수양'에 있다. 여헌은 「만학요회」를 통해 삼강령에서도 핵심이 되는 명덕明德을 인간의 성품으로 이해하고 교육의 표준으로 설정한다.

팔조목은 '격물格物-치지致知-성의誠意-정심正心-수신修身-제가齊家-치국治國-평천하平天下'이다. 격물과 치지는 사물의 이치를 연구하여 궁극적 진리에 이르는 일이다. 이치를 파악하여 진리에 이르기 위해서는,

각각의 사물에 따라 그 사물의 이치를 탐구하고, 그런 이치의 핵심을 파악해야 한다. 그리고 성의는 그런 마음이 펼쳐지는 것을 실제로 알차게 하는 작업이다. 정심은 이런 마음이 사물과 마주치더라도 흔들리거나 더럽혀지지 않고 바르게 해 나가는 공부로, 자신의 몸을 닦는 수신의 기초가 된다. 이런 수신이 바탕이 되어 '제가–치국–평천하'라는 치인의 실천과 응용이 가능하다.

『대학』의 팔조목에서 여헌은 '성의'에 무게중심을 둔다. 마음은 의지로 상징되는 정신과 신체의 주체가 되므로, 그것이 꽉 차는 내용과 형식인 성의를 통해 교육의 바탕을 다질 수 있기 때문이다. 그리하여 가지런히 하고 다스리며 고르게 만드는 '제齊·치治·평平'이 학문의 궁극 목표로 자리하게 된다. 다시 말하면, 『대학』의 교육은 여헌의 학문체계에서 볼 때 이 세계에서 가장 중요한 '우주적 대사업'으로 설정되는 것이다. 집안이 가지런해지고 나라가 다스려지고 세상이 평안해지는 '가제家齊–국치國治–천하평天下平'은 세상의 전통을 보존하고 이어 가면서 새로운 세계를 창조해 내는 인간의 길이다.

이런 삼강령과 팔조목은 독립된 개념이라기보다는 유기적 특성으로 연결되어 교육의 원리와 과정, 실천적 성격을 드러낸다. 삼강령의 '명명덕–신민–지어지선'에서, 지어지선은 명덕과 신민으로 녹아들어 자기교육과 타자교육의 중심에 자리한다. 그것은 하나의 교육 유기체로, 교육의 본질과 이상을 보여 주는 동시에 교육의 원리가 된다. 그리고 팔조목은 교육의 유기적 과정으로서 삶의 기술을 증진하는 데 능동적으로 작용한다.

한편, 『중용』의 첫머리는 하늘과 인간의 본성, 인간의 길, 인간이 만들어 놓은 문화세계의 질서가 어떻게 구축되는지를 단계적이고 순차적으로 보여 준다. 『중용』의 첫마디는 "하늘이 명한 것을 본성이라 하고, 본성을 따르는 것을 길이라 하고, 길을 닦는 것을 가르침이라 한다."라는 세 구절이다. 이 짧막한 선언에는 유학의 전모가 응축되어 있다.

하늘은 인간을 비롯한 모든 생명체를 낳았고, 그 생명들에게 각기 나름대로 살아갈 수 있는 능력을 부여하였다. 그것이 사람에게 부여된 것이 바로, 모든 사람이 선천적으로 타고난 착한 본성, 이른바 '성性'이다. 그러므로 사람은 그 본성을 잘 가꾸고 길러 인간으로서 사람다운 삶의 문화를 만들 수 있는 방법과 과정을 고민하고 실천해야 한다. 그것이 사람의 길인 '도道'이다. 인간은 그런 길을 끊임없이 오고 가며 스스로 창조한 문명과 질서를 배우고 익히고, 시대에 맞는 새로운 삶의 틀을 재창조하며 제도를 정비해야 한다. 그것이 가르침이라는 말로 표현되는 '교敎'이다. 이런 점에서 『중용』 머릿장에서 지칭하는 가르침, 이른바 교敎는 단순하게 교사가 학생에게 지식을 전수하는 현대적 의미의 교육 행위와는 상당한 거리가 있다.

다시 강조하면, 『중용』의 첫 구절은 자연에서부터 본성性)→길(道)→가르침敎)으로 이어지는 인간의 삶 그 자체가 천명이라는 점에서, 함부로 거역할 수 없는 일종의 규범을 담고 있다. 여기에서 '도道'는 규범으로서 성을 따르는 방법 또는 과정을 말하고, '교敎'는 '성'을 따르도록 가르치는 실제적 활동이나 효과, 지침 등을 가리킨다. 이는 '성'의 의미를 확충하고 실현하는 과정으로서의 '교'에 무게중심을 둔다. 따라서 『중용』 머릿장의 세 구절은 '교'의 차원에서 완결성을 갖는다. 교는 사람이 살아가야 하는 문화제도이자 문명의 질서이다. 여헌은 이러한 『중용』을 집중적으로 거론하며 자신의 교육관을 다듬는다.

3. 여헌 교육사상의 특징

1) 교육목적으로서의 성인聖人

교육은 인간의, 인간에 의한, 인간을 위한, 인간완성을 추구하는 인간만의 행위이다. 그런 차원에서 유학은 '성학聖學'이라는 교육의 기준을 설정한다. 즉, 유학의 교육은 성인이 되기 위한, 성왕聖王의 요건을 갖추기 위한 꾸준한 자기노력이다.

여헌에게서 교육은 이런 차원을 벗어나지 않는다. 교육의 최종 목적은 최고지도자로서의 성인이 되는 것이다. 이는 본질적으로 '개인의 욕심을 이기고 사회적 공공성을 온전히 실현하는 수양, 이른바 극기복례克己復禮의 실현이다. 유학의 성학 구조가 그렇듯이, 여헌은 성인인 동시에 최고의 인격자를 지향하려는 사유를 펼치면서 도덕적 각성과 덕치德治를 강조한다. 이는 왕정사회의 질서체계를 옹호하는 교육의 근간이 된다.

그 기준은 『서경』 「홍범洪範」의 '황극皇極' 사상에서 찾을 수 있다. 인간의 교화를 담당하는 동시에 최고의 인격자이자 정치가로서 교육의 최고 책임자인 제왕은 어떠해야 하는가? 자기교육과 타자교육을 완성된 형태로 담보해야 하는 군주는 어떤 교육을 드러내야 하는가? 황극은 유학의 교육에서 최고의 표준이자 기준 혹은 모범이 된다. 이를 몸으로 익힌 최고지도자로서의 군주만이 최고의 교육을 펼칠 수 있다. 인간의 삶과 교육에서 최고의 표준을 세우는 길은, 오행五行을 따르고 오사五事를 공경하고 팔정八政을 두터이 하고 오기五紀를 잘 맞추는 데 있다.

오행은 물, 불, 나무, 쇠, 흙이다. 물은 적시고 내려가는 것이고, 불은 타고 올라가는 것이고, 나무는 굽고 곧은 것이고, 쇠는 따르고 바뀌는 것이고, 흙은 심고 거두는 것이다. 적시고 내려가는 것은 짠 것을 만들고, 타고 올라가는 것은 쓴 것을 만들고, 굽고 곧은 것은 신 것을 만들고, 따르고 변화하는 것은 매운 것을 만들고, 심고 거두는 것은 단 것을 만든다. 오사는 외모, 말, 보는 것, 듣는 것, 생각하는 것이다. 외모는 공손해야 하고, 말은 이치를 따라야 하며, 보는 것은 밝아야 하고, 듣는 것은 분명해야 하며, 생각하는 것은 슬기로워야 한다. 공손함은 엄숙함을 만들고, 이치를 따름은 조리를 만들며, 밝음은 지혜를 만들고, 분명함은 꾀를 만들며, 슬기로움은 성인을 만든다. 팔정은 식량의 관리, 재정의 주관, 제사를 다스리는 일, 백성의 땅을 다스리는 일, 백성을 가르치는 일, 범죄를 다스리는 일, 다른 나라 손님을 대접하는 일, 군대를 이끌어 가는 일이다. 오기는 해, 달, 날, 별, 역법의 계산이다.(『書經』, 「周書」, '洪範')

오행에서 오기에 이르기까지, 각종 활동을 통해 제왕은 인륜人倫이라는 보편적 도덕윤리질서를 교육의 목표로 제시한다. 군주가 교육을 통해 체득해야 할 일은 다른 것이 아니다. '덕德'을 갖추어 백성들이 행복한 삶을 누리도록 교화하는 작업이다.

이런 맥락에서 여헌은 건극建極, 이른바 최고지도자로서의 군주가 표준을 세우고 덕을 갖추는 '자기교육'을 중시한다. 그것은 "자신의 본성을 다하고 사람들에게 법도로 드러내는 일이다."(『旅軒先生文集』 권2, 「告歸進言疏」) 자신의 본성을 다하는 일 이른바 '진성盡性'은, 공자의 일관된 길이었던 충서忠恕의 '충'이자 『대학』의 '명명덕'이며 『중용』의 '성─도─교'의 실천이다.

여헌은 진성의 자기교육을 다음과 같은 차례와 조목으로 구성하였다. "배움에 나아가고 행실을 닦으며 '도'를 완성하고 '덕'을 순수하게 한다. '덕'은 '도'가 이루어져서 순수해지고, '도'는 행실이 닦여져 이루어지며, 행실은 배움에 나아가서 닦여진다."(『여헌선생문집』 권2, 「고귀진언소」) '학─행─도─덕'이 유기적 연관에서 실천될 때, 최고 인격자로서의 완성된 공부, 성학이 확보된다. 다시 말하면 여헌은 배움과 실천, 도리와 덕성을 종합적으로 두루 갖추는 '건극'의 설파를 통해 자기교육을 축으로 하는 교육의 표준을 명시하였다.

이는 여헌의 독특한 학설로 거론되는 경위설經緯說에서 명확하게 증명된다. 여헌은 성인들이 인간세계를 비롯한 우주의 표준을 세우는 일을, 세로줄을 중심으로 하되 가로줄로 움직여 나가는 주경치위主經治緯라고 하였다. 여기에서 성인의 학문은 사람으로서 살아가는 표준, 즉 인간 삶의 질서체계를 확보하는 일이다. 그것은 변하지 않는 착한 본성을 중심에 두고 자신의 기질氣質을 다스려 나가는 수양이다.

이런 점에서 볼 때, 여헌에게서 교육의 표준은 성인이 되기 위한 최고 인격자의 자기수양이다. 이는 왕정사회에서는 군주의 수양이 되겠지만, 현대 민주사회에서는 자신이 주인이 되어 모든 사람이 자기수양을 거듭하는 작업으로 환원된다. 그것은 세상에서 가장 중요한 사업, 즉 우주적 도덕사업이다. 도덕은 정해진 것, 품수한 것이 제각기 지닌 기질에 따라서, 도리에 한계가 있는 인간이 자기 분수를 알고 그에 따라 스스로 수양을 하여 자기실현을 할 때 달성된다. 다시 말하면, 도덕은 성학을 최고의 기준으로 하되, 모든 인간의 자기반성, 통찰과 수렴을 통해 우주자연과 인간의 근원이 하나라는 것, 이른바 일원一元의 도리道理를 자득하는 데서 출발한다.

그러므로 여헌은 교육을 자기수양을 타인에게 미루어 나가는 일로 보았다. 이른바 수기치인의 차원에서 자기수양의 문제는 궁극적으로 교화의 차원이 되고 정치로 나아간다. 쉽게 말하면, 교육을 통해 어리석은 사람은 총명하게, 부드럽고 유약한 사람은 강하게, 사나운 사람은 순하게, 굽은 사람은 곧게 만드는, 사람 만들기에 몰두하는 일이 되는 것이다.

2) 교육내용으로서의 성경誠敬 공부

앞에서 살펴본 것처럼 성리학의 교육론은 기본적으로 '성誠'-'경敬'-'의義'의 공부법을 제시한다. 여헌보다 앞서 살았던 퇴계는 '경', 남명은 '의', 율곡은 '성'에 비중을 두고 교육을 전개하였다. 물론, 유학의 구조에서 '성-경-의'는 분리하거나 어느 한쪽을 소홀히 하며 학문을 할 수 있는 성질의 것이 아니다. 여헌의 경우, "마음에 성과 경을 세우라!"라고 하였다. 이는 경과 성의 차별성을 인정하면서도 경과 성이 동일한 맥락에서 이해되어야 한다는 주장이다.

'경'은 『논어』를 비롯한 여러 경전에서 주요한 모습으로 등장한다. 송대 성리학자들의 경우에도 다양한 용어로 표현한다. '마음을 한 곳으로 모아 흩어지지 않게 하는 일,' '몸가짐을 가지런히 하고 태도를 삼가고 공경함,' '별이 반짝반짝 빛나듯이 마음을 늘 깨어 있게 하는 법,' '마음을 수렴하여 다른 사물이 개입하게 용납하지 않는 것' 등, 표현의 차이는 있지만 그 요체는 비슷하다. 주자는 이런 '경'을 유학에서 가장 중요한 공부로 인식하였다. 그러므로 처음부터 끝까지 잠시라도 중단해서는 안 된다고 여겼다.

여헌은 이러한 경敬의 공부법을 교육의 기본 양식으로 강조하였다. 마음을 보존하고 몸을 받들 때, 일상에서 활동할 때나 쉴 때, 말할 때나 침묵할 때, 일할 때나 물건을 마주할 때 등, 삶의 전반적 영역에서 '경'을 필수 요소로 삼았다. 이는 자로가 공자에게 건전한 인격자인 군자의 수기에 대해서 물었을 때 공자가 그토록 강조했던 상황과 통한다. 군자는 "먼저, '경'으로써 몸을 닦는다. 다음으로, 몸을 닦아서 다른 사람들을 편안하게 한다. 마지막으로, 내 몸을 올바르게 잘 닦아 모든 다른 사람들을 편안하게 살 수 있도록 하는 것이다."(『論語』「憲問」)

공자가 수양의 문제에서 가장 중시한 부분은 '경'으로써 자신을 닦고 기르는 일이었다. 즉 '경'을 토대로 개인의 완성을 추구하는 일이었다. 그 다음의 문제는 개인의 사회성 획득이라는 타인의 교화와 수양이었다. 이렇게 볼 때, 유학은 개인의 수양이라는 측면을 선차적인 과제로 내걸고 연속적 차원에서 그것을 타인에게로 넓혀 간다. 나아가 사회적 공공성을 획득하는 공공의 마당으로 확장한다.

「만학요회」에 따르면, 여헌의 경에 대한 인식은 몸을 단속하는 요체라는 점에서, 수기의 기초이자 덕에 들어가는 초기 단계에서 중시된다. 그리하여 경은 몸단속을 통해 몸의 올바름을 지속하게 만들고, 모든 선이 모이고 온갖 행실을 실천할 수 있는 도덕적 실천력을 갖추게 한다. 이것이 바로 성스러운 인간의 '도'를 구현하는 바탕이다. 그것이 완성될 때 덕이 갖추어지고 사람됨으로 드러난다. 경은 이 모든 것의 바탕에서 수기 즉 교육의 핵심으로 자리한다.

그러기에 『대학』에서도 수신을 "두려워하고 공경하는 것"이라고 하여 제가의 전제조건으로 제시하였다. 그리고 『중용』에서도 "가지런하고 씩씩하고 적절하며 바르게 되는" 인격을 갖추어 예로 들어갈 수 있음을 말했다. 정자의 경우는 '경'을 마음의 문제와 직결시켜서, "경은 단지 마음을 스스로 주재하게 만드는 것"(『性理大全』 권46)이라고 보았다. 경은 곧 마음의 수렴收斂을 중심으로 성찰省察하고 함양涵養하는 공부로서, '경' 공부는 일상생활에서 조심스런 태도를 취하는 데서 그 실천성이 검증된다.

이런 차원에서 여헌은 경을 "마음을 다잡고 몸을 단속하는 긴요한 방법"(『여헌선생속집』 권5, 「만학요회」)으로 보았다. 즉, 여헌은 조심操心하고 검신檢身하는 전반적인 삶의 노력을 강조한다. 그러기에 그것은 삶을 경건히 여기고 조심스럽게 대하는 일종의 진지성眞摯性(seriousness)이다. 이는 마음을 다잡고 긴장의 끈을 놓지 않는 '주의注意'이다. 다르게 표현하면, 일종의 정신집중이자 몰입인 동시에 몸과 마음을 하나로 모으는 작업이다.

한편, '성誠'에 대한 언급은 『상서尚書』「태갑太甲」, 『주역본의周易本義』, 『대학』, 『중용』 등 여러 문헌에서 보인다. '성'은 대체로 신의信義, 순수純粹, 진실眞實, 무망無妄, 충성忠誠, 실정實情 등 다양한 의미를 지닌다. 성리학에서의 '성'의 의미를 구체적으로 이해하기 위해서는 『대학』이나 『중용』의 표현을 살펴볼 필요가 있다. 먼저 『대학』에는 다음의 구절이 있다.

> 그 뜻을 참되게 한다는 것은 스스로 속임이 없게 하는 것이니, 나쁜 냄새를 싫어하듯이 하고 좋은 색을 좋아하듯이 하는 것이다. 이를 '스스로 만족하는 일', 자기만족이라고도 한다. 그러므로 군자는 반드시 홀로 있는 상황에서 삼가야 한다.(『大學』傳6章)

'성'은 일차적으로 '속임이 없는 것'과 연관된다. 자기를 속이고 남을 속이는 일은 참된 마음과 거짓된 마음이 다투고 있는 상태이며, 두 마음의 갈등 상황이요 대립된 국면이다. 다시 말하면 '성'은 '속인다'라는 의미의 '기欺'와 상반되는 개념이다. 속이지 않는 사람의 진실한 모습은 거짓이 없다. 확고한 자기정체성을 지니고 있어 어떤 상황에서도 자신 있게 행동하며 거짓이 들통 날까 봐 머뭇거리지 않는다.

여헌의 경우에도 이와 동일한 이해에 기초하고 있다. 그는 거짓됨이 없고 망령됨이 없는 상황을 우선적으로 상정하여, "성은 이치가 본디 그러한 것, '도'가 마땅히 그러한 것, 덕이 실제 그러한 것으로, 위아래를 꿰뚫고 안팎으로 꿰어서 일의 처음과 마침에서 조금이라도 거짓되거나 망령됨이 없고 조금이라도 단절됨이 없다"(『여헌선생속집』권5, 「만학요회」)라고 하였다. 이것의 근거는 자연의 질서인 하늘(天)에서 찾아진다. 이를 『중용』에서는, "진실함은 하늘의 '도'이고 진실을 추구하는 것은 인간의 길이다. 진실한 자는 힘쓰지 않아도 '도'에 맞고 생각하지 않아도 자연스레 '도'를 알 수 있으니, 성인에 해당한다. 진실을 추구하는 자는 착한 일을 가려서 굳게 잡는 사람이다"(『中庸』 20章)라고 하였다.

여헌은 이런 맥락에서 '성'을 치중화致中和에서 귀신론鬼神論에 이르는 『중용』 사상의 핵심에 연결시키고, 『대학』의 성의로 풀어낸다. 인간은 '성'에 도달하기 위해, "중中을 이루어 핵심 기준을 세우고, 화和를 이루어 보편적 도리를 실천하며, 하늘과 땅의 운행에서 그 역할이 어긋남이 없게 하고, 해와 달이 밝게 비추는 역할을 다하게 하며, 네 계절은 그 순환이 어긋나지 않게 하고, 오므리고 펴는 일에서는 길하고 흉함이 어긋나지 않게 한다. 때문에 확실하게 사이가 없고 순수하여 섞임이 없다."(『여헌선생속집』 권5, 「만학요회」)

우주자연의 운행과 질서의 변화는 진실 자체이다. 있는 그대로 스스로 그러하다. 묵묵히 한순간도 쉬지 않고 자기전개를 할 뿐이다. 이 자체가 바로 우주적 진실이다. 성실하고 참된 하늘인 우주자연의 '도'이다. 그러므로 '성'은 우주의 본질, 하늘의 운행과 질서, 그 전체의 원리를 핵심적으로 드러낸다. '성'은 천天이요, 천리天理요, 천도天道이다. 이를 주자는 "'성'은 진실하고 망령됨이 없으니, 천리가 본디 그러한 것"(『中庸章句』 20章)이라고 했다.

인간은 그러한 천도의 '성'을 성실하게 만드는, 실천력을 강조하며 생활하는 '성지誠之'를 자기 사명으로 한다. 그것이 교육으로 표출된다. 『대학』에서 '의성意誠'과 '성의誠意'를 강조했듯이, 여헌은 '성'에 도달하는 방법으로 그것의 중요성을 재차 강조하며 교육의 양식을 보여 준다.

"사람의 뜻이 진실해지기 위해서는 착한 일을 이루고 나쁜 것을 제거하여 스스로 속임이 없고 스스로 흡족해야 한다."(『여헌선생속집』권5, 「만학요회」) 그러므로 뜻을 진실하게 하는 일인 성의는 『대학』의 팔조목에서 '격물·치지'와 '정심·수신', 그리고 '제가·치국·평천하'의 연결고리로서 교육의 과정에서 핵심 역할을 한다. 즉, 성의는 "격물과 치지를 할 수 있게 하는 원동력이고, 정심과 수신을 가능하게 하는 근본이며, 제가·치국·평천하의 근원으로 작용한다."(『여헌선생속집』권5, 「만학요회」) 여헌은 이러한 '성'과 '경'의 관계에서, '경'이 쌓여서 '성'을 이룬다고 본다.

3) 교육방법으로서의 분합分合의 조화

여헌의 사유가 조선의 다른 지성知性에 비해 독특성을 갖는 것은 성리학 자체의 본질에서 나온다. 특히 여헌의 독특한 학설로 거론되는 리기경위설의 경우, '역易'의 사유와 운동의 논리에 따라 어느 한쪽으로 치우치거나 지나치지 않는 중용의 관점을 유지한다. 그것은 여헌이 중용을 교육의 표적標的으로 보고 있는 데서도 확인된다. 다시 말하면, 여헌은 '쉽고 간단하다'는 '역'의 이간易簡의 사유나 '리와 기는 떨어질 수도 없고 섞일 수도 없다'는 리기불리부잡理氣不離不雜, '본체와 작용의 관계'를 뜻하는 체용體用, '움직임과 고요함'을 의미하는 동정動靜의 관계, '나누어서 말하거나 합해서 말해 보는' 분이언分而言과 합이언合而言 등, 다양한 성리학적 변주를 통해 세계를 읽고 교육을 고심했다.

이러한 학문 자세는 교육의 방법을 거시적으로 제시하는 하나의 기준이 된다. 그것은 통찰洞察과 수렴收斂으로 해석된다. 통찰은 전체를 통일적으로 포착하여 그 원리와 성질을 이해하려는 관찰의 방법으로, 일종의 거시적 성찰省察에 해당한다. 수렴은 전체의 복잡한 상호관계를 자기에게로 끌어내림으로써 그것을 내면화하는 작용으로, 미시적 존양存養의 과정을 거친다. 이러한 통찰과 수렴은 순환 반복하며 상호작용을 지속하여 도덕사업이라는 교육의 목표를 지시한다.

여헌은 『역학도설』(권6, 「類究」)에서 "교육과 학습은 역에 근원을 두고 있다"라는 의미의 「교학지립본어역지설지도敎學之立本於易之說之圖」를 그려 내었다. 교육과 학습에 관한 이러한 부류의 도圖는 기존의 성리학자들에게서는 찾아보기 어렵다. 그것은 교육과 학습의 성립을 '역'에서 찾고 있다. 왜 그런 태도를 보인 것일까?

여헌은 『성리대전』의 『황극경세서皇極經世書』를 비롯하여 여러 편을 읽으며 자신의 독자적 학문체계를 구축해 나갔는데, 그 과정에서 사물을 그 자체로 성찰하는 동시에 우주의 운행원리가 '역'에 있음을 간파한 듯하다. 그리하여 여헌은 "팔괘八卦를 그려 우주의 이치를 구명한 뒤, 하늘의 이치와 땅의 이치, 인간의 이치가 이와 같으니 교육 또한 이런 이치를 적용하여 사람다운 사람의 길을 모색해야 한다"라고 인식하고, 인생의 전반적인 측면을 '역'의 논리에 의거하여 파악하고 진행해야 한다는 교육의 방법을 제시한 것으로 판단된다.

그것은 대표적으로 분分과 합合으로 표현된다. 현대적 의미로 본다면, 분석과 종합, 혹은 분리와 결합의 변증법적 방법론으로 이해할 수 있다. '분합'의 기본 의미는, 세상의 모든 도리는 처음에는 하나였다가 변하는 과정에서 반드시 나누어지고 마지막에 가서 다시 합쳐지는 원리에 기초하고 있다. 이는 인간의 길이 마치 '역'의 논리처럼 "시들었다가 자라나고, 채워졌다가 비어지고, 무성해졌다가 쇠잔해지고, 보존되었다가 쇠망하고, 나아갔다가 물러나고, 구부렸다가 펴고, 움직였다가 고요해지고, 말하다가 침묵하는 사이 세계가 끊임없이 갈마듦을 의미한다."(『역학도설』권6, 「類究」)

　이런 분합의 논리를 다시 현대 교육에서의 교수학습의 지도 원리로 환원해 보면, 개별화나 통합의 원리에 대비할 수도 있다. 예컨대, 개별화는 학습자가 지니고 있는 개별적 요구와 능력에 맞게 학생 활동의 기회를 마련해 주는 일이다. 통합화는 지덕체智德體와 같이 모든 사람이 골고루 발전시켜야 하는 인격 성숙의 종합적인 내용이다. 분합의 논리와 개별화-통합의 원리가 내용상 동일하지는 않지만, 개인의 내면에서 하나씩 나누어 공부하는 작업과 통합하여 종합적으로 해야 하는 공부의 차원에서 이는 여헌의 분합 논리로 녹여 낼 수 있다고 판단된다.

　거시적으로 볼 때, 성리학에서 교육의 주요 내용인 우주와 인생, 즉 천지天地, 성명性命, 인의예지신의 오상五常, 도리, 도덕, 예의 등은 기본적으로 하나의 원리로 관통되어 있다. 그러나 상황에 따라 바뀌고 다시 근원을 반추하며 질서를 형성하는 단계를 지나 성장과 성숙을 거친다. 교육의 방식 또한 시간과 공간, 삶의 변화 속에서 채우고 비우며 사그라지고 자라나며 오르고 내리며 열리고 닫히며 구부리고 펴며 모이고 흩어지는 등의 다양한 작용을 통해 길흉회린吉凶悔吝의 분합을 거듭한다. 특히, 개인의 욕망을 조절하여 공공의 질서를 회복하려는 성리학의 보편적 교육론에서 볼 때, 여헌의 분합론은 인간의 어두움과 밝음, 맑고 흐림, 강함과 부드러움, 순수함과 섞임, 두터움과 엷음이라는 착함과 나쁨의 사안을 구분하면서, 학문과 교화를 거친 '교육받은 사람'(educated man)을 통해 온전하게 착한 인간을 꿈꾼다.

　한편, 다양한 사물의 존재와 통합이라는 방법적 측면에서, '분합'은 모든 사물의 분수分數를 인정하고 교육을 통한 조화를 도모하는 단계로 의미 전환한다. 여헌은 모든 사물에는 제각기 분수가 있음을 확인하고,

그것의 온전함과 조화를 통해 우주의 도덕사업을 달성하려고 한다. 주어진 분수에 따라 실제로 마땅히 행해야 할 것을 실천하자! 그것은 일상생활에서는 삶의 이치에 맞게, 사물을 마주할 때는 그 사물에 맞게 행동하며, 마음으로는 마음의 이치를 다하고 몸에 대해서는 몸의 도리를 다하며, 집안이나 마을이나 나라에서 하는 일은 그 나름의 상황에 맞게 합리적으로 처리하고, 천지우주에 이르러서는 모든 사물이 조화를 이룰 수 있도록 함으로써 인간의 사업을 다하는 작업이다.

이런 점에서 여헌은 사물 자체에서 유추하여 사물을 파악하는 방법을 쓰면서, 분합의 방식을 통해 사물의 통일된 이치를 발견하려고 했다. 그것은 실제로 제자들에 대한 강학에서 구체적으로 적용되었다. 예컨대 학문을 처음으로 접하는 초학자에게는 "뜻을 크고 견고하게 제대로 세우라!"라고 권고하는 등, 인간의 본성과 감정을 잘 파악하여 수준과 단계에 맞게 이해시키고, 여헌 스스로도 그런 점에 유의하여 공부하였다. 또한 학문을 할 때에는 "익숙하게 읽으며 정밀하게 연구하고 탐구할 것"을 누누이 강조하였다. 이런 학문의 방식에 기초하여 성실한 자세로 지식과 행실, 이론과 실천을 분석하는 동시에 종합하는 작업이 여헌이 지향한 교육이었다.

4. 여헌 교육사상의 위상과 영향

여헌은 주자의 『대학·중용장구』나 퇴계의 『성학십도』, 율곡의 『성학집요』처럼 완전하게 정돈되고 체계를 갖춘 교육학 저술을 집필하지는 않았지만, 여러 저작에서 교육의 중요성을 수시로 언급하였다. 특히 그는 역학易學과 관련하여 그 근거를 제시함으로써 우주자연과 인간, 그리고 교학教學의 관계망을 일러 주었다. 지금까지의 논의가 여헌 교육 사상의 전모를 밝힌 것은 아니다. 하지만 부분적으로나마 그의 주장이 조선 초·중기나 당대의 성리학자들과는 다른 특징이 있음을 엿볼 수 있었다. 여헌이 주장한 사유를 중심으로 그의 교육에 관한 특색을 간략하게 정돈하면 다음과 같다.

첫째, 『대학』과 『중용』 및 성리학자들이 강조하는 유학의 기본 교육체계를 충실히 계승하면서도 보다 심화한 양식을 띠고 있다. 그것은 천리를 보존하고 개인의 욕망을 막는다는 '존천리알인욕存天理遏人欲'을 지향하고 『대학』의 삼강령·팔조목과 『중용』의 머릿장을 이행하도록 추동한다. 다시 말하면, 여헌은 성리학적 질서에 충실한 교육적 태도를 지니고 있으면서도 더욱 천착하며 탐구하는 인상을 남긴다.

둘째, 성리학적 교육의 표준이나 기준을 보다 명확하게 구명하였다. 물론, 조선조 성리학자들의 교육의 기준은 유학의 범주에서, 성학이라는 동질성을 갖추고 있다. 여헌은 여기에 '경위설'을 비롯한 여러 학설을 통해 보다 분명하게 그 의미를 부여했다. 특히, '학-행-도-덕'의 유기적 실천을 통해 자기수양과 타자 배려에 대한 인간됨의 기준을 제시함으로써 '성인'을 지향하는 교육의 목표와 체계를 강화하였다.

셋째, 교육 내용의 핵심, 이른바 성리학의 교육 문법文法으로서 '성'과 '경'의 공부를 표리일체로 강조하였다. 여러 번 언급하였지만, '성경誠敬'은 성리학의 핵심적인 공부 내용이자 양식이다. 그러나 상황의 변화에 따라 그 강조점은 조금씩 달라졌다. 여헌은 성리학의 본질에 따라 그것을 유기적으로 연계시키고, 상황에 맞는 실천 내용을 구체적으로 밝혔다.

넷째, 교육의 방법적 측면에서 '역易'의 사유와 운동을 원용한 분합分合

의 논리를 강조하였다. 분합은 우주자연과 인간, 사물을 바라보는 근원적 시각이다. 그것은 본래 하나였던 것이 상황의 변화에 따라 다양하게 나누어지고, 다시 본래의 상황으로 통일적으로 드러나는 우주법칙의 구현이다.

엄밀하게 말하면, 이러한 여헌의 교육철학이 여헌학파에 의해 동일한 양식으로 지속되면서 조선사회 전반의 교육에 큰 영향력을 미친 것은 아니다. 그것은 조선 중·후기의 시대 상황과 다양한 사회정치적 문제와 결부되어 여헌학의 독창적 교육철학으로 남아 있을 뿐이다. 하지만 여헌이 조선 성리학이라는 유학의 교육에서 성리학 교육의 양식을 철학적으로 성숙시키고 독특한 사유를 통해 교육철학을 심화할 수 있는 씨앗을 뿌린 것만은 분명하다. 이런 점에서 여헌의 교육사상은 현대 교육의 차원에서도 의미 있는 시사점을 예고한다.

먼저, 교육의 표준과 기준에 대한 제시이다. 현대사회는 지식 기반 정보화 사회이자 첨단 우주과학 시대로서 다양한 인재를 요청한다. 대부분의 기업이나 사업 단위체에서는 인적자원개발(HRD)이라는 미명 하에 인간을 경제적 도구 가치로 보아서 전문성과 독창성을 갖춘 인적 자원을 요청한다. 이런 관점을 반성할 때 여헌이 교육의 기준을 인간의 '윤리도덕'이라는 우주적 사업으로 제시했다는 것은 매우 인상적이다. 현대사회에서도 역시, 필요한 인재의 기준이 경제적·수단적 효용 가치에서 논의되는 수준을 넘어서 일차적으로 윤리도덕의 확립을 바탕으로 해야 한다는, 우주적 사업의 차원에서 일정한 기준을 제시했다는 데 상당한 시사점이 있는 것이다. 그렇다고 현대 민주사회에서 교육의 궁극 목적을 왕정사회로 회귀하는 성인군주로 표출할 수는 없다. 교육의 기준이 왕정사회에서는 성인군주로 설정되어 있듯이, 현대 민주사회에서는 민주시민사회의 사유와 행위에 맞는 윤리도덕으로 새롭게 구현될 필요가 있다. 여헌의 교육사상은 그가 제기한 우주적 사업처럼 도덕 수양을 바탕으로 한 인재 양성이라는 측면에서 민주시민의 인성교육 원리로서 이론적 뒷받침이 가능하다.

다음으로, 교육의 양식과 방법에 대한 중용적 통찰이다. 교육은 특정한 측면으로 치우칠 때 문제가 발생한다. 과학기술과 도덕, 경제적 유용성과 윤리적 의리, 공학적 기제와 인간적 정서 등, 서로 다른 내용들이 병렬되어 실제 교육을 전개할 때 그 내용들은 상충할 수 있다. 이때는 대부분 효용성을 기준으로 교육실천의 방향을 선택하기 십상이다. 그럴 경우, 인간은 소외의 상황에 직면할 가능성이 높다. 이런 실제적 문제에 대한 처방 논리를 여헌이 제기한 '역'의 사유와 운동, '성경'의 조화, 분합의 조절에서 원용한다면 보다 알찬 교육을 전개할 수 있을 것으로 판단한다.

총괄컨대, 여헌의 교육철학적 사유는 성리학을 중심으로 사유의 지평을 넓혀 간, 일관성을 지닌 교육의 지혜이다. 적절하게 이해되고 응용되기만 한다면 그것은 현대 교육학에서도 상당 부분 적용될 수 있는 근본적 사유이다. 중요한 것은 여헌의 성리학적 교육철학이 어떤 측면에서 현대 교육철학의 논리와 소통할 수 있는지, 어떤 양식으로 교육적 실천이 가능할 수 있는지, 심사숙고하는 작업이다.

체계적 세계인식의 도모와 영향

김 낙 진

1. 리기론 연구의 의미

　조선 후기 실학자들의 말을 액면 그대로 이어받은 현대 한국인들에 의해 조선조 성리학은 현실생활에 쓸모가 없는 공리공담을 일삼았다고 평가되었다. 쓸모없음의 대표적인 사례로 거론되는 것이 성리설 중 리기론이다. 이 말에는 잘못된 점이 두 가지가 있다. 첫째, 리理·기氣는 주자학의 최고의 유類개념 즉 범주範疇(category)였기에 아무도 그 가치를 부정할 수 없었지만, 최고의 학문 분야인 리기론을 누구나 다룰 수 있었던 것은 아니었다. 따라서 성리학의 시대가 전반적으로 리기론, 심성론과 같은 연구로 점철되었다는 듯이 말하는 것은 역사적 사실에 대한 오해이다. 둘째, 리기론 연구가 무용하다는 말은 철학과 같은 학문은 먹고사는 일에 무관한 비실용적인 공부라는 말과 같다. 그러나 철학자는 먹고사는 일에만 매이는 것은 노예의 자세라고 생각하고, 세계 안에서 살아가는 인간의 삶에 관한 탐구를 가장 실용적인 학문이라고 생각한다. 따라서 철학적 탐구를 공리공담으로 보는 것은 그가 삶에서 추구하는 가치가 무엇인지를 고백하는 것에 다르지 않다.

후기실학자들의 비판은 이렇게 이해될 수 있다. 학문의 분업화를 상상할 수도 없어 통합학문의 학풍이 지배하던 시기에는 경세하는 사람들과 철학하는 사람들의 직업이 구분되지 않았다. 이 상황에서 식자가 감당해야 할 일이 중첩된다면, 모두에게 절실한 생존욕구의 충족에 역량을 집중하는 것이 더 바람직하다고 생각할 수는 있다. 현대인은 이와 다르다. 주인의식을 가지고 자기 삶을 살고자 하는 현대인들은 삶과 세계에 대한 총체적 인식의 필요성을 스스로 느껴야 한다. 긴급성을 요하는 실용적 지식이 일제강점기와 근대화 시절의 한국인들에게 필요했으므로 후기실학자들의 비판이 공감되었더라도, 현대 한국인들은 리기론과 같은 철학적 지식의 탐구 자세에도 높은 가치를 부여할 줄 알아야 한다. 철학은 최종 근거를 알기 위해 무한퇴행을 감수한다. 그것이 이유를 알고 감당하면서 사는 주체적인 삶의 조건이기 때문이다.

조선시대 성리학자들에게 리기론은 최고의 철학이었다. 그런 만큼 리기론은 성리학의 이해가 무르익은 상태에서 최고의 학자라야 담당할 수 있는 학문 분야였다. 조선 성리학의 최고봉이라 여겨지는 퇴계退溪 이황李滉(1501~1570) 이후 영남의 퇴계학자들이 단편적인 기술을 넘어 리기설에 관한 업적을 본격적으로 내놓기 시작하는 것은 활재活齋 이구李榘(1613~1654)의 때부터이고, 리기사칠론이 퇴계학파 학문의 본령으로 자리 잡게 된 것은 갈암葛庵 이현일李玄逸(1627~1704)과 우담愚潭 정시한丁時翰(1625~1707) 이후의 일이다. 퇴계와 고봉高峰 기대승奇大升(1527~1572), 율곡栗谷 이이李珥(1536~1584)와 우계牛溪 성혼成渾(1536~1584) 이후부터 1650년대 이전까지, 본격적으로 그리고 독보적으로 리기론을 논한 학자로는 여헌旅軒 장현광張顯光(1554~1637)이 거의 유일하다. 그의 성리학설에 관련된 주요 저술이 완성되는 시기를 차례대로 보면, 58세(1608)

의 「역학도설易學圖說」, 68세(1621)의 「경위설經緯說」, 76세(1629)의 「고봉선생집발高峰先生集跋」, 77세(1630)의 「역괘총설易卦總說」과 「구설究說」, 79세(1632)의 「태극설太極說」의 순이다.

여헌에게는 왜 이런 탐구가 필요하였는가? 그 이유는 그가 지향한 학문의 성격에서 드러난다. 그는 누구보다도 체계적인 세계인식을 도모한 학자이며, 요즘의 학문분류법 상 철학자에 가장 가까운 사람이다. 그는 이 세상의 모든 존재와 현상, 인간과 도덕을 하나의 이론 틀에 의거하여 통합적으로 이해할 수 있다고 믿었다. 세계를 하나의 체계로 엮어 주는 학문은 역학易學이었다. 임진왜란의 피난길에서도 『주역周易』을 손에서 놓지 않았다는 그는 "역은 천지天地이다"라는 선언적인 말로 『역학도설易學圖說』을 시작한다. 그러고는 "천지라고 하면 만변萬變·만화萬化·만사萬事·만물萬物이 그 가운데에 들어 있다"라고 정의한다. 그러므로 '역이 천지'라는 말은, 『주역』은 모든 존재와 변화의 이치를 총체적으로 수용하고 있다는 의미를 지닌다.

이 『주역』을 비롯한 모든 학문을 관통하는 범주개념이 리理와 기氣이다. 기본적으로 리는 이치 또는 원리로, 기는 물질로 해석된다. 따라서 그는 모든 사물과 현상은 원리와 물질이라는 두 가지 범주개념으로 환원하여 해석할 수 있다고 생각한다. 서양철학자들이 이 세계의 모든 존재자들을 정신과 물질로 나누고는 유심론자들은 정신을, 유물론자들은 물질을 실체(substance)로 파악하는 것에 비견할 수 있는데, 주자학자들은 원리와 물질의 양대 요소로 존재자들을 수렴하고, 원리를 실체로 간주한다는 차이점이 있다. 혹자는 원리(理)를 정신으로 해석하기도 하는데, 이는 오류이다. 동아시아의 전통 철학에서는 정신 역시 물질의 일종이기 때문이다.

이와 같은 통합적 이해는 무엇보다도 이치에 맞는 삶을 살고자 하는 목적을 위해 필요하다. 그것은 한국성리학사에서 사단칠정론의 기원을 만들어 낸 추만秋巒 정지운鄭之雲(1509~1561)과 퇴계의 「천명도설天命圖說」이 의미하듯이, 내가 속한 세계를 리기론에 의거하여 통합적으로 이해함으로써 내(인간)가 어떤 가능성을 가지고 이 세계의 어디쯤에 위치해 있는지를 파악하고 나아갈 방향을 찾고자 하는 목적을 가진다. 이런 점에서 리기론적 이해는 매우 실용적인 학문이다.

물론 여기에서 여러 문제가 발생한다. 복잡다단한 사물 현상을 리·기라는 단 두 가지의 범주개념으로 간략히 설명하고자 하면, 이 개념장치에 쉽게 걸려들지 않는 현상들도 있어 해석에 무리가 따른다는 것이 첫 번째 문제이다. 또 동일한 세계에 사는 사람들일지라도 삶의 주된 의미를 어디서 찾고 어디에 부여할 것인가는 개인마다 다르므로, 리기론을 활용하여 분석하는 관점과 분석의 결과가 달라져서 논란을 야기하게 된다는 것이 두 번째 문제이다. 마지막으로, 실증적인 증거를 통해 가부를 판정하는 과학적 탐구와는 달리, 사용하는 논리와 지향하는 가치들 사이의 싸움이기에 객관적으로 종결되기 어렵다는 어려움도 있다. 그래서 형이상학적인 다툼을 귀에 걸면 귀걸이 코에 걸면 코걸이 식의 말싸움으로 치부하는 사람도 있지만, 그것이 삶의 의미를 찾으려는 의도를 지니고 있음을 간과해서는 안 된다.

동일하게 주자학을 수용한다고 하더라도 인간과 삶을 바라보는 관심에 따라 상이한 리기론적 인식이 있을 수 있음은 사단칠정논쟁을 계기로 본격적으로 드러나기 시작하였다. 당사자들은 같은 주자학자들인 만큼 견해상의 유사함을 노정하면서도, 소견에 따라서는 화해하기 어려운 차이를 표출함으로써 학파상의 분립까지도 초래하였다. 퇴계와 율곡을 파시조로 삼는 학파가 정착되면서 사설師說에 대한 신봉이 종교화되고 당쟁의 도구로까지 활용되었다. 여헌은 어느 한쪽에 소속되기보다는 선배들의 유산을 비판적으로 검토하면서 자신만의 이론세계를 구축한다. 이에 따라 그의 성리설이 갖게 된 복합적인 성격은, 점차 강고한 세력을 구축하게 된 학파들 어디로부터도 명시적인 지지를 받지 못하였고 현재까지도 그 학문의 성향이 명료하게 규명되지 않는다. 여헌의 성리학에 대한 평가는 선배학자들인 퇴계와 율곡을 기준으로 이루어져 왔는데, '율곡설 지지' 또는 '퇴·율 절충'으로부터, '퇴계설의 수정 발전' 또는 '독자적인 주리론의 강화'라는 것에 이르기까지 폭넓게 형성되어 있다.

이제 리기론을 중심으로 여헌의 성리학이 지닌 특징을 알아본다. 리기론이 실용적인 학문 분야라고 말한 만큼, 그것이 기반을 두고 있는 실제 세계가 무엇인지를 먼저 알아본다. 여기에 더해 여헌이 리기론을 전개하면서 무엇에 중점을 두었는지를 조명해 보고자 한다. 마지막으로 퇴계와 율곡에 비교하여 여헌의 성리학이 가지는 학술사적인 위치를 살펴보고, 그것이 어떻게 계승되었는지를 간략히 추적해 보고자 한다.

2. 우주사업

여헌은 18세의 나이에 '우주간의 사업事業으로 자기 임무를 삼겠다'고 다짐하였다. 신변과 목전의 일에 얽매이거나 한때의 일에 골몰하기보다는, 온 시간과 공간에 걸쳐 각인된 존재의 의미를 찾고자 한 것이다. 그렇기에 그의 학문적 관심 영역은 유례를 찾아보기 어려울 만큼 넓고도 깊었다. 생명·물질·문화의 기원을 묻고 과거·현재·미래를 관통하는 보편적 진리를 찾고자 하면서 인간의 인식능력까지도 탐색한 이가 여헌이다.

"하늘이 자회子會라는 시간대에 열렸다면, 그때에는 땅이 없이 하늘만 있었을 것인데 그 모습은 어떠했는가? 땅이 열리고 나서 해와 달, 별들은 언제 생겼는가? 바람과 비, 우레와 천둥은 언제 나타나기 시작했는가? 물과 불은 언제 생성되었는가? 초목의 뭇 식물은 언제부터 싹텄는가? 인회寅會라는 시간대에 사람이 처음 생하였다는데, 최초에는 부모가 없었으니 누가 그를 잉태하고 형체를 주고 생장시켰는가? 비록 지각은 있어도 임금 되는 스승이 없었는데 누가 그를 교도하였는가? 소리만 있고 규칙 있는 언어가 없었을 것인데 어떻게 정을 통하였을까? 이름이 없었는데 사물을 어떻게 식별하였는가? 금수와 벌레, 물고기는 사람과 동시에 생하였는가, 아니면 사람보다 먼저 생하여 사람이 생한 후 사용되었는가?" 등이 가려 뽑은 그의 의문들이다.

그러나 그의 관심은 우리의 생활세계 바깥쪽보다는 안쪽에 집중된다. 우주사업이라는 말은 현란할 정도로 거창한 느낌을 주고 또 그의 학문적 작업의 범위가 보통의 학자라면 엄두도 내지 못할 만큼 넓었던 것은 사실이다. 하지만 분수分數를 알고 분수를 지키면서 살자는 다짐으로 이 말의 핵심을 간추릴 수 있다.

그는 분수를 인간의 사회적 관계에서 발생한 규약으로 이해하지 않는다. 대신 인간이 포함된 사물의 세계 전체를 분수의 체계로 바라본다. 인간만이 아니라 물物도 타고난 분수를 갖는다. 따라서 인간과 사물의 분수는 인위적인 규약이 아니라 세계가 우리에게 부여하여 타고난 것으로, 자연스러우면서도 바람직한 삶의 태도였다.[1] 여헌의 우주사업은 초인적인 어떤 것을 찾는 것이 아니라, 일상적으로 지켜야 하는 분수에 맞는 삶에 세속적 욕망을 초월하는 존재론적인 의미를 부여한 것이었다. 이제 우주사업이란 말을 분석하면서 이와 관련된 생각들을 살펴보자.

우주는 '상하사방上下四方'의 공간과 '고금왕래古今往來'의 시간을 합해 부르는 말이니, 우주는 공간과 시간 전체를 가리킨다. 이 우주를 실제로 채우고 있는 것은 사事와 물物이다. "사와 물이 없다면 우주가 어찌 있을 수 있는가"라는 그의 말을 고려하면, 사와 물 전체가 곧 시간과 공간이다. 우주가 사·물이 존재하고 운동하는 시공의 틀에 붙여진 이름이라면, 인간과 그의 활동을 포함하는 사·물은 우주라는 틀 안에 존재하는 구체적인 물들과 그것의 운동에 붙여진 이름이다. 『역학도설』 에서 사용한 천지에 해당하는 개념이 우주 또는 사물이니, 이 세 말은 동의어이다.

흔히 하나의 단어로 사용하는 사와 물은 관련은 있으나 가리키는 대상이 다른 단어이다. 물은 한시적으로 고정된 형체와 성질이 있는 존재자인 데 비해, 사는 작위作爲로 통칭되는 물들의 생성·변화·행위· 운동 등을 총칭한다. 물이 있기에 사가 있고 사가 있기에 물이 있게 되므로, 사와 물이 부단한 존재와 흐름을 연속하는 것이 우주이다. 둘 중 주체는 물이다. 우주의 거대한 행위인 시간의 흐름(事)에서 물은 찰나적인 존재에 불과하지만, 현재의 행위는 물에 의하여 이루어진다는 점에서 주체를 이렇게 파악할 수 있다.

여헌은 이 물들에게 본래 정해진 분 즉 분수分數가 있다고 성찰한다.

---

1) 漢字의 용법상 人과 物은 구분되어 표기되기도 하나, 때로 物 한 글자만으로도 물건 과 사람을 총괄한다. 후자의 의미에서 사람을 포함한 물에는 모두 타고난 분수가 있다고 여헌은 생각한다.

물들에게는 이미 분수가 선천적으로 결정되어 있다는 것이다. 그러고는 분수를 세분하여 마음(심)과 신체기관(신)에 각기 성분性分과 직분職分을 배당한다. 성분이 성질에 각인된 한 물의 총체적인 분수라면, 직분은 신체기관이 나누어 가진 고유한 기능이다. 예컨대 동물의 앞발에 해당하는 사람의 손은 물건을 잡고 악수하는 데 사용되지만 호랑이의 앞발은 먹이를 때려잡는 데 사용됨으로써, 각기 마음에 부여된 성질을 실현한다. 여헌에 따르면 인간 이외의 다른 물에도 심·신이 있으므로, 그것들 역시 성분과 직분을 가진다. 그렇다면 물이 지닌 분수는 구체적으로 무엇인가?

> 풀은 채소가 되고 약용이 되며 백수의 먹을거리가 되는 것이 그 분수이다. 나무는 숲이 되고 땔감이 되고 백과가 되고 집과 기계의 재료가 되는 것이 그 분수이다. 금수는 길들여지고 길러지는 가축이 되고 희생의 제물이 되어 가죽과 털과 뼈와 뿔이 쓰이는 것이 그 분수이다. 곤충과 물고기, 자라가 모두 쓰임이 될 수 있는 것이 그 분수이다. 금과 쇠, 옥과 돌에 이르러서도 마땅히 사용할 재료가 되지 않음이 없는 것이 그 분수이다. 그 나머지 만 가지 물 가운데 무용한 물 또한 무수한데, 조화造化의 가운데에 함께 존재하면서 만물의 수를 채우고 물을 사용할 때 보조 재료가 되니 어찌 각기 받은 분수가 아니겠는가?

물의 용도를 중심으로 설명되고 있음을 보면, 분수는 쓸모 내지 기능과 관계있다. 세상에는 쓸모없는 존재가 없다는 믿음은 모든 것이 무의미해질 수 있는 전란 중에도 고집한 그의 신념이었다. 도토리나 밤을 주워 먹고 생존을 유지해야 하는 가혹한 경험을 겪으면서 평소라면 보잘것없는 물건이라고 보았을 것도 쓸모가 있음을, 언제 생명을 마감해야 할지도 모르는 절체절명의 시기에도 인정과 의리, 헌신을 바치는 사람들을 보면서 세상이 의미 있음을 느꼈을 것이다. 이런 느낌은 그의 임진왜란 피란 기록인 『용사일기龍蛇日記』 전편에서 얻을 수 있다.

　서로 다른 쓸모를 지닌 물들은 존재의 체계 전체 속에서 서로 쓰고 쓰이는 상관관계를 맺는다. 물들은 서로 상대적인 위치와 역할을 나누어 가져서, 자기 위치에서 역할을 다함이 쓸모 있음이 된다. 우주 안의 모든 물들이 쓰고 쓰이는 관계로 맞물림으로써 우주는 하나의 거대한 분수의 체계이다. 따라서 분수에는 쓸모라는 의미 외에도 관계 속에서 얻어지는 위치와 역할의 의미도 포함된다.

　쓸모 있음은 가치 있음의 다른 말이다. 여헌이 분수를 자주 책임(責)이라는 말로 바꾸어 놓은 것은 결국 같은 말이었기 때문이다. 그래서 그는 이 책임 있는 존재로 가득한 자연의 질서 속에서 '마땅히 해야 한다'는 당위의 의미를 읽어 낸다. 이에 물의 용도에 관한 사실적인 논의가 당위론으로 비약한다. 이제 그는 성분과 직분을 도덕과 사업에 연관시킨다. "성분으로부터 말하면 도덕이라고 하고, 직분으로부터 말하면 사업이라 한다." 도道가 천지인물이 마땅히 가야 하는 공공의 길로서 보편적인 가치라면, 덕은 도를 실천함으로써 얻어지는 내면적 성취이다. 사事는 신체기관이 자기의 기능(직분)을 발휘하는 행위(作爲)이며, 사를 지속적으로 실천하면서 과업으로 삼는 것이 업業이다.

　마음에 있는 성분이 밖으로 표출된 것을 도덕이라고 한다면, 이것은 신체의 사업과 어떤 관계인가? 이것을 이해하기 위해서는 마음과 신체기관 역시 분수의 관계에 있음을 알아야 한다. 자기의 성분 전체를 지각하고 신체기관들을 분수에 맞도록 통어하는 것이 마음의 분수라면, 마음의 부림을 당하면서 자기 직분에 따르는 것이 신체기관의 분수이다. 마음만으로는 실제 활동이 있을 수 없으므로 신체기관을 이용해야 한다. 도덕 활동은 신체기관의 말과 행위(언행)로 구체화되는데, 이것이 신체기관의 사업이다. 마음과 신체, 성분과 직분, 도덕과 사업이 양항대립적으로 구분되었지만, 쓰는 마음과 쓰이는 몸의 밀접한 관계를 고려하면 양항들의 내용은 크게 다르지 않다. 이 상관성이 사업의 개념을 제한한다. 도덕적으로 타당한 행위만이 그가 말하는 사업이다. 현대인들은 경제행위를 사업이라 하니, 사업의 의미도 시대에 따라 변한다.

우주사업은 여헌만의 것도 아니고, 인간만이 독점하는 것도 아니다. 우주 내의 모든 물들이 가진 본연의 책임이다. 그런데 여헌은 물들의 세계에서 인간의 위치가 특별하다고 파악한다. "물이 본성으로 받은 것에 따라 구획하고 처리하여 각기 마땅한 장소를 얻도록 하고 재질의 마땅한 바에 따라 거두어 사용함으로써, 버려지는 물이 없도록 하는 것이 우리 인간이다." 물들 전체에 걸쳐 쓰고 쓰이는 분수의 질서를 이해하고 제대로 쓰이도록 통제하는 일이 『중용』에서 말한 '천지의 운행에 참여하여 천지의 조화造化와 육성을 돕는다'는 말의 구체적인 뜻인데, 이것이 인간의 우주사업이다.

인간은 자기 집단 내부에서도 분수를 나누어 갖는다. 타물에 비교할 수 없을 만큼 복잡한 조직을 이루어 사는 인간이 타고난 능력에 따라 지위와 역할을 나누는 것이 자연의 이치라고 여헌은 생각한다. 사·농·공·상의 사민四民이 담당하는 역할은 단순한 직능 구분에 불과한 것이 아니라, 타고난 분수의 다름에 의해 결정된다. 농·공·상의 분수로서의 쓸모가 곡식·의료衣料·기명器皿을 생산하고 재화를 유통시키는 데 있다면, 선비는 "자기 한 몸에 주어진 도리를 다하는 것에 그치지 않고 반드시 우주 안의 모든 일을 자기의 책임으로 삼아 사람과 물의 본성(성분)을 극진히 다하게 함으로써 천지의 조화 육성을 도울 때" 성분과 직분을 다했다고 말할 수 있다. 인간의 우주사업을 가장 근사하게 수행하는 사람이 선비라고 할 것인데, 우주를 조망하고 통제하는 리더(통치자, 학자, 교육자)가 이들이다. 성인, 현인, 군자는 인식과 실천의 완성도가 높은 선비이다.

너무 거창하다고 느껴질 수 있는 선비의 분수도 매일매일의 행위가 누적됨으로써 달성된다. 그것은 '분수를 다함'이라는 마음의 진분盡分과 '분수를 지킴'이라는 몸의 수분守分을 통해 수행된다.

마땅히 다하여야 할 분수(盡分)는 마음에 있고, 마땅히 지켜야 할 분수(守分)는 몸에 있다. 마음에 간직된 본성은 천지고금 만사만물의 이치가 그 가운데에 있어 모두 마음의 소관이다. 그러므로 그 사업됨은 은밀함과 미세함에서도 다하여야 하고 지나칠 수 없으며, 높고 깊고 광대함을 지극히 하여 방해하거나 혐의됨이 없어야 한다. 이것을 다하지 못하면 분수를 잃는다. 몸이 있는 곳은 처한 지위, 직분으로 삼는 일, 만나는 때가 만 가지로 달라 한결같지 않다. 그러므로 지위에 따라, 일에 따라, 때에 따라 스스로 처하는 의로움이 각기 제한이 있어 문란할 수 없다. 이것을 지키지 않으면 분수를 어기게 된다.

시간과 장소를 벗어날 수 없는 신체는 처하는 상황과 접하는 대상이 수시로 변한다. 상대에 따라 지위가 달라지고, 마주하는 물에 따라 해야 할 일도 바뀐다. 변화하는 상황과 때를 고려하면서, 지켜야 할 분수를 파악하고 대응책을 찾아야 한다. 시중時中이 그 일이다. 이때 몸의 사업은 말과 행위이므로, 언행을 거두어 여미면서 분수를 넘지 않도록 조심하는 것이 수분이다. 이에 비해 만물의 이치를 소유하고 지각하는 마음은, 조금의 미흡함도 없이 분수를 극진히 발휘하고자 의지하면서 실천으로 밀고 나가야 한다. 이것이 진분이다. 수분이 자기 분수를 지켜 타물의 영역을 침범하지 않으려는 방어적인 태도라면, 진분은 할 수 있는 최선을 다해 분수를 지키려는 적극적인 태도이다.

사람마다 능란함과 영향력에 정도의 차이는 있겠지만, 이것이 인간이 매일 실천해야 하는 도덕사업의 실내용이다. 우주사업은 마주치는 대상과 상황에 따라 차근차근 수분과 진분을 집적시켜 갈 때 성취된다. 이렇게 여헌은 우주 전체를 분수의 체계로 해석하면서 그 안에서 자기의 위치와 나아갈 방향을 찾았다.

3. 필연성의 세계와 리기론

여헌은 분수의 세계를 구성하는 사물들은 반드시 있어야 했기에 있게 된 필연적인 존재들이라고 역설한다. 그의 글들은 전반적으로 이 세계의 '필연성' 의식으로 가득 차 있다. 이 생각은 몇 가지 성찰의 과정을 거쳐 갖게 되었다고 추정된다. 첫째, 먹고 입고 쓰는 행위로 점철되는 일상의 삶―그것도 전란의 와중에서 경험한―에서 사물의 쓸모를 절실하게 체험하면서, 그것들이 없다면 생활과 생존이 위태롭다는 각성을 얻었다. 둘째, 하나의 사물이 가진 쓸모는 대체하기가 어렵거나 불가능하다는 관찰이다. 그가 볼 때 물들의 쓸모는 서로 겹치거나 충돌하지 않으면서 고유한 기능을 담당한다. 셋째, 쓰고 쓰이는 연쇄관계에 있는 물들의 우주는 유기체라는 깨달음이다. 그는 이 세계상을 "만물이 함께 길러지면서 서로 해치지 않고, 함께 운행하면서 서로 어그러지지 않는다"(竝育不害, 竝行不悖)라고 요약한다. 조화롭다는 말이다.

여헌은 필연성을 지닌 사물들이 조화를 이루면서 자기 기능을 다하게 된 '원인'을 추적한다. 종교라면 최고신의 소임이라 하겠으나, 그는 유학자답게 '원리'를 생각한다. 그는 백관과 백성들을 통치하는 군주,

한 집안을 다스리는 주인의 이미지를 떠올린다. 직능과 욕망의 다름을 통합하는 원칙을 가지고 주재하는 이들의 임무와, 우주를 통일시키는 원인으로서의 원리가 지닌 역할이 유사하다고 연상하였을 것이다. "(물이) 마땅히 반드시 있어야 하기에 있지 않을 수 없는 까닭과, (사가) 마땅히 반드시 행해져야 하기에 행해지지 않을 수 없는 까닭이 이른바 리가 아닌가?"

리라는 글자는 옥玉의 맥리脈理에서 가차한 글자이다. 맥리는 옥에 있는 결이다. 사물들이 지닌 성질·형태·기능·위치의 일정성은 물론 변화 운동에서 발견되는 규칙성을 보고는 옥의 결을 연상하였던 것이다. 시야를 넓히면, 사계절처럼 반복되는 시간의 법칙성, 개체가 소멸해도 같은 종種의 사물들이 연속적으로 생겨난다는 관찰도 우주에 결이 있음을 깨닫게 한다. 나아가서 여헌은 성질과 역할이 천차만별로 다른 사물들이 서로 충돌하거나 영역을 침범하지 않으면서 조화로운 통일체를 이룬다는 사실에서, 한 물에 해당하는 이치와 함께 이 세계를 전체적으로 조정하고 통제하는 원리가 있음을 추정한다. 개별 사물에 있는 이치를 만수萬殊의 리 또는 분수分殊의 리라고 하고, 통일성의 이치를 일리一理라고 한다. 모든 존재가 근본으로 삼는 통일의 리(동일성의 리)가 일리라면, 나뉘어 만 가지로 달라진 리가 만수 또는 분수의 리(차이성의 리)이다. 만수의 리가 한 사물의 본성으로서 성분·직분의 원천이라면, 그것들을 유기적으로 조직해서 우주를 쓰고 쓰이는 조화로 이끄는 것이 일리이다.

리는 사물현상 속에서 발견되는 원리에 그치지 않고 사물현상의 원인 즉 소이연所以然이 된다. 그렇게 되는 까닭 또는 원인이라는 말이다. 이 원인이 있기에 사물은 그런 원리와 물질을 지닌 존재가 된다. 사물들은 본래 원인이 있기에 필연적으로 그렇게 생성된 것이다. 여헌은 이 필연성의 의미를 드러내기 위하여 노력한다. 이렇게 필연과 같은 말로써 리의 속성을 파악하는 발상의 연원은 주자朱子의 고제 북계北溪 진순陳淳 (1159~1123)이다. 그는 능연能然 · 필연必然 · 당연當然 · 자연自然이라는 네 가지 속성을 제시하여 스승의 인가를 받았다. 그는 어린이가 우물에 빠지는 것을 목격하면 깜짝 놀라고 측은해하는 마음이 일어난다는 『맹자』의 사례를 이용하여 이것을 설명한다. 리가 소이연이기에 한 개체가 그렇게 할 수 있고, 마땅히 그렇게 해야 하고, 인위나 의도가 없이 저절로 그렇게 된다는 것이다. 필연은 북계에 의하면 "반드시 이렇게 되기에 그만두려고 해도 저절로 그만둘 수 없음"이고, 여헌에 의하면 "반드시 있어야 하기에 없을 수 없음"이다. 어떤 방해나 난관, 거부 또는 회피가 있더라도 반드시 그렇게 되도록 하고 또 그만둘 수 없게 하는 것이 리의 필연성이다. 리가 소이연이 되어 발생하는 현상은 이 네 가지 의미에서 이해해야 한다는 것이다.

사물의 세계가 전개되기 위해서는 기도 필요하다. 여헌은 "천지와 인물이 얻어서 천지인물이 되는 까닭은 리이다. 리는 단지 리만 있는 것이 아니라 반드시 작위하는 것이 있어야 하니 이를 기라고 하며, 기가 생겨 나뉘어 펼쳐지고 모여서 일정해진 것이 질質"이라고 정의하면서 기의 필요성을 제기한다. 기의 필요성은, 리가 실현되기 위해서는 작위하면서 물을 만들어 내는 물질적인 재료(資)가 있어야 한다는 데서 찾아진다. 기는 구름(雲)에서 가차한 글자이다. 여름 하늘의 구름이 무쌍하게 변화하듯이 기는 변화 운동한다는 특성을 가진다. 기질은 신체기관과 마음의 형체를 이루고, 심 · 신의 내부에서 피와 기운(形氣: 形體와 血 · 氣)으로 운동하면서 리를 실현한다.

기 역시 리의 필연성에 의해 만들어지는 물 가운데의 하나이다. 즉 리에 의해 필연적으로 발생한 존재라는 점에서 사물과 다를 바 없는 기는, 리와 사물 사이에 있는 중간자이다. 기는 리 말고는 다른 근원이 없고 리가 실현되기 위하여 있는 도구에 불과하니, "기는 리의 보좌"이다. 그렇다면 리만이 유일한 대본大本이라고 해야 한다. 근본을 묻는 것은 세계의 뿌리 또는 본질적인 원인에 대한 물음이다. 경험하는 세계가 이해되지 않을 만큼 혼란스럽거나 가치혼란에 빠졌을 때 우리는 이 세계의 근본적인 사실이 무엇인가를 묻는다. 만약 변화상만 보았다면 장현광은 기를 근본으로 파악하였거나 아니면 인식의 혼란에서 벗어나지 못하였을 것이다. 그러나 그는 변화하는 가운데 불변하는 규칙이 있음을 통찰하고는, 불변성의 리가 변화하는 기에 우선하여 원인으로 존재하는 근본이라고 확신한다.

그는 이러한 리의 필연적인 작용을 리발理發이라고 표기한다. 발은 물리적 작위로 해석되곤 하나, 그의 리발은 '어떠한 현상을 일으키거나 영향을 미친다'는 정도의 의미이다. 리가 영향을 미쳐서 반드시 있어야 할 기와 사물의 세계가 만들어진다는, 즉 리는 기와 사물세계의 유일한 원인이라는 통찰이 리발이라는 말에 함축되어 있고, 우리는 이것을 리일원론이라고 부른다. 이런 사고법을 개념실재론이라고 한다. 리는 본래 사물에 있는 속성으로서의 개념이지만, 그는 역으로 구체적인 사물보다 개념이 객관적으로 먼저, 그리고 영원히 실재한다고 상상한다. 이런 관점은 새로운 사물의 존재를 예측하거나 허용하지 못한다. 새로운 현상이 발생하면 그것의 원인이 이미 있었다고 강변할 수 있겠지만, 이것이 이 이론의 본래 취지는 아니다. 원인을 한정함으로써 예측 불가능한 미래나 사물의 현상을 차단하는 데 목적이 있다. 그는 자신이 경험하였던, 서로 다르면서도 유기적인 조화를 이루는 한정된 사물들을 대상으로 사고한다.

4. 경위설과 선악

불변자인 리와 변화자인 기가 결합하여 분수의 세계를 구성하는 사물이 만들어진다. 여헌은 이것을 리기경위설理氣經緯說로 설명한다. 리는 경이고 기는 위라는 성찰은 베틀의 날줄(縱絲)과 씨줄(橫絲)에서 차용한 것이다. 날줄은 고정되어 움직이지 않으면서 씨줄의 운동 범위를 제한하고, 씨줄은 날줄을 벗어나지 않는 한에서 운동하면서 피륙을 짜 낸다. 그는 이 비유를 통해 리·기의 불변자와 변화자라는 속성을 부각시키고 있다. 또 씨줄과 날줄의 상호 보완적인 역할 관계에서 리·기는 서로 다른 것이면서도 상대를 꼭 필요로 하는 존재임이 드러난다. 그래서 그는 "리는 기가 아니면 작용에 이를 수 없고, 기는 리가 아니면 주재(근본)가 있을 수 없으니, 정말로 잠시라도 서로 없을 수 없다"라고 말한다.

한 걸음 더 나아가 여헌은 리기의 결합에 의해 도가 발생한다고 주장한다. "리는 도의 경이며, 기는 도의 위이다." 이것은 무슨 뜻인가? 리는 한 개체 안에서 변치 않는 성질 내지 성향의 원천이다. 기는 개체가 소유하는 심신의 형체와 그 안에서 일어나는 피와 기운의 흐름이다. 리가 일정한 규칙성을 유지함에 비하여, 구체적인 시간과 공간에 종속되는 마음과 몸은 끊임없는 변화의 과정에 있다. 마주하는 대상과의 상대적인 지위와 처한 상황이 변함에 따라 마음가짐과 몸의 양상(기)이 바뀐다. 그렇기에 여헌은 이렇게 말한다.

이때를 만나면 이때를 만난 이치를 다하여야 하고, 이 지위에 처하면 마땅히 이 지위에 처한 이치를 다하여야 하며, 이 일에 대응할 때면 마땅히 이 일에 대응하는 이치를 다하여야 하고, 이 물을 접해서는 이 물을 접하는 이치를 다하여야 한다. 이것이 곧 마땅히 행하여야 할 도道이다.

경위라는 말이 암시하듯이, 불변자인 리(본성)의 의미 범위를 넘지 않은 채 구체적인 상황에 맞게 변용된 것이 도이다. 마음에 본구된 본성이 변화에 맞추어 적합하게 변용되어 신체의 언행으로 표현될 때, 이것이 바로 '때에 맞는'(時中) 도가 되므로, 여헌은 "리는 도의 경이고, 기는 도의 위"라고 하였다.

그런데 리기가 경위로 직조織造됨으로써 도가 발생한다면, 기질의 양상과는 무관하게 리기가 결합하기만 하면 늘 도라고 말할 수 있는가 하는 의문이 생긴다. 개체의 심신을 이루는 기질에는 여러 가지 차이가 있어 개인적인 차이를 유발한다고 주자학자들은 생각한다. 이른바 청탁 후박淸濁厚薄 등으로 말해지는 차이이다.[2] 이에 따라 인지 및 감정대응의 능력에 제한이 있게 된다. 맑고 도타운 기운이 인지와 감정반응에 뛰어난 지각능력을 준다면, 탁하고 잡박한 기질은 흠결이 있어 본성의 지각 실천에 한계를 가한다. 맑고 깨끗한 기운을 받는 경우도 있지만 흐리고 거친 기운을 받은 경우가 대부분이라고 여헌은 판단한다.

탁박한 기질은 도를 실현하기에 적합하지 않은 조건인데, 이런 경우마 저도 리와 기가 경위로 결합하여 도를 발생시킨다고 보면 가치혼란에 빠질 수 있다. 또 만약 '타고난' 기질 때문에 선을 실천할 수 없고

---

[2] 심리학계에서는 스위스의 정신과 의사 카를 융(Carl Gustav Jung)의 temperature를 기질로 번역한다. 카를 융이 내향형과 외향형으로 간단히 기질을 나누었다면, 성리학자들은 기질의 正通과 偏塞함에 의해 인간과 동식물을 나누고, 세부적으로는 淸粹와 濁駁, 淸厚와 濁薄함의 차이에 의해 인지와 감응, 도덕실천의 능력에 차이가 있다고 설명하는 세밀함을 보인다.

악행을 저지를 수밖에 없다면, 악을 선으로 바꾸는 의지와 노력이 불가능할 뿐 아니라 악행을 탓할 수도 없다. 이를 해결하기 위해서는 도라고 긍정될 수 있는 현상을 제한해야 한다. 원천적으로는 리의 작용에 의해 필연적으로 발생하게 되는 사물의 영역을 제한해야 한다. 그의 리발론은 선악을 불문하고 모든 것을 리에 의한 산물로 보는 가치혼란의 철학이 아니기 때문이다.

그의 다음과 같은 말은 여기서 중요한 암시를 준다.

> 사람이 형기를 가짐은 성명性命(즉 본성)을 담아 싣고 있으면서 도의를 발용하기 위함이니, 처음부터 어쩔 수 없이 사사로움을 유발하게 되어 있는 물이 아니다.

형기는 형체와 피·기운을 뜻하니, 곧 마음과 신체기관이다. 여헌은 이것들을 부정적으로 보기에 앞서 그것들에 본래의 기능이 있음에 주목한다. 생각해 보면 청탁후박의 개별적인 차이가 있어도 한 개체가 그 종의 일원이 되고 제한적으로나마 그 사물의 분수를 실천하는 데 결정적인 하자가 있는 것은 아니다. (하나하나의 '산삼'이 비록 그 효능에 차이가 있더라도 산삼의 일반적인 효능을 공유하듯이) 하나하나의 개인은 인간됨에 차이가 있더라도 '사람'으로서의 위상과 활동력을 공유한다. 아무리 사악한 인간이라도 어린이가 우물에 빠지는 것을 보면 깜짝 놀라면서 측은해하고, 남에게 몹쓸 짓을 서슴없이 하는 자도 부모가 봉변을 당하면 분노하고 복수심을 가짐으로써 인간의 꼴값을 한다. 이목구비의 형체 그리고 듣고 보고 먹고 냄새 맡는 기능은 개인마다 차이가 있겠지만, 그런 기운 때문에 완전히 없어지지는 않는다. 척박한 기운의 흐름을 보이는 말세에도 동일한 사물들이 면면히 지속되면서 분수의 질서를 이루어 내는 기적이 나타나듯이, 기질이 나쁜 물들이 보이는 선의 현상은 존재의 신비로움을 느끼게 한다.

악은 종이 공유하는 기질의 차원이 아닌, 개체마다 다른 기질의 차원에서 발생한다. 이른바 청탁후박 등으로 파악되는 개체의 기질적인 차이가 선악을 가르는 것이다. 그렇다면 리에 의하여 필연적으로 발생하고 리기가 경위로 직조되어 발생하는 도의 현상은 우선 종 차원에서 공유하는 일반적인 기능까지로 한정하고, 개체마다 다른 기질의 차원에서는 리기경위로서의 도를 제한적으로 인정해야 한다. 즉 청수한 기가 리를 지각하여 본성을 제대로 실현하는 현상만을 도에 맞는 것으로 인정하고, 탁박한 기질에 영향을 입은 경우는 도라고 인정해서는 안 되는 것이다.

5. 사단칠정론과 학술사의 위상

조선 성리학자들은 사단칠정론이라고 불리는 감정의 리기론적 해석에 연구 역량을 집중하였다. 여기에는 몇 가지 이유가 있다. 첫째, 감정이 행위에 결정적인 영향을 미친다고 보았기 때문이다. 무감정을 합리성의 조건으로 보지 않고 감정의 중절이 있어야 신체가 도덕적·합리적으로 적합한 행위를 할 수 있다고 보았으므로, 여헌은 "도의 실현 여부는 칠정에 달려 있을 따름"이라고 하였다. 그가 "도의 근본은 본성에 저장되어 있고, 도의 작용은 감정에 관계되며, 도의 실천은 이목구비와 수족의 직책 수행에서 말미암고, 도의 광대한 작용은 집안과 나라, 천하는 물론 천지고금에까지 미친다"라고 하였을 때, 이 말 속에는 본성에서 나오는 감정은 이목구비와 수족의 직책 수행의 결과를 좌우한다는 생각이 내포되어 있다.

이런 것이 감정의 위상과 역할이라면, 그것이 어떠한 것들이고 어떤 상황에 처해 있으며 어떻게 극복해야 하는가가 해명되어야 한다. 인간은 리기가 경위로 직조되어 만들어진 물 가운데의 하나이다. 따라서 인간은 선을 행할 수도 있고 악을 행할 수도 있는 기질을 타고났다. 더욱이 선보다 악을 더 쉽게 행할 만큼 기질이 좋지 않은 경우가 대부분이다. 이것이 인간의 실존적인 조건이다. 하지만 그런 가운데 맹자가 말한 사단과 같은 감정도 체험할 수 있어 선한 존재가 될 가능성도 보인다. 이와 같은 감정들을 리기론적으로 해명하는 것이 사단칠정론이다. 리기의 개념이 사물들을 하나로 통합하여 해석하는 범주개념이라는 점에서, 감정을 리기론적으로 다룬다는 것은 감정이라는 특정한 현상을 대상으로 인간과 우주의 동일성과 이질성을 찾아봄으로써 선을 정당화하고자 하는 의도에서 비롯된다.

이 문제와 관련하여 신기원을 연 사람은 퇴계이다. 그는 추만 정지운의 천명도설을 수정하는 과정에서 사단은 리지발理之發(리발)이요 칠정은 기지발氣之發(기발)이라는 표현을 사용하여 고봉과의 논쟁을 야기하였다. '리발'은 마음이 사악한 자—달리 말하면 마음의 기질이 탁박한 자—라고 하더라도 본성(리)이 있기에 그로부터 저절로 그리고 필연적으로 나오는 사단의 정서가 있음을 표현한다. 천명(리)이 자연스럽게 유출되어 필연적인 사물의 세계를 만드는 것과 같은 현상이다. 반면 개체마다 다른 청탁수박의 기질에 휩싸여 있어 선악의 가능성이 혼재해 있다는 실존적인 조건을 고려하면서 기질의 영향을 받아 굴절되는 정서를 '기발'이라고 표현하여 사단과 대비시킨다. 리발의 현상은 그 사람이 어떤 사람인가(타고난 기질이 어떤 것인가)에 관계없이 저절로 드러난 우주적인 정서이므로 이를 체험하여 확충하여야 하고, 기발의 현상은 기질의 영향을 받는 인간성의 한계를 보여 주는 것이기에 악을 선으로 바꾸고자 노력해야 한다는 것이 퇴계의 생각이다. 리발과 기발이 상대적으로 대비된 그의 이론을 리기호발론이라고 부른다.

퇴계의 호발론은 고봉과 율곡의 비판을 받는다. 이들은 리발과 상대적으로 대비하여 기발을 말하게 되면, 악이나 악의 가능성이 있는 현상마저도 근본(기)에서 발생하는 본래적인 현상인 것처럼 오인시켜 선악을 혼동케 할 수 있으므로, 리를 유일한 근본으로 삼는 성리학의 대전제에 위배되는 것이 아닌가 하는 의문을 품었다. 이 위험을 피하고자 이들은 사단과 칠정을 상대화하여 대립시키는 대신, 칠정이 사단을 포함하는 것으로 파악하고는 칠정 중에서도 절도에 맞는 정서가 사단이라고 본다. 포함관계에 있다면 공통점 내지 동일성이 있어야 한다. 이들은 모든 정이 리라는 근본에서 발출하는 리발理發의 현상임(理發一途)을 주장한다.

논의를 더욱 발전시킨 율곡은, 변화운동 즉 외물을 느끼고(感) 감정으로 대응하는(應) 활동에 초점을 맞춘다면 기발氣發 즉 형기가 작위하는(發) 것이 유일한 현상임을 추가로 밝힌다. 이 논리대로라면 본성의 발현과 굴절은 기질의 종류 즉 마음의 상태에 의해 좌우된다. "선은 맑은 기가 발한 것이고, 악은 탁한 기가 발한 것"이라는 그의 말은 바로 이를 뜻한다. 맑은 기는 마음이 맑다는 의미로, 탁한 기는 마음이 혼탁하다는 의미로 읽으면 된다. 그는 퇴계처럼 기질의 상태 즉 마음의 상태에 무관하게 드러나는 순선한 현상이 있다는 사실에 큰 의미를 부여하지 않는다. 그는 리발일도와 기발리승일도氣發理乘一途 중 후자에 무게중심을 두었으므로, 그의 이론을 기발리승지일도론이라고 부른다. 그가 보다 중시한 것은, 운동도 증감도 없는 리(본성)가 인·물, 인·인, 물·물에 차이가 없음에 비하여 기질은 악의 가능성이 농후한 것이므로 강력한 기질 변화(變化氣質)의 노력이 필요함을 역설하는 데 있었다.

여헌의 성리학 저술을 볼 때 먼저 눈에 띄는 사실은 퇴계의 호발설과 같은 유형의 사고방식에 대한 비판적인 태도이다. 경위설을 고안한 것도 이 때문이다.

단지 기로써 리에 상대하여 말하고 병렬하여 거론하면, 후학들은 또한 이른바 기라는 것이 리의 밖에서 별도로 운행하는 별개의 존재인 줄 여길 것이다. 이것은 또한 리기의 실제를 제대로 아는 것이 아니며, 또한 정주程朱의 본의를 능히 알 수 있는 것도 아니다. 이것이 내가 경위의 설을 주장한 까닭이다.

경위설은 리와 기의 역할을 분명하게 나눈다. 리는 불변하는 근본이고, 기는 변화하는 질료이다. 경위설을 사단칠정에 적용하면, 사단과 칠정은 리를 근본으로 삼고 기를 작위자로 삼는 공통점이 있다. 이렇게 동일성이 있는 만큼, 퇴계처럼 사단과 칠정을 리발과 기발로 분석하여 상대적으로 존립하는 감정들이라고 여길 수 없다. 고봉과 율곡처럼 여헌도 칠정이 사단을 포함하며 사단은 칠정 중에서 중절한 선정善情만을 가리키는 개념이라고 본다. 퇴계의 사단칠정론에 대한 문제의식과 해결법이 율곡과 유사하다.

다른 점도 있다. 그는 사단과 칠정을 이렇게 나눈다.

정은 발하여 이미 이루어진 것의 이름이고, 단은 비로소 움직여 아직 이루어지지 않은 것의 명칭이다. 발출하여 이미 이루어 것의 이름이므로 정이라고 하니 혹 참됨과 망령됨이 뒤섞이고, 비로소 움직여 아직 이루어지지 않은 것의 명칭이므로 단이라고 하니 참됨이 한결같고 망령됨에 아직 이르지 않았다.

따라서 그는 "칠정 중에서 본연지성에서 곧바로 말미암아 외물을 느끼고 감정을 발출하는 초두初頭의 순선한 것이 사단"이라고 한다. 사단과 칠정은 감정의 발출 과정에서의 시초와 마무리로 구분한 개념들이다. 사단이 인간이라는 종 차원의 기질이 작동한 결과라면, 칠정은 개체 차원의 기질이 작동한 결과라고 할 수 있다.

그런데 맑고 깨끗한 기운을 받은 사람보다 흐리고 거친 기운을 받은 사람이 많다는 여헌의 판단에 따르면, 감정이 발출할 때마다 늘 사단이 먼저 나오고 칠정으로 완성되지는 않을 것이다. 과연 그는 사단이 어쩌다 느닷없이 한 번 그 모습을 드러낸다(闢發)고 제한한다. 그런데 이 "사단의 반드시 그러한 것(四端之必然)은 그 -인의예지신의 본성의- 단서"라고 한다. 사단은 리의 특성 중의 하나인 필연성의 실례인 것이다. 그렇다면 이 필연성은 무슨 뜻인가? 퇴계가 리발에 부여한 의미와 동일한가? 아니면 율곡이 말한, 맑은 마음일 때에 이 선이 나온다는 그런 의미에서의 필연인가? 여기서 필연성 개념을 좀 더 이해하기 위하여 율곡이 지은 「인심도심설」 중 "선은 맑은 기가 발한 것이고, 악은 탁한 기가 발한 것"이라는 구절을 비판한 율곡 계열의 학자 농암農巖 김창협金昌協 (1651~1708)의 견해를 보도록 하자.

기의 맑은 것은 그 발함이 진실로 선하지 않음이 없으나, 선정은 모두 맑은 기에서 발한다고 하면 옳지 않다. 정의 악한 것은 진실로 탁한 기에서 발하지만, 탁한 기가 발한 정이 모두 악하다고 하면 옳지 않다. 깊이 체험해 보면 알 수 있다. 중인中人 이하의 사람은 그 기가 진실로 탁함이 많고 맑음이 적다. 그러나 어린아이가 우물에 빠지는 것을 보면 깜짝 놀라 측은해하지 않음이 없는 것이 어찌 모두 맑은 기의 발용이겠는가? 만약 "이때 마침 맑은 기운을 만난 것이 아닌지 어찌 알겠는가"라고 한다면, 다른 날 이런 사태를 보면 마땅히 측은해하지 않는 때도 있어야 한다. 그러나 매번 볼 때마다 문득 측은해하고 하루에 열 번을 보아도 또한 측은해하지 않음이 없으니, 이것이 어찌 매번 맑은 기를 만났기 때문이겠는가? 천리가 본성에 뿌리를 내린 것은 외물을 느끼면 곧 발용하니, 비록 본성이 올라탄 기가 탁하고 맑지 않지만 본성을 가리지 못하는 것일 뿐이다.…… 리는 비록 정의가 없고 조작이 없다고 말하나, 그것의 필연·능연·당연·자연함은 북계 진순의 말과 같으니, 일찍이 리가 주재함이 없지 않은 것이다.

농암은 리의 운동성을 가정하지 않고도 본성의 작용이 있을 수 있음을 설득하고 있다. 우리 역시 기질이 청수하지 않은 사람이 사욕에 휩싸였어도 본성(理) 또는 일말의 도덕적 인격이 있어 어느 순간 밖으로 터져 나옴을 체험한다. 이것이 마음(기질)의 힘이 아니라 본성의 힘에 의한 것이라고 볼 때, 리의 필연성을 말하게 된다. 이를 확대해 보면, 분수의 세계를 구성하는 사물의 존재나 그 사물들이 드러내는 특정 현상은 기질 때문이 아니라 리에 의해 발생하는 것임을 강조하는 말이 필연이다. 한주寒洲 이진상李震相(1818~1885)이 농암의 이 글을 높이 평가한 이유 중의 하나는 그것이 퇴계학파의 리발 개념을 적절히 설명해 줄 수 있었기 때문이다. 또한 농암이 기에 의해 리의 실현이 결정된다는 율곡의 견해를 비판하고 있음을 고려하면, 율곡은 리의 필연·자연·능연성에 대한 인식이 상대적으로 약했음을 알게 된다.

그렇다면 여헌의 필연성이란 어디에 해당하는 것일까? 여기서 고려해 볼 말이 "칠정은 참됨과 망령됨이 뒤섞이고, 사단은 참됨이 한결같고 망령됨에 아직 이르지 않았다"라는 말이다. 이때, 참됨이 한결같은 사단이 발출할 때 그것은 맑은 기운의 마음을 전제하는가의 여부가 퇴계와 율곡 중 어디에 가까운가를 결정할 것이다. 그러나 여헌이 종적인 차원에서의 물이 지닌 기능을 강조하였다고 하여도 그것이 종의 기운과 개체의 기운을 나누어 본 것은 아니라고 생각한다. 이미 하나의 사물이 만들어진다면 이때는 종과 개체의 기운이 분리되지 않는다고 보아야 하기 때문이다. 그렇다면 한 사물이 있다는 것은 이미 청탁수박의 기운들이 엉키어 있어 진망사정의 가능성이 모두 있는 상태이다. 따라서 맑은 기운의 마음이 있어서 사단이 나온다기보다는, 리의 필연성에 의해 사단이 나오는 상태라고 보아야 한다.

필연은 리가 항상 실현된다는 의미가 아니다. 외적 자극이 가해졌을 때 경우에 따라서는 혼탁한 기질이 리의 실현을 방해하지 못해서 한결같이 망령됨이 없는 상태가 있을 수 있다. 이런 현상은 본성으로 부여된 리에 아니마(anima)적인 힘이 있는 것처럼 보일 수도 있어, 존재의 신비를 느끼고 당위의 선천성을 거부할 수 없게 한다. 여헌은 마음의 필연적인 측면을 해명하고 드러내는 데 초점을 맞추고 있다. 이렇게 보면, 발출의 초두에서 발견되는 필연성의 현상이 사단이라고 규정하는 것은 칠정 중의 선정이 사단이라고만 규정한 율곡과는 일정한 거리가 있고, 마음이 발출하는 초기에서 리발로서의 순선한 사단을 도출하기 위해 안간힘을 쓴 퇴계의 정신과 가깝다.

여헌의 필연은 리의 능연·자연·당연을 말할 수 있는 기초이다. 리에 필연의 힘이 있기에 사물은 능히 그럴 수 있고, 저절로 그런 행위를 하며, 마땅히 그래야 한다고 여길 수 있다. 그 대표적인 현상이 사단이다. 개체의 기질에 의해 방해를 받음에도 불구하고 사단이 발출함으로써 우리는 인간과 우주의 본질을 눈치 챌 수 있으며, 사단의 근본인 인의仁義가 중정中正한 결과로서의 분수체계를 자연스러우면서도 마땅히 추구해야 할 가치 있는 질서로 긍정할 수 있다. 우주 차원에서는 리가 작용하여 분수를 지니며 조화하는 사물의 세계를 만들어 내듯이, 리발로서의 사단은 신체기관의 언행을 통해 구체화됨으로써 인간에게 부여된 도덕사업을 실현하게 한다. 여헌은 사단과 칠정, 리와 기를 상대화시키는 퇴계의 방법에 반대했던 것이지, 리발설의 의의에는 반대하지 않았던 것이다. 이것은 또한 호발설에도 반대하지만 기발일도설도 인정하지 않았음을 뜻한다.

여헌이 사용하는 리발은 율곡의 관념과 퇴계의 관념이 종합되어 있다. 율곡은 리가 모든 사물현상의 근본임을 중시하면서 그것을 리발로 표기하였으나, 이미 리기가 혼재한 사물현상을 중시하여 필연적이고 자연적인 현상을 부각시키는 데는 소홀하였다. 반면 퇴계는 사물 상에서의 리기혼재가 초래하는 가치혼란을 피하고자 필연적이고 자연적인 현상을 도출하여 리발로 표기하였지만, 근본이라는 측면을 중요하게 다루지 않았다. 그는 본성이 있기에 저절로 일어나는 사단을 도드라지게 하여 체험을 유도하고, 악의 가능성이 짙은 형기를 절도에 맞춤으로써 중절한 감정이 발휘되도록 노력해야 한다는 점을 일깨우는 데 역량을 집중하였다. 그 과정에서 소종래의 의미를 분명하게 제시하지 않았음은 물론 소종래를 근본으로 규정하는 고봉에게 대응하지 않았기 때문에, 두 개의 근본을 설정한 잘못을 범하였다거나 리를 작위하는 것으로 보았다는 공격을 받았다.

6. 후대에의 영향

여헌의 리발 개념은 리가 근본이라는 의미와 필연성의 의미를 명시하려는 두 가지 목적을 함께 가지고 있다. 다만 호발설의 난점을 피하고자 그의 경위론은 리기의 불상리를 대폭 강화한 상태에서 리의 필연성을 주장한다. 이런 종합의 방법이 율곡학파의 학자들로부터 어떤 평가를 받을지가 궁금하지만, 퇴계학파의 학자로부터는 비판을 받았다. 갈암 이현일은 "이 리를 마음에서 체득하여 몸에서 이 리를 행하는 것이 도"라는 여헌의 말을 문제 삼는다. 갈암에 의하면, 사물의 당행지리當行之理인 도는 본성의 자연함에 따라 생기는 조리로서, '사람이 닦고 행한다修爲'는 인위적 활동과는 차원이 다르다. 리기의 경위에 의해 사물이 만들어진다고 하면서 다시 리기경위가 도라고 하는 여헌의 주장은 성리학자로서는 받아들이기 힘든 것이었다.

퇴계학자들 역시 신체를 통해 도가 실천되는 것임을 부인하지 못하지만, 불상잡의 관점을 적용하여 도理와 심신氣을 구분한다. 활재 이구가 사변의 주장을 비판하면서 발출 초기인 '기미幾微'에 이미 선악善惡이 있으므로 여기서부터 불상잡의 논리를 적용해야 한다고 본 것은 이 때문이다. 이렇게 기로부터 분리된 리발을 특기함으로써 퇴계학자들의 리발은 리가 작위한다거나 두 개의 근본을 설정한다는 오해를 사기도 하지만, 여기에는 여헌이 갖지 못하는 장점이 있다. 리기의 결합에 의해 사물이 생기고 또한 도가 생긴다면, 사물이 곧 도가 된다. 그러나 모든 사물현상이 도라고 하면 가치혼란에 빠진다. 따라서 사물현상 중 특정한 현상만을 리발이라고 해야 한다. 이런 관점에서 보면 여헌은 사물과 도를 구별하지 못하는 오류를 범하고 있다. 그의 리발은 근본의 작용이라는 의미와, 순선한 현상의 도출이라는 의도 사이에서 모호한 상태로 있는 것이다. 이에 대한 그의 대안이 사변의 주장이었는데, 그 제안마저도 이구에게는 탐탁하지 않았다. 퇴계와 여헌은 리의 필연성을 공히 강조하지만 그것을 주장하는 방법이 달랐고, 다른 만큼 상호 비판이 있었던 것이다. 존재로부터 당위를 이끌어 내는 것이 성리학이지만, 하나의 원리(리기론)로 존재와 당위를 포괄한다는 것은 매우 어려운 일인 셈이다.

그러나 리의 필연성에 관한 의식이 여헌 성리설의 주조를 이루는 사상이라면, 그는 율곡보다는 퇴계에 가깝게 접근해 있다고 보아야 한다. 논자의 생각으로는 여헌이 가장 찬동할 수 있는 선배 학자는 고봉이었다. 고봉은 율곡과 같은 기발일도론자로 오해되곤 하지만, 그는 리발일도론자였다. 퇴계의 대설對說(상대설)에 대항하여 제시한 인설 因說은 여헌이 횡분橫分과 직분直分 개념을 사용하면서 후자를 자기 입장으로 선택한 것과 유사하다. 또 고봉이 리의 자도·자동을 주장하는 등 리의 작용성에 깊은 관심을 표명한 것에서도 여헌과의 유사성이 발견된다. 여헌은 『고봉집高峰集』의 서문을 쓸 정도로 고봉의 철학을 잘 이해할 수 있는 위치에 있었는데, 율곡보다는 고봉의 논리를 활용하여 퇴계설의 문제점을 해결하고 퇴계의 핵심 사상을 보존하고자 하였다고 논자는 판단한다.

여헌의 학문은 영남의 학자들로부터 비판과 배제의 대상이 되었지만, 후에 오는 학풍을 선도하였다고 볼 수 있는 측면도 있다. 그의 문하에 있던 학자 중에는 리기론의 탐구에 적극성을 가졌던 사람이 없으므로 그의 영향은 퇴계학자들에게서 찾아야 한다. 그런데 문인 나재懶齋 신열도申悅道(1589~1659)가 단편적이나마 보여 준 입장은 흥미롭다. 그는 1622년 중형 만오晩悟 신달도申達道(1576~1631)와 함께 부지암정사를 방문하여 주자와 퇴계의 사단칠정론에 관해 문의한다. 이 질의가 여헌이 「사단칠정분합」을 쓰는 자극이 되었거니와, 이들은 이미 호발론에 상당히 경도되어 있었던 듯하다. 스승의 가르침에도 불구하고 나재가 퇴계와 스승의 성리설은 서로 보완적인 의미가 있어 귀일할 수 있다고 주장하였다는 데에서, 그가 퇴계설에 친밀감을 가지고 있었음을 짐작할 수 있다. 이런 태도가 확산되면 여헌의 이론은 원형대로 보존되면서 발전하기 어려울 것인데, 이런 절충이 영남의 여헌 문인들과 퇴계학파의 일부 학자들이 걸어간 길이었다.

율곡의 퇴계 비판은 퇴계학자들의 공분을 샀지만, 개중에는 그 비판이 지닌 긍정적 요소를 받아들여 사단과 칠정을 비롯한 모든 사물현상은 리가 근본이 되어 발생한 것임을 공언해야 한다고 여긴 사람들이 있었다. 영남에서 이 경향을 대표하는 대산大山 이상정李象靖(1711~1781)은 리발일 도와 호발설을 결합시키는 타협적인 대안을 내놓았고, 이것은 그의 영향력만큼이나 파급력이 컸다. 여헌의 8대손인 사미헌四未軒 장복추張福樞(1815~1900)도 그를 추종한 사람 중의 하나이다. 이들은 여헌과 달리 호발설에 대한 경계심이 없었다. 호발설이 도에 두 개의 근본이 있도록 한 오류를 범한 것은 아니라고 이해하였기 때문이다. 이들과 여헌의 공통점은 리발에 부여한 의미에서 찾아야 한다. 대산을 따르는 퇴계학자들이 이해한 리발의 의미도 여헌의 것과 크게 다르지 않다고 생각된다. 아마 상호보완을 주장한 나재도 이런 공통성에 착안하였을 것이다.

이보다 좀 더 적극적인 해석을 할 수도 있다. 무엇보다 리의 필연성을 강조하는 것이 여헌 성리학의 가장 중요한 측면이라면, 이 관찰법을 끝까지 밀고 나간 사람은 한주 이진상이다. 조선 말기 최고의 철학자로서 사미헌의 도우이기도 하였던 사람이 한주이다. 그는 리기를 보는 세 가지 방법(三看法)을 제시하여 조선 유학자들이 남긴 다양한 리기론을 정리하였다.

(사람마다 리기의 위상과 관계를 보는 입장이 달라) 근본 상에 나아가 종으로 본 사람(竪看)이 있고, 유행하는 곳에 나아가 횡간橫看한 사람이 있고, 이미 형적이

나타난 곳에 나아가 도간倒看한 사람이 있다. 이치를 궁구하기 시작할 때는 도간을 하면 증험할 것이 있고, 이치를 정밀하게 분석할 때는 횡간하면 남김이 없으며, 리의 궁극을 밝힐 때는 수간하면 참된 근원을 볼 수 있다······ 우리나라의 리기설은 불행하게도 서로 어긋나 다툼이 있으나 실은 각기 주된 논점으로 삼는 바가 있으니, 어느 것을 없앨 수는 없다. 퇴계는 수간을 중심으로 횡간을 겸하였고,······ 율곡은 도간을 중심으로 수간을 겸하였다.······

수간은 리가 근본이 되어 기를 주재함을 중심으로 보는 방법이고, 횡간은 리·기가 서로 다른 역할을 하면서 선과 악으로 상징되는 다양한 현상을 발생시키는 것을 분석하는 방법이며, 도간은 이미 개체마다 다른 기질이 굳어진 상태에서 실존적인 현상을 중심으로 살피는 방법이다. 한주가 이 중 어느 하나도 없앨 수 없다고 한 것은, 우주사물을 리기론의 관점에서 조명할 때 최소한 세 가지 관점을 겸비하여 보아야 한다는 말이다. 수간으로 보아야 리가 기를 재료로 사용하여 필연적인 사물의 현상을 만드는 것을 볼 수 있고, 횡간으로 보아야 리가 곧게 실현되는 현상과 기질에 의해 왜곡되는 현상을 구분할 수 있으며, 도간으로 보아야 기질에 휩싸여 선악이 갈리는 길목에서 방황하면서 악으로 기우는 인간의 실존적 현실을 마주할 수 있는 것이다. 한주는 퇴계와 율곡의 이론 중 누구 것이 더 옳으냐를 다투기보다는, 각각의 관점이 지닌 가치와 한계를 공정하게 보고 있다.

한주는 이 중에서도 수간법을 가장 중시한다. 그의 유명한 심즉리설이 이 수간법에 의해서 나온다. 그는 청탁수박이 혼재한 마음에서 마음의 본체 또는 진체眞體를 찾을 수 있다고 생각하며, 이를 돌 속에 숨어 있는 보물(玉) 찾기에 비유한다. 그것은 청탁수박의 기운에 좌우되는 물질적인 마음인 정신혼백精神魂魄이 아니라 민이물칙民彝物則이 내포된 마음으로, 이 차원의 마음만이 성정을 통어하고 일신의 주재가 된다는 마음 규정이나 『중용』의 대본달도론에 부합한다. 이 마음에 대한 통찰은 청탁수박이 없는 마음의 상태를 상정하는 것이 아니다. 청탁수박한 심기가 있음에도 불구하고 그것이 본성의 실현을 방해하지 않고(未用事) 다만 심의 기본적인 기능인 감·응만을 담당하기에, 오히려 리의 역할이 있는 그대로 발휘될 수 있는 그런 마음의 상태가 있다고 보는 것이다.

이 삼간법에서 여헌은 거론되지 않는다. 그러나 여헌의 리발일도설이 수간법의 산물임은 분명하다. 한주가 과거의 조선유학사를 정리하여 삼간법을 제시할 때 여헌의 학설을 고려하였는지는 현재로서는 불분명 하다. 사미헌과 도우관계였고 또 여헌이 가졌던 명성에 비추어 본다면, 한주가 여헌의 문집을 보았을 것이라는 추측은 가능하다. 그러나 보고 안 본 것이 크게 문제될 것은 없다. 수간법을 중시하였다는 점에서 이들은 다를 바가 없는데, 꾀하지 않았더라도 같은 견해를 가졌다면 여헌의 선구적 통찰력은 더욱 빛을 발한다. 어떤 저자는 여헌이 후대에 끼친 영향을 복류천에 비유한 적이 있다. 커다란 물줄기가 땅속으로 사라졌다가 예상치 못한 곳에서 다시 분출하는 것과 마찬가지로, 여헌의 학술이 직계문인들에게서는 가시적으로 계승되지 못하였다가 후일 대산 등에게 영향력을 발휘하였다는 것이다. 추정에 지나지 않지만 가능한 일이다.

- 부 록 -

여헌 연보
여헌학 관련 주요 논저 목록

여헌 연보

1세(명종 9년, 1554)

- 인동부仁同府(현재의 경북 구미시) 인의방仁義坊에 있는 남산구제南山舊第에서 정월 22일 미시未時에 태어났다.

7세(명종 15년, 1560)

- 취학就學하였다.

8세(명종 16년, 1561)

- 6월에 부친상을 당하였다.

9세(명종 17년, 1562)

- 모부인의 명으로 일선一善(선산)에 있는 노수함盧守諴에게 배우러 갔다. 노수함은 선생의 매부이며 송당松堂 박영朴英(1471~1540)의 문인이다.

11세(명종 19년, 1564)

- 선생은 기상이 드넓고 컸으며 몸가짐이 보통사람들과 달랐다. 신당新堂 정붕鄭鵬 (1467~1512)의 아들인 정각鄭慤이 노수함의 집에 왔다가 선생을 보고 기이하게 여기며 말하기를 "내 평생 이런 아이를 본 적이 없으니 장차 반드시 세상에서 뛰어난 인물이 될 것이다" 하였다. 그리고 선생에게 말하기를 "내가 무엇을 너에게 선물할까?" 하니 노수성이 장난삼아 "진실로 선물을 주고 싶다면 비록 타고 온 말이라도 좋을 것이다" 하였는데, 정각이 집에 돌아가 곧바로 말을 보내 왔다. 선생은 사례하고 말을 돌려보냈다.

14세(명종 22년, 1567)

– 집안의 어른인 장순張峋에게 나아가 배웠다.

16세(선조 2년, 1569)

– 선생이 일찍이 말하기를 "내가 15~6세 때에 선생의 책상 위에 책자 하나가 있는 것을 보았는데, 곧 『성리대전』「황극경세皇極經世」편이었다. 그것을 살펴보니 마음에 깨닫는 바가 있는 것 같아 읽기를 청하였는데, 이로부터 전적으로 스승에게 나아가지 않았다"라고 하였다.

18세(선조 4년, 1571)

– 「우주요괄宇宙要括」을 지었다.
– 선생이 집안사람들에게 건의하여 매월 삭망에 모두 종가宗家에 모여 사당에 참배하게 하고, 또 자제들을 모아 강독제술講讀製述하는 것을 매년 상례로 하게 하였다.

20세(선조 6년, 1573)

– 관례冠禮를 행하였다.

21세(선조 7년, 1574)

– 안동의 하과夏課에 나아갔다.
– 그 전에 청도의 하과에 나아갔는데, 시제試題가 "운무를 활짝 걷고 푸른 하늘을 본다"(豁開雲霧見靑天)였으니 그것은 안자顔子의 공부에 탁이卓爾함이 있다는 뜻이었다. 선생의 답 가운데에 "하늘은 보았으나 아직 하늘에 도달하지 못하였다"(見天而未到于天)라는 구절이 있었는데, 고관들이 칭찬하기를 "이것은 속유俗儒들의 구이지학口耳之學이 아니다"라고 하였다.

23세(선조 9년, 1576)

– 학업에 몰두하여 침식을 잊는 지경에 이르렀다.
– 조정에서 군읍郡邑에 재행才行이 탁이卓異한 자를 천거하라는 명이 있자, 선생이 선출되었다.

26세(선조 12년, 1579)

– 청주정씨淸州鄭氏에게 장가들어 친영례親迎禮를 행하였다. [부인은 판서에 증직된 정괄
鄭适의 딸이다. 이때 판서공은 이미 돌아가셨고 계부季父인 한강寒岡선생이 그 예를 주관하였다.]

28세(선조 14년, 1581)

– 향시鄕試와 해시解試 두 시험에 급제하였다.

30세(선조 16년, 1583)

– 봄에 향시별거鄕試別擧에 급제하여, 가을에 서울에서 행하는 시험을 보러 갔다. [충
주에서 배를 타고 갔는데, 위태로운 여울을 만나 배가 부서지고 노가 달아나 앞일을 예측할
수 없는 상황이 되어 배에 탄 사람들이 모두 넋이 나갔으나 선생이 홀로 꼼짝 않고 앉아
동요하지 않으니, 사람들이 그 정력定力에 탄복하였다.]

32세(선조 18년, 1585)

– 7월에 부인 정씨가 졸했다.

37세(선조 23년, 1590)

– 충순위忠順衛 송정宋淨의 딸 야로송씨冶爐宋氏에게 장가들었다.

38세(선조 24년, 1591)

– 10월에 모친상을 당하였다. 12월에 판서공의 묘 왼쪽에 부장附葬하였다. [『상제수록
喪制手錄』이 있다.]
– 겨울에 전옥서참봉典獄署參奉에 제수되었으나 상중이므로 나아가지 않았다.

39세(선조 25년, 1592)

– 임란이 일어나자 4월에 왜구를 피하여 금오산金烏山으로 피난하였다.

40세(선조 26년, 1593)

– 가을에 가야산으로부터 와서 선조들의 무덤에 성묘하였다.

- 10월에 자부인 임이중任而重의 집이 있는 문소聞韶(지금의 문경)의 구지산龜智山에서 대상을 지내고 12월에 복을 벗었다.

41세(선조 27년, 1594)

- 봄에 예빈시참봉禮賓寺參奉에 제수되었으나 나아가지 않았다.
- 여름에 풍기로 가서 소백산에 머무르며 백운암에서 『역경』을 전사傳寫하였고, 백운동서원을 방문하였다.
- 가을에 제릉참봉에 제수되었으나 나아가지 않았다.
- 「평설平說」을 지었다.

42세(선조 28년, 1595)

- 가을에 보은현감報恩縣監에 제수되었다.
- 「관물부觀物賦」를 지었다.

43세(선조 29년, 1596)

- 2월에 또 세 번 병으로 사직을 청하고, 회답을 기다리지 않고 돌아와 일선(선산)의 고곡古谷에 있는 친구 박수일朴遂一의 집에 머물렀다.
- 3월에 관직을 마음대로 버리고 갔다는 죄목으로 의금부로 잡아들이라는 명이 있었다. [경연관이 계啓를 올려 잡아다 국문하는 것은 선비를 대하는 도가 아니라고 하였으며 순안어사巡按御史 이시발李時發도 이미 먼저 계사를 올렸으므로, 국문함에 이르러 다 용서한다는 왕명이 있었다.]
- 여름에 영양永陽(현재의 영천)의 입암으로 찾아갔다.
- 가을에 여씨呂氏 집안으로 시집간 누이의 장례를 치렀다.

44세(선조 30년, 1597)

- 봄에 적을 피하여 청송靑松의 속곡涑谷으로 들어갔다.
- 송생松生으로 가서 대암大庵 박성朴惺을 방문하였다. 박성은 선생과 도의지교道義之交를 맺은 친구로서 먼저 적을 피해 여기에 들어와 있었는데, 선생이 매번 서로 왕래하며 함께 수석水石 사이를 거닐었다.

- 가을에 주왕산을 유람하였는데, 유산록遊山錄이 있다.
- 「여헌설旅軒說」을 지었다.

　45세(선조 31년, 1598)

- 봄에 봉화 도심촌道心村으로 옮겼다.
- 서애西厓 류성룡柳成龍(1542~1607)이 우거한 곳으로 가서 배알했다. 서애는 선생의 행의行誼에 대해 익히 들었으므로 경연에서 여러 번 천거하였는데, 난리 중에 서로 만나봄에 이르러 선생이 조차전패造次顚沛의 사이에서도 행동거지가 안상安詳한 것을 보고 기이하게 여겨 공경하였다. 그리고 아들 류진柳袗에게 명하여 말하기를, "이 사람은 단정하고 확고하며 혼후渾厚하고 침잠沈潛하여 뜻을 빼앗을 수 없고 도량의 크기를 엿볼 수 없으며 그를 대하면 사람으로 하여금 심취하게 하니, 다른 날 세상에 이름을 떨칠 대유大儒가 되어 사도斯道의 맹주가 될 자는 반드시 이 사람일 것이다" 하고 아들로 하여금 나아가 배우게 하였다.

　46세(선조 32년, 1599)

- 봄에 일선一善의 월파촌月波村으로 옮겼다. 옛집이 다 불타버려 돌아갈 수가 없어서 생질인 노경임盧景任의 집에 함께 머무른 것이다.
- 겨울에 「혼의婚儀」를 찬정撰正하였다.

　47세(선조 33년, 1600)

- 봄에 입암을 유람하고 옥산서원을 심방尋訪하였다.
- 흥해로 가서 바다를 구경하였다. 「관해부觀海賦」가 있다.

　48세(선조 34년, 1601)

- 10월에 경서교정청낭청經書校正廳郎廳으로 불렀으나 병으로 사양하고 나아가지 않았다.
- 겨울에 인동으로 돌아와 송정동松亭洞에 있는 종질宗姪 장내범張乃範의 집에 우거하였다.
- 족계族稧를 편찬하고 약조約條를 정하였다.

49세(선조 35년, 1602)

- 2월에 거창현감居昌縣監에 제수되었으나 나아가지 않았다.
- 3월에 경서언해교정낭청經書諺解校正郎廳에 제수하고 역마를 타고 오라는 명이 있었으나, 선산에 이르러 병으로 나아가지 못했다.
- 7월에 청송의 초천椒泉에서 목욕하고 다시 주왕산을 유람하였다. 「동행편東行篇」이 있다.
- 9월에 다시 교정낭청으로 불렀으나 사양하고 나아가지 않았다.
- 11월에 공조좌랑에 제수되자 소명을 받고 나아가 『주역』 교정에 참여하였다.

50세(선조 36년, 1603)

- 2월에 용담현령龍潭縣令에 제수되었으나 부임하지 않았다.
- 9월에 의성현령義城縣令에 제수되어 부임하였다.

51세(선조 37년, 1604)

- 봄에 해직되어 일선 월파촌으로 돌아왔다. 선생이 의성현에 있을 때 문묘에 있는 대성大聖 이하의 세 개의 위판을 분실하였다. 선생은 이 변고를 듣고 놀라고 당황하여 포의布衣로 갈아입고 향교의 문 앞에 나아가 살펴보고는, 먼저 아전을 보내어 곧바로 감사에게 보고를 올리고 자신은 촌사村舍로 나가 대죄하며 위판位版을 만들어 봉안하였다. 그 뒤에 여러 번 스스로를 탄핵하는 소장을 올리고 집으로 돌아왔다.
- 이해에 순천군수에 제수되었으나 부임하지 않았다.

52세(선조 38년, 1605)

- 원당元堂에 작은 서재를 낙성하고 토신土神에게 제사지냈다. 생질 노경임이 동지들과 의논하여 원당에 작은 서재를 짓고 월파촌으로부터 옮겨와서 거주하였는데, 그 집을 '원회당遠懷堂'이라 명명하였다.
- 사촌동생 현도顯道의 둘째아들 응일應—을 후사後嗣로 삼다.

53세(선조 39년, 1606)

- 봄에 인동으로 돌아왔다. 모원당慕遠堂이 낙성되었다. 문인 장경우가 여러 종인宗人

314

들과 더불어 인동의 옛터에 조그마한 집을 지었는데, 선생이 모원당이라 이름지어 추원追遠의 뜻을 담았다.
- 가을에 입암의 만활당萬活堂이 낙성되었다.

54세(선조 40년, 1607)
- 한강寒岡 정구鄭逑와 함께 함안군의 낙동강 물가에 있는 용화산 아래에서 배를 띄우고 놀았다. [이때 두 선생은 망우정忘憂亭으로 곽재우郭再祐를 방문하여 함께 뱃놀이를 하였는데, 따르는 자가 30여 인이었다. 문인 조임도趙任道가 「동범록同泛錄」을 저술하여 후세에 전하였다.]
- 여름에 금오산金烏山을 유람하였는데, 「야은죽부冶隱竹賦」가 있다.

55세(선조 41년, 1608)
- 『역학도설』을 찬술하기 시작하였다.
- 가을에 합천군수에 제수되었으나 나아가지 않았다.

56세(광해군 원년, 1609)
- 봄에 6대조인 장령공掌令公의 묘를 보수하였다.

57세(광해군 2년, 1610)
- 7월에 사헌부지평에 제수되었으나 나아가지 않았다.
- 부지암정사不知巖精舍가 낙성되었다. 장경우가 고을의 선비들과 더불어 선생을 위하여 지은 것이다.

58세(광해군 3년, 1611)
- 선산지역 향현鄕賢의 묘전의식墓奠儀式을 정하였다. [일선의 경계에 선현들의 묘가 있었는데, 원임院任으로 하여금 매년 초여름에 전례奠禮를 행하게 하였다. 고문告文이 있다.]

60세(광해군 5년, 1613)
- 오산서원의 봉안의식奉安儀式을 정하고 향례享禮에 참석하였다.

62세(광해군 7년, 1615)

- 「관의冠儀」를 정리하였다.
- 여름에 문인 정사진鄭四震 등과 더불어 부지암 아래에 배를 띄우고 뱃놀이를
  하였다.

63세(광해군 8년, 1616)

- 하위지河緯地 선생의 묘갈명墓碣銘을 지었다.

66세(광해군 11년, 1619)

- 금오서원의 묘廟, 당堂, 재齋의 이름을 정하였다.

67세(광해군 12년, 1620)

- 정월에 한강 정구를 곡哭하였다.

68세(광해군 13년, 1621)

- 「경위설經緯說」을 지었다.

70세(인조 원년, 1623)

- 4월에 왕의 소지召旨가 있었다. 이달에 사헌부지평에 제수하고 또 따로 소지를
  내렸다. 봉소封疏를 올리고 나아가지 않았다.
- 6월에 성균관사업成均館司業의 벼슬을 내렸는데, 왕의 소지召旨가 있었다. 아프다고
  아뢰고 나아가지 않았다.
- 8월에 또 사헌부지평에 제수하였다. 길을 떠나 선산에 이르러 병을 핑계로 사직하
  였다.
- 9월에 또 병으로 나아갈 수 없다고 사양하였다. 이어 사헌부장령을 제수하였으나
  병을 핑계로 사양하였다.
- 10월에 왕이 교지를 내려 거듭 불렀다.
- 윤10월에 또 소지召旨를 받았다. 봉소封疏를 절하고 왕에게 보냈다.

71세(인조 2년, 1624)

- 2월 이괄의 난으로 왕이 공주로 피난하자 행재소로 갔는데, 또 장령의 벼슬을 내렸다.

- 3월 5일에 대궐에 나아가 숙배肅拜하고 자정전資政殿에서 왕을 면대面對하였다. 6일에 소를 올려 체직을 빌었으나 윤허하지 않았다. 13일에 대궐에 나아가 숙배하고 또 자정전에서 인대引對하였다. 대궐에서 나오자 왕이 술을 하사하였다. 14일에 정원政院에서 의원을 보내어 문질問疾하고 약을 조제하여 보낼 것을 계청啓請하였는데, 왕이 이대로 시행하게 하였다. 17일에 특별히 내의內醫를 보내어 병을 살피게 하고 약물을 하사하였다. 20일에 또 사직하는 상소를 올렸으나 왕이 윤허하지 않았다. 23일에 또 상소를 올려 통정대부의 품계를 사양하였다. 25일에 또 사직상소를 올렸다. 27일에 대궐에 나아가 숙배하였는데, 왕이 옥관자를 하사하시고 경연에 입시入侍하라는 명을 내렸다.

- 4월 5일에 원자元子가 사약司鑰*을 보내어 문안하였다. 9일에 또 대궐에 나아가 숙배하고 강학청講學廳에 나아가 원자를 배알拜謁하였다. 12일에 왕이 생선과 술을 하사하자 절하고 받았다. 13일에 글을 올려 돌아간다고 고하였다. 14일에 또 상소를 진술하여 돌아갈 것을 간절히 구하였다.

  * 궁문의 열쇠를 맡은 환관을 가리킴. 別監을 저희들끼리 높여 '사약'이라 불렀다.

- 7월에 본직本職이 체직遞職되지 않았으므로 상소하여 해직해 주기를 간청하였다.

- 8월에 이조참의에 제수되었으나 병으로 사양하였다.

- 10월에 또 소를 올려 체직되었다. 한강 정구의 행장을 찬술하였다.

72세(인조 3년, 1625)

- 8월에 승정원동부승지에 제수되었으나 병으로 사양하였는데, 왕이 교지를 내려 거듭 불렀다.

- 9월에 상경하는 길에 선산에 이르러서 낙마하여 다치게 되자 상소하여 사양하였다. 체직되어 용양위부호군龍驤衛副護軍에 제수되었다.

73세(인조 4년, 1626)

- 특명으로 이조참판에 제수되고 이어 소지召旨가 내려왔다.

- 4월 6일에 길을 떠나 19일에 대궐에 나아가 사은하고 21일에 사직소를 올렸다.

이날 사헌부대사헌으로 옮겨 제수하였다. 22일에 사양하는 글을 올렸으나 왕이 윤허하지 않았다. 23일에 다시 글을 올려 사양하였으나 왕이 윤허하지 않았다. 또 세 번 사양하는 글을 올렸다.

- 5월 2일에 상소하여 사양하였으나 왕이 윤허하지 않았다. 4일에 또 상소하여 사양하였으나 왕이 윤허하지 않았다. 7일에 대궐에 나아가 숙배하고 곧 소를 올려 스스로 탄핵하였는데, 왕이 비답을 내리고 윤허하지 않았다. 또 세 번 사양하는 글을 올리자 부호군으로 옮겨 제수하였다. 17일에 교외로 나가 계운궁啓運宮 예장禮葬의 발인發靷이 지나가고 난 다음 돌아왔다. 27일에 글을 올려 돌아간다고 아뢰면서 「건극설建極說」을 진술하였다.

- 6월 1일에 소를 올려 서울에 머무를 수 없는 형세를 진술하였다. 탑전榻前에서 약물을 하사하시고 대궐에서 나오고 난 뒤 또 하사한 것이 있었다. 시강원侍講院으로 가서 세자를 배알하였다. 물러나자 세자도 또 내시에게 영을 내려 채색 비단 옷감 양단兩段*을 보내 주었다. 3일에 성을 나와 남쪽으로 돌아가는데, 가는 길에 말을 공급하여 호송하라는 왕명이 있었다.

  * 段은 緞과 같은 뜻으로 1단은 반 필이다.

- 한훤당寒暄堂 김굉필金宏弼의 신도비명神道碑銘을 찬술하였다.

74세(인조 5년, 1627)

- 정월에 왕이 본도의 감사에게 특별히 명하여 미찬米饌을 하사하였다.
- 특명으로 호소사號召使를 제수하였다.

75세(인조 6년, 1628)

- 3월에 이조참판에 제수되었는데, 소를 올려 여러 번 사양하여 체직되었다.
- 「만학요회晩學要會」를 지었다.
- 11월에 분황제焚黃祭를 행하였다.

76세(인조 7년, 1629)

- 4월에 특소特召의 교지가 있었다.
- 윤4월에 소를 올려 병으로 나아갈 수 없음을 진술하고 이어 왕에게 진언하였다.
- 또 소를 봉해 올리고 나아가지 않았다.

- 가을에 영양의 초천椒泉에서 목욕하고 입암으로 들어가서 한 달 정도 머물렀다가 돌아왔다.
- 9월에 또 상소하여 진언하였다.
- 10월에 아들 응일應一이 과거에 급제하여 처음으로 벼슬한 것으로 인해 선생을 만나 뵈었는데, 선생은 공복公服을 입고 그를 만났다.
- 12월에 부인 송씨가 졸했다.
- 『오선생예설五先生禮說』의 발문跋文을 지었으며, 동강 김우옹의 행장을 찬술하였다.

77세(인조 8년, 1630)
- 4월에 사헌부대사헌을 제수하였으나 병을 칭탁하고 사양하였다.
- 「역괘총설易掛總說」, 「구설究說」 등을 지었다.

78세(인조 9년, 1631)
- 「모령인사老齡人事」 4조條를 좌벽座壁에 써 붙였다.
- 「우주설宇宙說」과 「답동문答童問」 등의 글을 지었다.
- 「청침추숭소請寢追崇疏」를 올려 인조가 생부를 추숭追崇하는 일을 비판하였다.

79세(인조 10년, 1632)
- 「태극설太極說」을 지었다.
- 3월에 사헌부대사헌에 제수되었으나 병을 칭탁하고 사양하였다.
- 6월에 인목왕후仁穆王后의 상이 났다는 소식을 듣고 금오서원에서 애도하고 6일 만에 성복成服하였다.
- 10월에 국장國葬에 참석하러 가려 하였으나 병으로 실행에 옮기지 못하고 드디어 소를 지어 올렸다.

80세(인조 11년, 1633)
- 10월에 구언求言의 교지로 인해 봉사封事를 올려 하늘의 견책을 두려워하여 몸을 닦아 반성하는 도를 극진하게 진술하고, 『주역』 64괘 가운데 진괘震卦가 위에 있거나 아래에 있는 16괘를 가지고 따로 한 책을 만들어 올렸다.

- 12월에 왕이 본도 감사에게 명하여 안부를 묻게 하고 음식물을 하사하였다.

81세(인조 12년, 1634)

- 정월에 소를 올리고, 겸하여 음식물을 하사한 것에 대해 사례하였다. 이달에 특별히 자헌대부의 품계로 높이고 중추부지사에 제수하였으나 소를 올려 사양하였다.
- 5월에 공조판서에 제수하고 이어 왕의 소지가 있었으나 소를 올려 사양하였다.
- 가을에 소를 올려 부묘祔廟하는 일을 논하였다.
- 11월에 종인宗人들을 이끌고 종손 장경우의 집에서 시조始祖의 제사를 지냈다.
- 「도서발휘圖書發揮」를 저술하였다.

82세(인조 13년, 1635)

- 5월에 의정부우참찬에 제수되었으나 병을 핑계로 사양하였다.
- 가을에 인동향교를 이안移安하는 의식을 고정考定하였다.
- 12월에 인열왕후仁烈王后의 부음을 듣고 부지암에서 애도하고 6일 만에 성복成服하였다.
- 제석除夕에 잠경지사箴警之辭를 써서 자손들에게 보였다.

83세(인조 14년, 1636)

- 정월에 향교에 가서 성묘聖廟에 배알하였다.
- 4월에 오산서원으로 가서 국장의 발인일發靷日과 현궁玄宮에 하관하는 날에 모두 망곡례望哭禮를 행하였다.
- 7월에 특소特召의 교지가 있었다.
- 8월에 비답이 내려왔다.
- 12월에 청병淸兵이 갑자기 한양을 침략하여 대가大駕가 남한산성으로 피하였다는 소식을 듣고 열읍列邑에 통유通諭하여 의병을 일으켰다.

84세(인조 15년, 1637)

- 2월에 전란 중에 향학鄕學에서 석전釋奠을 행해야 하는가에 대한 유생의 질문에

답하였다. 남한산성의 포위가 풀려 대가가 성을 나섰다는 소식을 듣고 선조들의 묘소에 작별인사를 하고 집에서 나와 명적사明寂寺에 우거하였다.

- 3월에 영양의 입암으로 들어갔다.

  여름에 또 골짜기 안에 있는 바위와 골짜기의 이름을 정하였다. 「이철명二鐵銘」과 「좌벽제성座壁題省」을 지었다. 소강절의 「사사음四事吟」을 직접 써서 벽에 걸었다.
- 4월에 길흉을 점쳤다.
- 7월에 문인에게 명하여 심의深衣를 만들게 하였다.
- 8월 15일 경신일庚申日에 병으로 자리에 누웠다. 족손 장학張㷛이 과거를 보러 가서 돌아오지 않았는데, 선생이 날마다 그가 왔는지를 물으시고, 그가 돌아오자 손을 잡고 영결하였다.
- 9월 7일 임신일壬申日에 만욱재晩勖齋에서 임종하였다. 부음을 듣자 왕이 매우 슬퍼하시고 조회를 중지하였으며 본도에 교지를 내려 장례에 필요한 물품을 보내주게 하였다.
- 10월 을미일乙未日에 발인하여 고산故山으로 돌아왔는데, 호상護喪하는 자가 오백여 인이었다.
- 11월에 왕이 홍문관수찬弘文館修撰 유철兪撤을 보내어 사제賜祭하였다.
- 12월 을유일에 금오산 동쪽기슭인 오산吳山의 유좌酉坐 묘향卯向의 언덕에 장사지냈다. 장례식에 참석한 사람은 삼백여 인이었다.

  인조 17년(1639)

- 12월에 선생의 위판을 오산서원의 야은冶隱 길재吉再의 사당에 봉안하였다.

  인조 20년(1642)

- 영천의 선비들이 조정에 청하여 선생을 임고서원臨皐書院의 포은圃隱 정몽주鄭夢周의 사당에 배향하였다.
- 성주의 선비들도 조정에 청하여 선생을 천곡서원川谷書院의 정주程朱 이선생二先生의 사당에 종사從祀하였다.
- 선산의 선비들이 선생의 위판을 금오서원에 봉안하고, 영정影幀을 원당에 봉안하였다. 문생門生 김응조金應祖가 전에 선산부사가 되었을 때 화사畵師에게 청하여 초상화를 그리게 하였는데, 이것과 신위神位를 원당과 부지암, 그리고 입암에 나누어 봉안한 것이다.

효종 5년(1654)

- 3월에 부지암에 서원을 건립하였다. 부지암은 선생이 도를 강론하던 곳인데, 따로 사묘祠廟(사당)를 건립한 것이다.

효종 6년(1655)

- 특별히 숭정대부의정부좌찬성을 증직贈職하였다.
- 9월에 부지암서원이 낙성되어 위판을 봉안하였다.

효종 8년(1657)

- 대광보국숭록대부의정부영의정大匡輔國崇祿大夫議政府領議政 겸兼 영경연홍문관예문관춘추관관상감사領經筵弘文館藝文館春秋館觀象監事 세자사世子師를 더하였다.
- 경연의 신하들이 다시 시호諡號를 내려줄 것을 청하자 왕이 특별히 하교하고, 이조좌랑 김수흥金壽興을 보내어 시호를 내려 '문강文康'이라 하였다.
- 영천의 선비들이 입암서원을 건립하여 선생의 위판을 봉안하였다.
- 의성의 선비들이 선생의 위판을 빙산서원氷山書院에 봉안하였다.

숙종 2년(1676)

- 청송의 선비들이 송학서원에 선생의 위판을 봉안하였다.
- 부지암서원이 동락서원東洛書院으로 사액賜額되었다. '동락東洛'이란 동국東國의 이락伊洛이란 뜻이다.

여헌학 관련 주요 논저 목록

1. 여헌선생 저술

『여헌선생문집旅軒先生文集』.
『여헌선생속집旅軒先生續集』.
『성리설性理說』.
『역학도설易學圖說』.
『용사일기龍蛇日記』.

2. 단행본

고려대학교 민족문화연구원 한국사상연구소 편, 『여헌 장현광의 학문세계: 우
　　주와 인간』, 예문서원, 2004.
＿＿＿, 『여헌 장현광의 학문세계 2: 자연과 인간』, 예문서원, 2006.
＿＿＿, 『여헌 장현광의 학문세계 3: 태극론의 전개』, 예문서원, 2008.
＿＿＿, 『여헌 장현광의 학문세계 4: 여헌학의 전망과 계승』, 예문서원, 2012.
금오공과대학교 선주문화연구소 편, 『旅軒 張顯光의 學文과 思想』, 금오공과대학
　　교 선주문화연구소, 1994.
＿＿＿, 『여헌학의 전개와 수용』, 보고사, 2010.
박병련·정만조·정순우·김학수·곽진, 『여헌 장현광 연구』, 태학사, 2009.
설석규, 『중화탕평의 설계자 여헌 장현광』, 한국국학진흥원, 2007.
이종문, 『구미 여헌 장현광 종가-모원당 회화나무』, 예문서원, 2011.

이희평, 『여헌 장현광의 철학사상』, 월인, 2006.

장인채, 『여헌 장현광 선생의 학문개관』, 여헌학연구회, 2004.

_____, 『여헌 장현광 선생의 행록』, 여헌학연구회, 2005.

3. 학위논문

김태수, 「조선시대 은거선비들의 산수경영과 이상향」, 고려대학교 박사학위논문, 2009.

김필수, 「旅軒易學의 道德論的 根據에 關한 硏究: 易學圖說을 中心으로」, 동국대학교 박사학위논문, 1990.

성명자, 「旅軒 易學思想의 哲學的 探究」, 대전대학교 박사학위논문, 2014.

이희평, 「旅軒 張顯光의 哲學思想 硏究: 性理學을 중심으로」, 성균관대학교 박사학위논문, 2001.

최원진, 「旅軒 哲學에서 '世界의 一原性'에 關한 硏究」, 한남대학교 박사학위논문, 2005.

최정준, 「旅軒 張顯光 易學思想의 哲學的 探究」, 성균관대학교 박사학위논문, 2005.

김동윤, 「여헌 장현광의 「반길편」에 관한 연구」, 안동대학교 석사학위논문, 2009.

김양희, 「四未軒 張福樞 輓詩 硏究」, 경성대학교 교육대학원 석사학위논문, 2011

박명숙, 「旅軒 張顯光의 文學認識과 詩世界」, 경북대학교 석사학위논문, 2011.

박선정, 「旅軒 張顯光의 宇宙論」, 고려대학교 석사학위논문, 1980.

윤현태, 「旅軒 張顯光의 理氣經緯說 硏究」, 영남대학교 석사학위논문, 2014.

이은택, 「朝鮮後期 宇宙論과 國史교과서의 敍述」, 전남대학교 교육대학원 석사학위논문, 2005.

이홍용, 「張顯光의 『性理說』 硏究」, 고려대학교 석사학위논문, 1990.

전용훈, 「朝鮮中期 儒學者의 天體와 宇宙에 대한 이해」, 서울대학교 석사학위논문, 1991.

지두환, 「17C 理氣觀의 心學的 傾向 : 申欽·張維·張顯光을 中心으로」, 서울대학교 석사학위논문, 1981.

4. 연구논문

강민구, 「樂齋의 救國 抗爭과 講學 活動」, 『東方漢文學』 34, 2008.

구본현, 「장현광의 문학관과 시세계」, 『한국한시작가연구』 7, 2002.

권진호, 「旅軒 張顯光의 文論 硏究」, 『동양한문학연구』 18, 2003.

권혁명, 「旅軒 漢詩에 나타난 대나무(竹)의 이미지 – 現實認識과 삶의 志向을 중심으로」, 『東洋古典硏究』 41, 2010.

김경호, 「旅軒 張顯光의 人心道心論 연구」, 『유교사상문화연구』 22, 2005.

_____, 「웰에이징 : 노년의 삶에 대한 여헌 장현광의 성찰」, 『東洋古典硏究』 49, 2012.

김길환, 「張顯光의 太極思想」, 『韓國學報』 5-2, 1979.

김낙진, 「旅軒 張顯光의 自然 인식방법」, 『退溪學』 9, 1997.

_____, 「장현광의 역학과 세계 이해」, 『退溪學報』 105-1, 2000.

_____, 「張顯光의 理一元論과 善惡의 문제」, 『南冥學硏究』 10, 2000.

_____, 「旅軒 張顯光의 학문에 나타난 우주사업과 心身의 문제」, 『동양철학』 20, 2003.

_____, 「장현광의 이일원론적 심성론과 그 영향」, 『退溪學報』 115, 2004.

_____, 「張福樞를 통해 본 張顯光 학문의 계승과 비판」, 『유교사상문화연구』 24, 2005.

_____, 「조선 중기 寒旅學派의 철학사상」, 『한국학논집』 40, 2010.

김덕수, 「조선시대 문인의 주왕산 유람과 문학적 형상화」, 『新羅史學報』 29, 2013.

김동욱, 「조선중기 은거선비의 집터와 별자리의 관계 – 장현광(1554~1637)의 「입암기」에 대해서」, 『건축역사연구』 10-2, 2001.

김문용, 「旅軒 張顯光의 자연 이해」, 『동양철학』 20, 2003.

_____, 「장현광 우주론의 상수학적 성격에 대한 검토」, 『東洋古典硏究』 33, 2008.

김석배, 「旅軒 張顯光과 蘆溪詩歌」, 『선주논총』 8-1, 2005.

김성윤, 「영남의 유교문화권과 지역학파의 전개 : 안동권, 상주권, 성주권을 통해 본 영남학파 사유체계의 지역적 특징과 그 전승과정에 나타난 문화 양상을 중심으로」, 『朝鮮時代史學報』 37, 2006.

_____, 「언행록을 통해 본 선비의 행동양식과 그 정치사회적 의미 – 退溪

李滉과 旅軒 張顯光을 중심으로」, 『대구사학』 103, 2011.

김시황, 「旅軒 張顯光 선생의 禮學思想」, 『東洋 禮學』 24, 2011.

김용헌, 「旅軒 張顯光의 성리설에 대한 재검토」, 『동양철학』 20, 2003.

_____, 「活齋 李榘의 張顯光 성리설 비판」, 『유교사상문화연구』 27. 2006.

_____, 「퇴계학파의 여헌 장현광 비판에 관한 연구」, 『退溪學報』 123, 2008.

_____, 「여헌 장현광 성리설 연구의 쟁점과 과제」, 『한국인물사연구』 13, 2010.

_____, 「장현광 성리설의 연원에 대한 고찰 : 나흠순 성리설과의 관련을 중심으로」, 『東洋古典研究』 41. 2010.

_____, 「여헌 장현광의 정치운영론과 성리설」, 『한국인물사연구』 21, 2014.

김우형, 「澗松 趙任道의 학문과 사상 : 旅軒 張顯光과의 사상적 영향 관계를 중심으로」, 『東洋古典研究』 29, 2007.

김윤규, 「입암 소재 시가의 배경과 성격」, 『문학과 언어』 33, 2011.

김인규, 「旅軒 張顯光의 학적 연원과 학문관」, 『한국인물사연구』 21, 2014.

김인철, 「旅軒과 茶山의 易學觀」, 『유교사상문화연구』 24, 2005.

김일권, 「조선 중기 우주관과 천문역법의 주역적 인식 : 張顯光의 『易學圖說』에 나타난 상수역학을 중심으로」, 『泰東古典研究』 22, 2006.

김진근, 「旅軒의 經緯說에 드러난 문제의식 고찰」, 『동양철학』 40, 2014.

김태년, 「鶴沙 金應祖의 생애와 학문」, 『東洋古典研究』 29, 2007.

김필수, 「旅軒 張顯光의 生涯와 性理說 研究」, 『哲學思想』 8, 1986.

_____, 「旅軒 張顯光의 '易學圖設' 研究」, 『論文集』 5, 1986.

_____, 「旅軒 張顯光의 '易學圖設' 研究」, 『慶州大學論文集』 5, 2007.

김학수, 「17세기 초반 永川儒林의 學脈과 張顯光의 臨皐書院 祭享論爭」, 『朝鮮時代史學報』 35, 2005.

_____, 「17세기 영남학파의 정치적 분화 : 유성룡, 정경세 학맥과 정구, 장현광 학맥을 중심으로」, 『朝鮮時代史學報』 40, 2007.

_____, 「영남지역 서원의 정치사회적 성격」, 『국학연구』 11, 2007.

_____, 「17세기 旅軒學派 형성과 학문적 성격의 재검토」, 『한국인물사연구』 13, 2010.

_____, 「船遊를 통해 본 洛江 연안지역 선비들의 집단의식 – 17세기 寒旅學人을 중심으로」, 『嶺南學』 18, 2010.

_____, 「조선후기 영천지역 사림과 임고서원」, 『포은학연구』 6, 2010.

남재주, 「四未軒 張福樞家 禮學의 家學 源流」, 『嶺南學』 14, 2008.

리기용, 「율곡의 理氣之妙로부터 여헌의 理氣經緯로」, 『율곡사상연구』 14, 2007.

리홍군, 「"東亞儒學"적 시각에서 본 張顯光의 位相: 性理說을 中心으로」, 『한국인물사연구』 21, 2014.

문중양, 「16·17세기 조선 우주론의 상수학적 성격 : 서경덕(1489~1546)과 장현광(1554~1637)을 중심으로」, 『역사와 현실』 34, 1999.

박권수, 「조선 후기 서양과학의 수용과 상수학의 발전: 17세기 말 천문학 지식에 대한 상수학적 해석의 시작」, 『한국과학사학회지』 28, 2006.

박윤준, 「旅軒 張顯光의 立巖精舍연구 : 「立巖記」, 「文說」, 「旅軒說」을 통해 본 이름 짓기의 건축적 의미에 대하여」, 『한국디지털건축인테리어학회 논문집』 6-2, 2006.

박인호, 「임진왜란기 지방 지식인의 피난살이 : 장현광의 『용사일기』를 중심으로」, 『선주논총』 11, 2008.

박종우, 「旅軒 詩에 있어서 '敬'의 이념과 형상화 방식」, 『東洋古典研究』 41, 2010.

박학래, 「旅軒 張顯光의 시대인식과 經世論」, 『유교사상문화연구』 22. 2005.

_____, 「南坡 張泉의 生涯와 學問 活動」, 『東洋古典研究』 33, 2008.

_____, 「『海東文獻總錄』과 敬窩 金烋」, 『民族文化研究』 50, 2009.

_____, 「旅軒 張顯光의 文化意識과 그 實踐」, 『東洋古典研究』 49, 2012.

_____, 「旅軒學의 實用的 面貌: 道德 實踐과 우리 文化에 대한 主體意識 彈調」, 『한국인물사연구』 21, 2014.

성명자, 「旅軒 張顯光 易學思想의 구조와 목표」, 『새한철학회 학술대회 발표논문집』 2010-4, 2010.

송인창·성명자, 「旅軒 張顯光 易學思想의 구조와 목표」, 『哲學論叢』 61, 2010.

신창호, 「旅軒 張顯光의 교육관 탐구 ─ 성리학적 본질의 심화」, 『東洋古典研究』 33, 2008.

안세현, 「旅軒의 人文 精神과 散文의 系譜」, 『東洋古典研究』 41, 2010.

안영상, 「旅軒 張顯光과 星湖 李瀷의 성리설 비교 연구 : 사단칠정론과 인심도심론을 중심으로」, 『유교사상문화연구』 24, 2005.

_____, 「대산 이상정의 渾淪·理發說의 착근에 있어서 여헌설의 영향과 그 의미」, 『유교사상문화연구』 27, 2006.

양순자, 「여헌의 先天後天說 : 體用과 經緯의 관점에서」, 『동양철학』 42, 2014.

엄석인, 「장여헌과 이토 진사이의 도·도덕론 비교」, 『東洋古典研究』 50, 2013.

엄연석, 「사미헌의 『역학계몽』과 그 역철학적 특징」, 『嶺南學』 16, 2009.

우응순, 「旅軒 張顯光의 문학론과 시세계 試論」, 『동양철학』 20, 2003.

_____, 「여헌 장현광의 문학연구 현황과 방향 모색」, 『한국인물사연구』 13, 2010.

우인수, 「旅軒 張顯光과 善山 地域의 退溪學脈」, 『퇴계학과 유교문화』 28, 2000.

_____, 「紫巖 이민환의 文學世界 : 紫巖 이민환의 시대와 그의 현실대응」, 『東方漢文學』 34, 2008.

_____, 「인조대 산림 장현광의 정치적 활동과 위상」, 『한국학논집』 52, 2013.

유권종, 「旅軒 張顯光의 易學과 성리학의 철학적 연관성에 관한 연구」, 『東洋學』 29, 1999.

_____, 「旅軒 張顯光의 예학사상」, 『동양철학』 20, 2003.

_____, 「葛菴의 旅軒 性理學에 대한 비판 고찰」, 『유교사상문화연구』 27, 2006.

_____, 「朝鮮時代 易學 圖象의 歷史에 관한 연구」, 『東洋哲學研究』 52, 2007.

_____, 「龜巖 金慶長의 生涯와 學問」, 『東洋古典研究』 33, 2008.

_____, 「여헌 장현광 禮學思想 연구의 성찰과 전망」, 『한국인물사연구』 13, 2010.

_____, 「旅軒의 『易學圖說』의 禮관념」, 『東洋古典研究』 45, 2011.

_____, 「旅軒 張顯光의 實學的 設計 : 「易學圖說」과 爲己之學」, 『東洋古典研究』 49, 2012.

유흔후, 「旅軒 張顯光 易學 研究의 성찰과 전망」, 『한국인물사연구』 14, 2010.

_____, 「여헌 『역학도설』의 易書觀에 관한 연구」, 『孔子學』 23, 2012.

이동영, 「張顯光과 立巖詩歌 環境」, 『코기토』 24, 1983.

_____, 「旅軒 張顯光의 「立巖十三詠」 詩世界」, 『모산학보』 10, 1998.

이상호, 「퇴계학과의 비교를 통해 본 장현광의 성리설」, 『한국학논집』 52, 2013.

이승연, 「사미헌 장복추의 예학과 『家禮補疑』」, 『嶺南學』 14, 2008.

이영호, 「旅軒 經學의 特徵과 그 位相」, 『선주논총』 9-1, 2006.

이완재, 「旅軒 張顯光의 哲學思想」, 『東洋學國際學術會議論文集』 2-1, 1980.

이종문, 「立巖二十八景의 位置에 關한 再檢討」, 『한국학논집』 39, 2009.

이지양, 「조선 중기 성리학자의 山水 鑑賞 특징과 그 의미 : 旅軒 張顯光(1554~ 1637)의 <周王山錄>(1597)을 중심으로」, 『古典文學研究』 29, 2006.

이해영, 「鶴沙 金應祖의 삶과 정신세계」, 『退溪學』 20, 2011.

이희평, 「旅軒 張顯光의 理氣論 研究:『太極說』을 중심으로」, 『東洋古典研究』 10, 1998.

_____, 「旅軒 張顯光의 四七理發一條說의 성립 :『經緯說』을 중심으로」, 『東洋古典研究』 13, 2000.

_____, 「旅軒 장현광의 '理氣經緯說' 연구」, 『韓國思想과 文化』 17, 2002.

_____, 「旅軒 張顯光의 宇宙論」, 『東洋哲學研究』 33, 2003.

_____, 「旅軒 張顯光의 經偉論的 修養法」, 『동양철학』 20, 2003.

_____, 「旅軒 張顯光의 心과 道德・誠敬修養論」, 『유교사상문화연구』 22, 2005.

장동우, 「旅軒 張顯光의 禮說과 禮學的 問題意識」, 『유교사상문화연구』 24, 2005.

장세후, 「여헌의 차운시 소고」, 『퇴계학논집』 1, 2008.

장숙필, 「旅軒 張顯光의 中庸哲學」, 『유교사상문화연구』 22, 2005.

_____, 「여헌의 태극설에 나타난 도덕지향의식」, 『유교사상문화연구』 27, 2006.

_____, 「여헌의 順天的 삶과 그 의미」, 『東洋古典研究』 45, 2011.

장승구, 「旅軒 張顯光의 旅行의 철학과 守分의 倫理學」, 『선주논총』 8-1, 2005.

_____, 「여헌 장현광의 윤리사상에 대한 연구 -「族軒說」「明分」을 중심으로」, 『한중철학』 9, 2005.

장정수, 「설화에 나타난 旅軒 張顯光의 인물 형상」, 『東洋古典研究』 57, 2014.

장필기, 「조선후기 義城 鵝州申氏家의 가계 이력과 향촌 재지 기반」, 『史學研究』 88, 2007.

장회익, 「조선 성리학의 우주관 : 여헌 장현광의 「우주론」을 중심으로」, 『한국과학사학회지』 10-1, 1988.

_____, 「조선후기 초 지식계층의 자연관 : 張顯光의 「宇宙說」을 중심으로」, 『韓國文化』 11, 1990.

전병욱, 「亂中의 人心과 義理 - 旅軒 張顯光의 『龍蛇日記』를 중심으로」, 『東洋古典研究』 57, 2014.

전용훈, 「조선중기 유학자의 천체와 우주에 대한 이해 : 여헌 장현광(1554~ 1637)의 「역학도설」과 「우주설」」, 『한국과학사학회지』 18-2, 1996.

전재동, 「17世紀 前半 嶺南 地域 經學 硏究」, 『동양한문학연구』 29, 2009.

정낙찬, 「旅軒 張顯光의 敎育思想」, 『교육철학』 30, 2006.

_____, 「旅軒 張顯光의 道德敎育論」, 『교육철학』 31, 2007.

정도원, 「여헌 장현광의 이기론 고찰 : 17세기 근기남인 본체론의 연원이라는 측면에서」, 『韓國思想史學』 45, 2013.

_____, 「近畿南人 學統 再檢討」, 『유교사상문화연구』 56, 2014.

정병석, 「"易有太極"의 해석을 통해 본 여헌 장현광의 역학 사상」, 『한국학논집』 52, 2013.

_____, 「旅軒 張顯光의 太極에 대한 새로운 해석」, 『민족문화논총』 54, 2013.

_____, 「朝鮮易學史에서 圖象學的 象數學의 受容과 批判」, 『유교사상문화연구』 58, 2014.

정순우, 「사미헌 장복추의 「夙興夜寐箴集說」 연구」, 『嶺南學』 14, 2008.

정시열, 「旅軒 張顯光의 祭文 硏究」, 『한국언어문학』 60, 2007.

_____, 「旅軒 張顯光의 雜著類 硏究」, 『한국학논집』 52, 2013.

정우락, 「성주지역 도학의 착근과 江岸學派의 성장」, 『嶺南學』 21, 2012.

정우봉, 「旅軒 張顯光의 『避亂錄』에 나타난 서술시각과 글쓰기 방식」, 『東洋古典硏究』 57, 2014.

정진욱, 「여헌 장현광의 신체관」, 『韓國思想史學』 45, 2013.

조장연, 「장현광 역학의 원천에 관한 고찰」, 『한국철학논집』 15, 2004.

최병덕, 「여헌 장현광의 정치인식」, 『선주논총』 12, 2009.

_____, 「여헌 장현광의 군주론」, 『한국학논집』 42, 2011.

최영성, 「조선유학사에서의 사미헌 장복추의 위상 – 학문연원을 중심으로」, 『어문논총』 47, 2007.

최원석, 「旅軒 張顯光의 地理認識과 門人들의 地誌編纂 의의」, 『東洋古典硏究』 49, 2012.

최원진, 「旅軒 哲學에서 太極의 包括的 一原性에 대한 고찰」, 『유교사상문화연구』 27, 2006.

최정준, 「旅軒의 反吉思想」, 『韓國思想史學』 26, 2006.

_____, 「여헌 태극론의 구조」, 『韓國思想史學』 27, 2006.

_____, 「晩悔堂의 생애와 학문」, 『東洋古典硏究』 29, 2007.

_____, 「旅軒의 易學觀 – 河圖洛書의 이해를 중심으로」, 『퇴계학과 유교문화』 49, 2011.

_____, 「여헌철학의 역학적 근거 : 易의 二義와 관련하여」, 『東洋古典硏究』 45, 2011.

_____, 「여헌의 역학과 세계관」, 『한국인물사연구』 21, 2014.

추제협, 「李瀷의 '感發說'에 나타난 張顯光의 사상적 영향」, 『한국학논집』 54, 2014.

홍원식, 「사미헌 장복추의 성리설」, 『어문논총』 45, 2006.

_____, 「영남 유학과 '낙중학'」, 『한국학논집』 40, 2010.

_____, 「조선 중기 洛中學과 張顯光의 '旅軒學'」, 『한국학논집』 52, 2013.

_____, 「한·려 이후 조선 후기 낙중학의 전개」, 『한국학논집』 58, 2015.

황병기, 「여헌 장현광의 道脈과 퇴계학 전승의 문제 연구」, 『국학연구』 23, 2013.

황지원, 「구미(선산) 지역 유학의 전개와 특성」, 『민족문화논총』 58, 2014.

邢麗菊, 「旅軒의 "理氣經緯" 사상에 대한 시론 : 한국 성리학의 또 다른 시각」, 『東洋古典硏究』 50, 2013.

필진 소개(게재순)

장숙필張淑必

고려대학교 철학과를 졸업하고 동 대학교 대학원에서 박사학위를 받았다. 현재 전주대학교 연구교수로 있다. 주요 저서로 『율곡 이이의 성학 연구』, 『현대 사회와 동양사상』, 『이이, 율곡전서』 등이 있고, 논문으로는 「栗谷 李珥의 聖學 硏究」(박사학위논문), 「여헌 성리설에 나타난 도덕지향의식」, 「호계 신적도의 의리사상과 그 사상적 토대」 등이 있다.

김경호金璟鎬

고려대학교 철학과를 졸업하고 동 대학교 대학원에서 박사학위를 받았다. 현재 전남대학교 인문한국 교수로 있다. 주요 저서로 『동양적 사유는 어떻게 탄생했는가 ― 이와 기의 조화와 충돌 그리고 탈출』, 『감성의 유학』, 『인격 성숙의 새로운 지평 : 율곡의 인간론』 등이 있고, 논문으로는 「율곡 이이의 심성론에 관한 연구」(박사학위논문), 「율곡학파의 심학과 실학」, 「웰에이징 : 노년의 삶에 대한 여헌 장현광의 성찰」 등이 있다.

이영호李昤昊

성균관대학교 한문교육과를 졸업하고 동 대학교 대학원에서 박사학위를 받았다. 현재 성균관대학교 동아시아학술원 교수로 있다. 주요 저서로 『조선중기 경학사상연구』, 『지하의 논어, 지상의 논어』(공저) 등이 있고, 논문으로는 「조선 논어학의 형성과 전개양상」, 「이탁오의 논어학과 명말 새로운 경학의 등장」 등이 있다.

유권종劉權鍾

고려대학교 철학과를 졸업하고 동 대학교 대학원에서 박사학위를 받았다. 현재 중앙대학교 철학과 교수로 있다. 주요 논저로 『유교적 마음모델과 예교육』, 『예학과 심학』, 『윤리적 노하우』(공역) 등이 있고, 논문으로는 「다산예학연구 ― 상의설을 중심으로」(박사학위논문), 「통합 마음연구를 위한 마음 모형」, 「유가와 도가의 마음 이해의 동이」, 「여헌 장현광의 예학」, 「위기지학의 개념화 과정」 등이 있다.

박학래朴鶴來

고려대학교 철학과를 졸업하고 동 대학교 대학원에서 박사학위를 받았다. 현재 국립 군산 대학교 역사철학부 철학전공 교수로 있다. 주요 저서로『기정진 철학사상 연구』,『기정진(한말 성리학의 거유)』,『학문과 충절이 어우러진, 영천 지산 조호익 종가』등이 있고, 논문으로는 「노사 기정진 철학사상 연구 - 성리설을 중심으로」(박사학위논문), 「여헌 장현광의 문화의식과 그 실천」, 「사회관계망과 한국 유학 연구」등이 있다.

김용헌金容憲

고려대학교 철학과를 졸업하고 동 대학교 대학원에서 박사학위를 받았다. 현재 한양대학교 철학과 교수로 있다. 주요 저서로『조선 성리학, 지식권력의 탄생』,『혜강 최한기』(편저) 등이 있고, 논문으로는 「최한기의 서양 과학 수용과 철학 형성」(박사학위논문), 「권상하의 리기심성론과 사상사적 의미」, 「퇴계학파의 여헌 장현광 비판에 관한 연구」등이 있다.

안세현安世鉉

고려대학교 국어국문학과를 졸업하고 동 대학교 대학원에서 박사학위를 받았다. 현재 강원대학교 한문교육과 교수로 있다. 주요 논저로『누정기를 통해 본 한국한문산문사』, 「조선중기 문풍의 변화와 과문」, 「조선중기『장자』수용의 양상과 그 의미」, 「여헌의 인문정신과 산문의 계보」등이 있으며, 공동 번역서로『역주 자학』,『근재집』,『제정집』,『백운 심대윤의 백운집』,『지역원형과 명승: 강원명산유기선집』등이 있다.

박종우朴鍾宇

고려대학교 국어국문학과를 졸업하고 동 대학교 대학원에서 박사학위를 받았다. 현재 고려대 민족문화연구원 연구교수로 있다. 주요 논문으로 「16세기 호남 한시의 한 연구」(박사학위논문), 「조선 후기 한시의 변이 유형에 대한 일고찰」, 「16세기 호남사림 漢詩의 武人 形象」등이 있고, 저서로『한국 한문학의 형상과 전형』이, 역서로『국역 주곡유고』,『국역 고산유고』(공역) 등이 있다.

신창호申昌鎬

고려대학교 교육학과를 졸업하고 동 대학교 대학원에서 박사학위를 받았다. 현재 고려대학교 교육학과 교수로 있다. 주요 저서로 『교육이란 무엇인가』, 『유교의 교육학체계』, 『교육과 학습』, 『한글논어』, 『한글맹자』, 『한글대학중용』 등이 있고, 주요 논문으로 「『중용』 교육사상의 현대적 조명」(박사학위논문), 「유교의 학습철학」, 「여헌 장현광의 교육관」 등이 있다.

김낙진金洛眞

고려대학교 철학과를 졸업하고 동 대학교 대학원에서 박사학위를 받았다. 현재 진주교육대학교 도덕교육과 교수로 있다. 주요 저서로 『의리의 윤리와 한국의 유교문화』, 『21세기의 동양철학』(공저) 등이 있고, 논문으로는 「정시한과 이식의 리체용론 연구」(박사학위논문), 「한국유학사에 나타난 공리주의 사상과 그 영향」, 「17세기 퇴계학파의 율곡 이이와 율곡학 인식」, 「조선 중기 한려학파의 철학사상」 등이 있다.